스미스 위글스워스의
성령의 은사

| 개정판 |

스미스 위글스워스의
성령의 은사

SPIRITUAL GIFTS

스미스 위글스워스 지음 | 박미가 옮김

목차

들어가는 말 _6

역자 서문 _14

1장 성령의 은사에 관하여 ──────── 16

2장 성령의 은사 이해하기 ──────── 30

3장 하나님의 보물 창고 ────────── 43

4장 성령의 은사와 열매 ────────── 66

5장 성령의 은사, 어떻게 받나? ───── 76

6장 지혜의 말씀 ──────────────── 83

7장 지식의 말씀과 믿음 ───────── 102

8장 치유와 기적 ─────────────── 119

9장 예언 ────────────────────── 137

10장 영 분별 · 152

11장 음성 분별, 어떻게 하나? · 169

12장 영들을 시험함 · 204

13장 영들을 시험함에 관한 Q & A · 223

14장 방언과 방언 통역 · 228

15장 방언의 목적 · 248

16장 더 좋은 길 · 258

17장 사랑과 은사 · 280

18장 은사에 관한 마지막 말 · 289

들어가는 말

　스미스 위글스워스를 알게 된다는 것은 평생 잊을 수 없는 감동적인 일이다. 스미스 위글스워스를 알고 있거나 그가 전하는 말씀을 들어본 적이 있는 사람들은 그와의 만남이 하나님께서 계획하신 위대한 사건이라는 견해에 동의할 것이다. 그는 하나님께 위대하게 쓰임을 받은 매우 평범하지만 특별한 사람이었다. 그는 자신이 갖고 있던 믿음을 다른 사람들에게 전이시켜 준 사역자였다. 그리고 그의 사역을 통해 수많은 사람들이 구원과 성령세례를 받았을 뿐 아니라, 기적적인 치유를 경험하였다.

　이런 놀라운 일을 하신 분은 바로 성령님이시다. 성령께서는 스미스 위글스워스를 먼저 성령으로 가득 채우셨다. 그리고 나서, 그로 하여금 전 세계에 다니며 능력에 찬 복음을 전하게 하셨다. 스미스 위글스워스는 자신의 사역을 통해 나타난 놀라운 일들에 대해 그 어떤 영광도 취하지 않고, 오직 하나님께 모든 영광을 돌렸다. 그는 사역을 할 때, 사람들이 자신을 바라보지 않고 오직 예수님만을 바라보도록 하기 위해 최선을 다하였다.

스미스 위글스워스는 1859년에 영국에서 태어났다. 이미 어린 시절에 예수님을 구주로 받아들인 그는 구원을 받자마자 사람들을 주님께로 인도하고 싶은 마음으로 가득 찼다. 그 결과, 그의 전도로 어머니가 구원을 받았다. 청년이 된 그는 간증할 것은 많았지만, 표현력이 없어서 교회에서 간증할 기회를 얻지 못했다. 그에게 설교할 기회를 전혀 주지 않았던 것이다. 스미스 위글스워스는 그때를 회상하며 어머니는 자기보다 더 말을 잘 못하시는 분이었다고 말하기도 하였다.

스미스 위글스워스가 말주변이 없었던 이유는 어렸을 때 교육을 제대로 받지 못했기 때문이다. 가정 형편이 어려웠던 그는 7살 때부터 하루에 무려 12시간씩 일을 하였다. 일찍부터 하루 종일 혼자 일했던 그는 말할 기회가 거의 없었다. 그러니 그의 말은 서툴 수밖에 없었다. 후에 그는 배관공이 되었는데, 바쁜 중에도 틈이 나는 대로 주위 사람들에게 다가가 복음을 전하였다. 그 결과 많은 사람들이 그를 통해 예수님을 믿게 되었다.

시간이 갈수록 신앙이 매우 깊어져 하나님을 지극히 사랑하게 된 위글스워스는 1882년에 설교와 복음전도에 은사가 있었던 폴리 페더스톤과 결혼하였다. 스미스 위글스워스에게 글을 가르친 사람은 그의 절친한 친구요, 후원자였던 그의 아내 폴리 페더스톤이었다. 가난한 사람들이나 어려움에 처한 사람들을 돕는 일에 관심이 많았던 두 사람은 결혼 후 그들이 사는 동네에 조그만 예배당을 열어 사람들을 섬겼다. 이때 설교는 그의 아내 폴리 페더스톤이 하였다. 그런데 놀라운 일이 벌어졌다. 스미스 위글스워스가 아픈 사람을 위해 기도할 때 사람들이 고침 받는 일들이 일어나기 시작한 것이다.

위글스워스는 48세가 되던 1907년에 성령세례를 받았는데, 그때부터 그의 삶에 급격한 변화가 일어났다. 그는 성령세례를 받자마자 새로운 능력으로 설교할 수 있게 되었다. 이러한 그의 변화에 가장 놀란 것은 그의 아내였다. 그러나 이러한 변화는 장차 전개될 거대한 복음전도와 치유사역의 첫걸음에 불과하였다. 미국에서 시작된 그의 사역은 호주와 남아공, 유럽에까지 확장되었다. 그의 사역은 1947년 그가 숨을 거둘 때까지, 무려 40년 동안 지칠 줄 모르고 계속되었다.

스미스 위글스워스의 삶과 사역의 특징은 무엇일까? 그는 구원받지 못한 사람들과 병자들을 불쌍히 여기는 마음이 대단히 컸다. 이뿐 아니라 그는 하나님의 말씀을 한 치의 의심도 없이 믿고 받아들였다. 그는 그리스도는 흥하고, 자신은 쇠하여야 한다는 겸손한 태도를 지향하였다. 그는 하나님에 대한 사람들의 믿음을 배가시키는 데 초점을 맞췄고, 하나님께서 자신을 그러한 사역에 불러주셨다는 것에 대한 신념이 매우 강했다.

하나님의 역사하심에 대한 의심을 털끝만치도 품지 않았던 위글스워스는 초대 교회에 일어났던 성령의 은사와 성령세례가 자신이 살고 있는 시대에도 동일하게 일어날 수 있다는 사실을 의심 없이 받아들였다. 그는 자신이 믿는 하나님이 모든 병든 사람들을 완전하게 치료하실 수 있는 분이라는 사실을 조금도 의심하지 않았다.

스미스 위글스워스는 그의 삶과 사역을 통해 항상 하나님에 대한 절대적인 신뢰를 강조하였다. 이런 이유로 사람들은 그를 '믿음의 사도'라고 불렀다. 그는 집회를 인도할 때, 먼저 하나님의 말씀을 인용한 후 찬양을 불러 사람들의 믿음이 배가되도록 하였고, 그 믿음에 근거하여 사역하였다. 그는 늘 하나님이 불가능한 것을 가능하게 하시는 분이란 사실을 강조하였으며, 그 또한 하나님이 위대한 일을 행하시는 분이라는 사실에 대해 일말의 의심도 품지 않았다. 하나님께서는 그러한 확고한 믿음을 가진 그를 통해 놀라운 일들을 행하셨다.

몇몇 사람들은 위글스워스의 사역 방법에 대해 의문을 제기하였다. 개인적인 측면에서 본다면, 그는 예의 바르고 친절하고 부드러운 사람이었다. 그러나 그는 각종 질병을 일으키게 하는 마귀에 대해서는 매우 단호하였다. 담대한 듯하지만 어떻게 보면 무례하게 보일 수도 있는 그의 사역 방법에 대해 몇몇 사람들은 못마땅해 하였다. 이에 대해 위글스워스는 자신이 그런 식으로 사역하는 이유가 사역을 받는 사람들이 하나님께만 집중하도록 하기 위함이라고 대답하였다.

마귀에 대한 그의 증오가 너무도 컸기에, 모르는 사람들이 보기에 그의 사역은 공손하지 않아 보일 수도 있었다. 아픈 사람을 놓고 기도할 때, 그는 자주 병자의 아픈 부위를 손바닥으로 치곤하였다. 그러나 이러한 당혹스런 행위로 인해 병이 더 악화되거나 마음에 상처를 받은 사람은 단 한 사람도 없었다. 사람들이 그에게 왜 환자를 치냐고 물어보면, 그는 환자를 친 것이 아니라 마귀를 친 것이라고 대답하였다. 그는 사탄이 절대로 장난을 치지 못하도록 하기 위해 그를 부드럽게 대해서는 안 되며, 오히려 엄하게 대해야 한다고 확신하였다.

현재까지 보고된 바에 의하면, 그의 기도로 이미 호흡이 끊어진 사람 20명이 다시 살아났다고 한다. 한번은 위글스워스 자신이 맹장염과 신장 결석으로 고생한 적이 있었다. 그런데 그의 기도로 그 병들이 모두 치유되었다. 그러한 경험을 한 후 그는 병자들을 위해 기도해줄 때, 그전보다 훨씬 부드럽게 대하였다. 사역할 때 그가 보여준 다소 거친 태도들은 하나님에 대한 소명감에 충실한 데서 비롯된 것이며, 지체하지 않고 사역하였던 그의 열정 때문이기도 하다.

위글스워스는 하나님이 우리를 완전히 치유하실 수 있는 분이라는 사실에 대해 추호의 의심도 품지 않았다. 그러나 종종 환자를 놓고 기도해도 낫지 않고 죽어가는 경우들을 보며 매우 힘들어하였다. 가령 그는 아무리 기도해도 자신의 아내와 아들이 고침을 받지 못한 채 죽고, 귀머거리였던 딸을 고칠 수 없게 되었을 때 매우 힘들어하였다. 또한 자신의 만성 신장결석증과 좌골신경통을 고치지 못하여 고통스러운 날들을 보냈다.

그의 사역은 종종 역설적인 듯했다. 그는 남을 긍휼히 여기는 마음으로 가득한 사람이었지만, 질병에 대해서는 매우 단호하였다. 또한 온유하면서도 담대하였고, 점잖은 신사였지만 종종 문법에 맞지 않는 말을 하였다. 그의 설교는 초점이 잘 맞지 않는 듯하여 혼돈스럽기까지 하였다. 그러나 그는 온 마음을 바쳐 하나님을 사랑하였고, 하나님과 성경 말씀에 대해서는 남다른 놀라운 믿음을 갖고 있었다. 그는 한 사람을 놓고 사역을 시작하면, 하나님께서 역사하시는 것을 볼 때까지 절대로 사역을 포기하지 않았다.

1936년에 스미스 위글스워스는 은사운동(charismatic movement)이 시작될 것이라고 예언하였다. 즉 그는 전 세계의 주요 교단들에서 성령의 은사를 받아들임으로 오순절 운동(pentacostal movement)보다 더 큰 부흥과 기적들이 일어나게 될 것이라고 예언하였던 것이다. 그리고 그의 예언은 적중하였다. 그는 부흥을 목적으로 사역한 사람은 아니었다. 그러나 그럼에도 불구하고 그는 오늘날 사람들 사이에 복음전도자요 예언가로 또한 놀라운 기적들을 일으킨 치유사역자로 잘 알려져 있다.

사실 그는 오순절 운동뿐만 아니라 은사운동에도 많은 영향을 끼쳤다. 그 결과, 현재를 살아가는 거의 모든 기독교인들이 그의 직·간접적인 영향력 아래 살고 있다고 해도 과언이 아닐 정도이다.

다소 문법에 맞지 않는 그의 설교문을 읽고 은혜를 받기 위해 우리는 먼저 하나님의 능력이 그 삶과 사역을 통해 강하게 나타났었다는 사실을 기억해야 한다. 그의 설교문이 문법에 어긋남에도 불구하고 보석과 같이 여겨지는 이유는 우리가 그의 설교를 통해 그가 하나님으로부터 받았던 계시를 대면할 수 있기 때문이다. 그는 하나님과 성령님에 대한 온전한 신뢰를 갖고 있었다. 그리고 그는 이러한 사실을 삶을 통해 분명하게 보여주었다. 이런 이유로 그의 설교에는 사람들의 삶을 바꾸는 힘이 있다.

이 책을 읽을 때, 그의 사역 기간이 1900년대부터 1940년 사이였다는 사실을 알고 읽으면 이해하는 데 도움이 될 것이다. 그 당시의 설교는 대부분 즉석 설교였지 원고를 놓고 읽는 설교가 아니었다.

이 책을 통해 대면하게 될 그의 설교에는 그 당시의 예배와 기도모임의 분위기가 여실히 드러난다. 그리고 이 책에 실린 그의 메시지에는 그가 컨퍼런스를 인도하면서 전했던 성경 공부식 메시지도 일부 포함되어 있다. 종종 그는 방언으로 먼저 메시지를 전하고 바로 이어 자신이 한 방언을 통역하였다. 이럴 경우 그 내용을 하나도 빼지 않고 이 책에 실었다.

또한 위글스워스의 독특한 설교 스타일과 지금으로부터 50-100년 전의 설교라 이해하기 힘든 부분들은 오늘날의 독자들이 쉽게 이해할 수 있도록 수정하고 보완하였다.

마지막으로, 독자 여러분이 이 책을 읽어나가는 동안 스미스 위글스워스가 평생 동안 외친 "오직 믿기만 하라"는 단 한마디의 말을 통해 그가 절대적으로 하나님을 신뢰하였고, 하나님에 대한 그의 믿음이 확고했다는 사실을 깨닫게 되기를 간절히 원한다.

SPIRITUAL GIFTS

역자 서문

　믿음의 사도로 잘 알려진 스미스 위글스워스는 1900년대 전반기에 영국을 무대로 사역하며 기적을 일으킨 능력의 사역자였다. 그는 평생 "오직 믿기만 하라"라고 외치며, 단순한 믿음을 갖고 과감하게 사역하였다. 그 결과 그의 사역에 하나님의 놀라운 기름부음이 임하여 수많은 병자들이 치유되었고, 많은 귀신들이 쫓겨나갔다. 더욱이 놀랄 만한 사실은 그의 사역을 통하여 이미 숨이 넘어간 사람들이 20명이나 살아났다는 사실이다.

　이 책을 통해 성령의 은사에 관한 그의 말씀을 접하게 될 때, 은사에 관한 이해가 증가함은 물론 여러분 속에 있는 성령의 은사들이 크게 활성화될 것이다. 성경구절이 문맥 안에 포함되는 경우는 번역상의 매끄러움을 최대화하기 위해 역자가 직접 성경구절을 번역하였음을 밝힌다. 그러나 그 외 성경 본문을 그대로 인용하는 것이 낫다고 판단된 경우에는 한글 개역개정성경을 인용한 소수의 경우를 제외하고는 독자들이 쉽게 이해할 수 있도록 표준새번역성경을 사용하였다.

   아무쪼록 독자들이 이 책을 통해 은사를 올바로 이해하고 사용하게 됨으로 그리스도의 몸을 온전히 세워나가는 지체들이 되기를 간절히 바란다.

박미가

1장
성령의 은사에 관하여

하나님께서는 우리가 믿음의 안식 안으로 들어가기를 원하십니다. 그분은 우리가 그분을 전적으로 신뢰하고, 우리의 삶 속에 그분의 말씀이 심겨지기를 원하십니다. 우리가 그분의 말씀을 확고하게 진리로 믿고 받아들이게 되면, 우리는 "하나님 안에서 모든 것이 가능하다"(마 19:26)는 사실을 분명히 알게 될 것입니다.

고린도전서 12장 1절에는 "형제자매 여러분, 신령한 은사들에 대하여, 나는 여러분이 모르고 지내기를 바라지 않습니다"(표준새번역)라고 기록되어 있습니다. 하나님께서는 교회에 각종 은사들을 주셨습니다. 그러나 안타깝게도 오늘날 많은 교회들이 그러한 은사에 대해 너무도 무지합니다.

하나님께서는 우리가 강해지기를 원하십니다. 하나님께서는 우리가 그분을 알 수 있도록 우리에게 자신을 계시해주십니다. 하나님을 안다는 것은 성령의 나타남과 능력을 안다는 것입니다. 따라서 우리는 성령의 나타남과 능력을 받아들여 강한 그리스도인이 되어야 합니다. 하나님께서는 우리가 성령에 대해 갈망하고, 그 결과 성령으로 충만하여 더 강해지기를 원하십니다.

그동안 수많은 집회들을 인도하면서 알게 된 사실이 하나 있는데, 그것은 성령세례를 받고 나서 정체된 삶을 살고 있는 사람보다는 성령세례를 받지는 못했지만 하나님에 대해 갈급해하는 사람을 대상으로 사역하는 것이 훨씬 쉽다는 것입니다. 물론 성령세례를 받았고 또한 하나님에 대해 갈급해하는 사람이라면 가장 좋습니다. 하나님으로부터 더 많은 것을 받고자 하고, 하나님을 더 깊이 알고자 하는 갈급한 마음 없이 집회에 참석하는 사람은 아무런 소득 없이 돌아가기 마련입니다.

성령으로 채움 받는 것의 중요성

성령으로 채움 받는 것에 대해서는 아무리 강조해도 지나침이 없습니다. 만일 우리가 성령으로 충만하지 않다면, 빛 가운데 행하라(요일 1:7)는 말씀에 순종할 수 없습니다. 성령으로 채움을 받아야 흑암의 나라들을 묶을 수 있고, 의롭게 살아갈 수 있으며, 사탄의 능력을 묶을 수가 있습니다.

초대 교회 성도들은 사도들의 가르침을 따라 서로 교제하며 떡을 떼고 항상 기도하였습니다(행 2:42). 초대 교회가 행한 이러한 일들은 우리도 계속해서 행해야 합니다.

저는 과거 수년 동안 플리머스 형제단(Plymouth Brethren) 사람들과 가까이 지냈습니다. 그 교단에 소속된 사람들은 말씀을 매우 강조하고 침례(세례)에 관하여 매우 건전한 교리와 지침을 갖고 있습니다. 그들은 성만찬을 무시하지 않기 때문에, 초대 교회가 그랬던 것처럼 주일 아침마다 같이 모여 떡을 뗍니다. 그러나 그러한 그들도 장작과 초는 갖고 있지만, 성냥은 갖고 있지 않은 듯 보입니다. 만일 그들이 성령의 불을 갖고 있다면, 모두 뒤집어졌을 것입니다.

슬프게도 그들의 모임에는 생명이 없습니다. 그 이유는 그들에게 성령의 불이 부족하기 때문입니다. 한번은 어떤 젊은이가 그 모임에 참석하여 성령세례를 받았습니다. 성령께서 방언을 주셔서, 그는 방언으로 말하기 시작하였습니다(행 2:4). 그런데 플리머스 형제단의 형제들은 그 청년이 방언을 하는 것을 보고 매우 당황하여 그의 아버지에게 가서 "제발, 당신의 아들이 방언으로 기도하지 못하게 해주십시오"라고 애원하였습니다. 왜냐하면 그들은 자신들의 모임이 그 어떤 형태로든 방해받는 것을 원치 않았기 때문입니다.

그 청년의 아버지는 아들에게 다가가 "아들아, 나는 20년 동안 이 교회에 다녔지만, 방언하는 것은 한 번도 본 적이 없단다. 이 교회는 진리 위에 세워진 교회야. 우리는 방언과 같이 생소한 것을 받아들이길 원하지 않는단다. 그러니 그만 좀 해라"라고 하였습니다. 그러자 그 말을 들은 아들은 "만일 생소하게 보이는 이것이 하나님으로부터 온 것이 아니라면, 저는 아버지의 말씀에 순종하겠습니다. 그러나 제가 볼 때 방언은 하나님으로부터 온 것이 분명합니다"라고 하였습니다.

집회가 끝나고 그 청년과 아버지가 마차를 타고 집으로 돌아가고 있었습니다. 그런데 말이 끄는 마차가 진흙에 빠져 꼼짝도 못하게 되었습니다. 아버지와 아들은 마차에서 내려 온 힘을 다해 말을 끌어보았지만, 아무 소용이 없었습니다. 그러자 아버지는 아들에게 "이것이 어떻게 된 일이지?"라고 물었습니다. 그러자 아들은 아버지에게 "마차가 진흙 속에 깊이 박혀 도대체 움직일 줄 모르는군요"라고 대답하였습니다. 하나님은 진흙 속에 처박힌 것과 같은 정체된 삶에서 우리를 구원해내셨습니다.

하나님께서는 우리가 성령의 은사에 대해 바르게 이해하고 그것을 깊이 사모하기를 원하십니다. 그러기에 그분은 우리에게 "가장 좋은 은사들을 간절히 사모하라"(고전 12:31)고 말씀하셨습니다. 하나님께서는 우리에게 성령의 열매들 중에서 '가장 좋은 것'을 주기 원하십니다. 따라서 우리는 하나님께 이러한 성령의 은사들을 달라고 간절히 매달려야 합니다.

성령세례를 받아도 우리의 신앙이 정체될 수 있습니다. 하나님으로부터 진리에 대한 계시를 받고 성령으로 충만해지기 위해 우리는 우리가 가진 모든 것을 거부할 수 있어야 합니다. 우리가 그렇게 할 때, 하나님은 기뻐하십니다. 그 외의 다른 어떤 것으로도 우리는 하나님을 기쁘게 해드릴 수 없습니다.

한번은 한 러시아 청년이 성령을 받아 하늘로부터 내려오는 능력을 받았습니다. 그가 그렇게 놀라운 능력을 받을 수 있었던 이유는 하나님을 끈질기게 기다렸기 때문입니다. 그 청년이 성령으로 채움을 받자, 숨 쉬는 것조차도 기도가 되었습니다. 그 결과 그의 사역은 점점 힘을 얻어 가기 시작하였습니다.

성령으로 채움을 받은 한 사람을 알고 있는데, 그는 하나님의 능력으로 기름부음 받았다고 생각될 때에만 설교하였습니다. 한번은 그가 어느 감리교회로부터 설교해달라는 요청을 받았습니다. 그때 그는 그 교회의 사역자의 집에 머물고 있었습니다. 그래서 그는 전갈을 전한 사람에게 "예, 알겠습니다. 먼저 가십시오. 제가 곧 따라 가겠습니다"라고 대답하였습니다.

그 교회는 그의 설교를 듣기 위해 찾아온 사람들로 가득 차 있었습니다. 그런데, 설교 시간이 되었는데도 그 사람이 나타나지 않았습니다. 그래서 그 교회의 목사님이 걱정이 되어 그가 왜 오지 않는지 알아보라고 자기 딸을 보냈습니다. 그 딸이 사역자가 머물고 있는 방문 앞에 섰을 때, 안에서 세 번이나 "저는 가지 않겠습니다"라고 외치는 소리가 들렸습니다.

교회로 돌아온 목사님의 딸은 아버지에게 그 사람이 세 번이나 갈 수 없다고 외치는 소리를 들었다고 전해주었습니다. 이 말을 전해 들은 목사님은 무척 당황하였습니다. 그렇게 설교자가 도착하지 않은 상태에서 예배가 시작되었습니다. 그런데 예배가 시작된 지 얼마 지나지 않아 설교자가 나타났습니다. 그날 밤 하나님의 능력이 그에게 매우 강하게 임하였습니다.

설교가 끝나자 그 교회의 목사님이 설교를 한 사람에게 이렇게 물었습니다. "당신은 왜 우리 딸에게 갈 수 없다고 말했습니까?" 그러자 그 설교자는 이렇게 말했습니다. "저는 제가 성령으로 채움 받고 있는 상태인지 아닌지를 잘 알고 있습니다. 그래서 주님께 만일 저를 성령으로 채워주시지 않으면 가지 않겠다고 말한 것입니다. 제가 그렇게 외치자, 바로 그 순간 하나님께서 저를 성령으로 흘러넘치도록 채워주셨습니다. 그래서 예배 시간이 지나서 들어온 것입니다."

그렇습니다. 성령의 임재 속으로 들어가면, 그곳에는 능력이 있고 축복이 있으며 확신과 안식이 있습니다. 여러분은 그 속에서 그분의 임재와 그분이 여러분과 함께하신다는 것을 느낄 수 있습니다. 저는 여러분이 성령님의 임재 없이 단 한 시간도 있을 수 없을 정도로 그분을 사모하는 사람이 되길 원합니다. 성령님의 능력이 함께하는 한, 여러분에게 실패란 있을 수 없게 됩니다. 성령으로 채움 받을 때, 여러분은 보통 이상의 사람이 됩니다.

"여러분이 아는 대로, 여러분은 이방 사람으로 있을 때에는 이리저리 끄는 대로 말 못하는 우상 앞으로 끌려다녔습니다"(고전 12:2, 표준새번역). 그러나 지금은 그렇지 않습니다. 지금은 이방인들의 시대입니다. 유대인들이 하나님의 축복을 거부하자 하나님께서는 유대인이란 감람나무의 줄기를 잘라버리시고, 그 자리에 이방인들을 접붙이셨습니다(롬 11:17-25). 그 전에는 이방 백성들에 대해 이처럼 호의적이신 적이 한 번도 없었습니다(벧전 2:9-10).

하나님께서는 온 세계에 복음을 전하는 사명을 완수하도록 이방인들을 부르시고, 그들에게 성령의 능력을 부어주셨습니다. 하나님께서 이

방 백성들인 우리에게 그분의 마음을 주시고, 유대인들이 받았어야 할 축복을 우리가 받도록 하셨습니다. 이것은 전적으로 하나님의 은혜입니다. 이러한 사실을 믿음으로 받아들이고 하나님의 영광의 보호하심 아래로 들어가면, 믿음의 조상 아브라함이 받았던 모든 축복이 우리의 것이 됩니다.

잘못 나가지 않기

그러므로 나는 여러분에게 알려드립니다. 하나님의 영으로 말하는 사람은 아무도 "예수는 저주를 받아라" 하고 말할 수 없고, 또 성령으로 감동하지 않고서는 아무도 "예수는 주님이시다" 하고 말할 수 없습니다. (고전 12:3, 표준새번역)

마귀는 예수님께서 우리의 주님이 되시지 못하고, 우리로 하여금 주님을 그분의 자리에 앉혀드리지 못하도록 하기 위해 이 마지막 때에 부지런히 활동하고 있습니다. 그런 줄도 모르고 오늘날 많은 사람들이 새로운 신학과 사상, 크리스천 사이언스(Christian Science)라는 이단 교리에 문을 활짝 열어놓은 채 살고 있습니다. 이러한 이단 사상과 그것을 따르는 교파들은 하나님의 기본 진리마저 거부하고 있습니다. 그들 모두는 지옥이 하나님의 영원한 형벌의 장소라는 사실을 부정할 뿐 아니라, 예수 그리스도의 신성마저 부정합니다.

이단 사상에 빠진 사람들에게는 절대로 성령이 부어지지 않습니다.

성령님이 앉으셔야 할 자리에 마리아를 앉혀 놓은 사람치고 성령을 받은 사람은 한 사람도 없습니다. 이제껏 인간의 열심을 갖고 구원을 받으려고 했던 사람들 중에 구원받은 사람은 한 사람도 없습니다. 만일 여러분이 이러한 사람들과 대화하게 된다면, 절대로 상대방이 구원받았다고 믿어서는 안 됩니다. 왜냐하면 그는 절대로 구원받은 사람이 아니기 때문입니다. 덧붙여 말씀드리지만, 여호와의 증인들 중에서 성령으로 세례받은 사람은 한 사람도 없습니다. 주 예수 그리스도의 신성을 인정하지 않는 다른 모든 이단들도 이 점에 있어서는 동일합니다.

예수님을 인생의 주인으로 받아들이는 것이 삶에서 제일 중요한 일입니다. 치유만 강조하면 한쪽으로 기울어져 버립니다. 또한 물세례를 강조하는 설교만 하면 실수하게 됩니다. 그러나 주 예수 그리스도는 아무리 강조해도 결코 한쪽으로 치우치거나 실수하게 되는 법이 없습니다. 예수 그리스도의 신성은 아무리 강조해도 지나치지 않습니다. 예수님을 우리의 주와 그리스도라고 강조하면 결코 잘못 나가게 되는 법은 없습니다. 우리가 그리스도에 대해 완전한 계시를 받으려면, 반드시 성령으로 충만해야 합니다.

"성령으로 충만함을 받으라"(엡 5:18)는 것은 하나님께서 우리에게 하시는 명령입니다. 성령을 한잔 마셨다고 만족해서는 안 됩니다. 우리는 성령을 항상 흘러넘치게 마셔야 합니다. 우리가 성령으로 흘러넘치는 삶을 살지 못한다는 것은 그 자체가 비극입니다. 사랑하는 여러분, 절대로 성령이 가득 차지 않은 상태에 머물지 마십시오.

은사를 바르게 사용하기

은사는 여러 가지지만, 성령은 같은 성령입니다(고전 12:4). 성령의 나타나심은 모든 사람들이 유익을 누리도록 하기 위함입니다(고전 12:7). 성도들이 모여 있는 곳에 성령께서 나타나시고 은사들이 나타나는 이유는 성도들이 유익을 얻도록 하기 위함입니다.

저는 사람들이 잘못되어도 한참 잘못되어 가는 것을 보았습니다. 그들은 예언의 은사를 매우 잘 사용하는 사람들인데도 불구하고, 성령의 능력과는 상관없이 은사들을 사용하는 사람들입니다. 우리는 은사를 사용할 때, 성령님을 바라보고, 어떻게 하면 은사를 잘 사용할 수 있을지에 대해 성령님으로부터 지시를 받아야 합니다. 우리가 은사를 왜 사용하고, 어디에 그리고 언제 사용해야 하는지에 대해 성령님께 여쭤보지 않은 채 은사를 사용하면, 성령의 능력과는 아무 상관이 없게 됩니다.

오늘날 많은 사람들이 능력 없이 은사를 사용하는 것을 보면 마음이 아픕니다. 여러분은 절대로 그렇게 하지 마십시오. 하나님께서는 은사를 잘못 사용하는 것에서도 우리를 구원해주셨습니다.

성령 충만을 받게 되면, 자신이 성령의 은사를 갖고 있다는 사실을 몰라도 자신도 모르는 사이에 은사가 나타나 사용될 경우가 얼마든지 있습니다. 저는 그동안 사역을 위해 수많은 곳을 다녔습니다. 많은 경험들을 통하여 사람들이 모여 있을 때 주님의 영광이 임하고, 이때 성령의 기름부음 가운데 사역하면 놀라운 일들이 많이 일어나게 된다는 사실을 깨닫게 되었습니다. 어떤 사람이 하나님으로 가득 채워져 있고 성령으로도 가득 채워져 있다면, 자신이 은사를 갖고 있다는 사실을 전혀 모른다 해도 고린도전서 12장에 기록된 성령의 아홉 가지 은사가 그 사람을 통해 나타날 수 있습니다.

저는 성령 충만한 상태에 있는 사람이 자신이 은사를 갖고 있다는 사실을 모르고 사역을 하는 경우와 알고 사역하는 경우 중에서 어느 경우에 기적과 이사가 더 많이 일어나는지에 대해 궁금증을 갖고 있었습니다. 만일 여러분 가운데 성령의 은사를 받은 분이 계시다면, 하나님의 능력이 여러분을 덮었을 때에만 그 은사를 사용하십시오. 저는 하나님의 능력이 임하지 않은 상태에서 예언의 은사를 사용하다가 낭패를 보는 경우를 목격한 적이 있습니다. 그래서 그곳에 모인 사람들이 크게 실망하였습니다. 성령 안에 거하지 않고서는 절대로 성령의 은사를 구하지 마십시오. 성령의 능력 안에서 은사들이 나타나야만 그것을 제대로 사용할 수 있습니다.

은사를 지혜롭게 사용하기

주님께서는 여러분이 성령의 임재 가운데 있을 때, 여러분으로 하여금 성령에 취하게 하실 수 있습니다. 그러나 사람들과 같이 있을 때에는 성령에 취하여 마치 술 취한 것과 같은 상태로 있어서는 안 됩니다. 저는 개인적으로 사람들이 오순절 날 120명의 문도들과 같이 성령으로 충만한 모습을 보는 것을 매우 좋아합니다. 그러나 사람들이 많이 모인 예배 장소에서 성령에 취한 모습을 보이는 것은 원치 않습니다. 만일 그런 장소에서 성령에 취하여 이상한 모습을 보이면 문제가 발생합니다.

가령, 말씀에 대해 아무것도 모르는 사람들이 예배에 처음 참석하였는데, 사람들이 성령에 취해 있으면 곤란합니다. 만일 잘 모르는 사람들이 여러분이 성령에 취해 있는 모습을 보면, 그들은 여러분을 피해 떠나게 됩니다. 그런 사람들은 하나님을 보지 않고 여러분을 보게 됩니다. 그럼 하나님께 가야 할 시선을 여러분이 빼앗고 있는 것입니다. 여러분이 온전한 정신으로 임해야 할 시간과 장소에서 사람들이 오해할 만한 모습을 보여주면, 잘 모르는 사람들은 여러분을 비난하게 됩니다.

바울은 고린도 교회 성도들에게 "우리가 미쳤다고 하면 하나님을 두고 미친 것이요, 우리가 정신이 온전하다고 하면 여러분을 두고 온전한 것입니다"(고후 5:13, 표준새번역)라고 편지하였습니다. 우리는 성령에 취해 좀 지나친 행동을 할 수 있고, 춤을 출 수도 있습니다. 그러나 올바른 때에 올바른 장소에서 그렇게 해야 합니다. 많은 사람들이 동시에 성령 아래에 있게 되면 여러 가지 일들이 일어나게 됩니다. 그러나 성령 안에 있지 않은 사람들이 그것을 목격하게 되면 이상하게 여겨 비판을 가할 수 있습니다.

따라서 우리는 성령에 취해 행동할 때 하나님을 욕되게 하지 않도록 지혜롭게 행동해야 합니다. 그렇지 않으면 사람들을 잃게 됩니다. 여러분이 성령 안에서 좋은 시간을 가질 때, 그곳에 있는 다른 사람들의 영적인 상태도 고려해주어야 합니다. 그래야 사람들이 실족하지 않습니다. 그렇게 지혜롭게 행동해야 결국 여러분에게 유익이 됩니다.

우리가 성령의 가장 좋은 은사들을 사모하는 것은 절대적으로 옳은 일입니다. 그리고 은사를 사용할 때 가장 중요한 점이 먼저 성령의 능력으로 채움 받아야 한다는 사실임을 잊지 마십시오. 여러분이 성령으로 채움 받지 않은 은사 사역자에게 사역을 받으면, 어려운 일을 당합니다. 그러나 성령 충만한 은사자에게 사역을 받으면, 절대로 잘못되는 법이 없습니다.

주님께서는 우리가 은사에 있어서 부족하게 되는 것을 원치 않으십니다(고전 1:7). 그분께서는 우리가 먼저 성령으로 채움 받고, 그 후에 우리에게 채워진 성령이 은사로 나타나기를 간절히 원하십니다. 만일 여러분의 단 한 가지 소원이 하나님께서 영광 받으시는 것이라면, 하나님으로부터 받은 모든 은사들이 나타날 것이라는 기대와 믿음을 가지십시오.

은사를 우상화하지 마십시오. 은사에게 영광을 돌리지 말고, 은사를 주시는 하나님께 영광을 돌리십시오. 성령님이 여러분에게 어떤 은사를 주실지를 결정하시도록 맡겨드리십시오. 성령이 주시는 은사는 어느 것이나 귀하게 여기십시오.

우리는 성령의 은사를 통해 삼위일체 하나님의 나타나심을 볼 수 있습니다. 같은 성령이시지만, 은사는 각양각색입니다. 주는 같은 주님이시지만, 사역은 서로 다를 수가 있습니다. 하나님은 같은 하나님이시지만, 하나님께서 역사하시는 방법은 사람에 따라 다를 수 있습니다. 한 하나님께서 여러분 각자를 통해 여러 가지 일들을 다양하게 이루어나가십니다(고전 12:4-6).

여러분은 삼위일체 하나님께서 우리가 모여 있을 때 우리 가운데 자신을 나타내신다는 말이 무슨 뜻인지 아십니까? 이에 대한 이해를 위해 증기기관차를 끄는 거대한 증기 엔진을 잠시 머릿속에 그려보십시오. 그 엔진 속에는 증기가 가득 차 있습니다. 증기기관차가 움직이려고 할 때, 증기 엔진에서는 증기가 밖으로 세차게 새어나옵니다. 새어나오는 증기의 힘이 너무 커 마치 엔진이 폭발할 것같이 느껴질 정도입니다.

믿는 자들 가운데는 폭발 직전의 증기 엔진과 같은 사람들이 있습니다. 그들은 소리를 지르기 시작합니다. 그러나 그들이 지르는 소리를 듣고 위로와 세움을 받을 사람은 아무도 없습니다. 어쨌거나 증기 엔진을 통해 증기기관차가 움직이게 되면, 그것이 만들어진 목적이 성취됩니다. 증기기관으로 수많은 자동차도 운반할 수 있습니다. 사람도 이와 마찬가지입니다. 성도들이 성령으로 채움 받아 은사를 나타내게 되면, 그 성도를 통해 이루시고자 하는 하나님의 목적을 이룰 수 있게 됩니다.

밖으로 표출되는 내적 능력

성령으로 채움 받은 사람이 성령님으로 하여금 자신을 통해 일하시도록 하는 것은 매우 즐거운 일입니다. 성령님은 우리의 입술을 통해 방언이 흘러나오도록 하시고, 기쁜 마음이 생기도록 해주시며, 우리의 혀가 기뻐하도록 하십니다. 이런 것은 우리 속에 있는 성령의 능력이 밖으로 표출되는 것입니다.

이러한 일들을 통해 예수님께서 영광을 받으십니다. 그분에 대한 여러분의 믿음이 배가되면, 여러분 속에서 생수가 강물과 같이 흘러나옵니다(요 7:38). 마치 거대한 생명의 강이 흘러가듯 성령님이 여러분을 통하여 흘러가면, 수많은 사람들이 복을 받게 됩니다. 그 이유는 여러분이 성령님이 흐르시는 통로가 되도록 자신을 내어드렸기 때문입니다.

2장
성령의 은사 이해하기

 이제 고린도전서 12장을 살펴봅시다. 1절을 보면 "형제자매 여러분, 신령한 은사들에 대하여, 나는 여러분이 모르고 지내기를 바라지 않습니다"(표준새번역)라고 기록되어 있습니다. 성령님은 우리가 성령의 은사가 무엇인지를 잘 알고 그것을 잘 사용하여, 이를 통해 교회가 세움 받기를 원하십니다.

 우선, 성령에 의해 인도함 받는 사람들의 성품에 대해 살펴봅시다. "성령으로 감동하지 않고서는 아무도 '예수는 주님이시다'라고 말할 수 없습니다"(고전 12:3, 표준새번역). 저는 예수님을 영접했다고 말하는 사람을 만나면, 항상 성령님에 대해 알고 있는지를 묻습니다. 하나님으로부터 온 영을 가진 사람들은 모두가 예수님을 증거합니다. 따라서 우리는 예수님을 주로 시인하는지의 여부로 상대방의 영적인 상태를 확인할 수 있습니다.

만일 어떤 사람이 예수님께서 육체로 오셨다는 사실을 인정하지 않으면, 그 사람은 아마도 성령을 소유한 사람이 아닐 것입니다(고전 12:3). 이와는 반대로, 예수님을 주라고 시인하는 모든 사람들은 성령에 의해서 예수님을 삶의 주인으로 인정하는 것입니다.

위대한 가능성들

성령을 받은 사람은 누구나 위대한 가능성과 제한 없는 능력을 갖고 있습니다. 또한 그런 사람은 현재 위대한 것들을 소유하고 있을 뿐 아니라 앞으로도 위대한 것을 더 풍성하게 받게 됩니다(고전 3:22). 그리고 성령께서는 여러분이 위기에 처해 있을 때, 그 위기를 빠져나올 수 있는 힘도 주십니다. 그런데 많은 사람들이 이러한 성령님의 공급을 경험하지 못하는 이유는 성령을 받지 못하였거나 아니면 성령님께 자신을 내어드리지 않았기 때문입니다. 그런 사람들은 겁쟁이이며, 의심이 많은 사람들입니다. 그런 사람들은 의심으로 인해 신앙이 뒷걸음질하게 됩니다.

만일 여러분이 성령님께 자신을 내어드리고 그분의 인도하심을 의심 없이 따라간다면, 그분께서는 여러분을 성공과 승리의 자리로 이끌어주십니다. 그 결과 여러분은 하나님의 은혜를 더 잘 받게 되고, 성령의 능력으로 하나님께서 여러분을 통해 이루시고자 하는 바를 깨닫게 됩니다. 모든 것이 성령의 능력 안에 있습니다. 이러한 귀한 진리들을 하나도 놓치지 마십시오.

하나님의 영광의 나타나심

우리는 하나님의 영광의 나타나심 속에 능력과 힘이 있다는 사실을 반드시 기억하고 있어야 합니다. 많은 사람들이 이미 오래 전에 현재보다 훨씬 더 높은 신앙의 경지에 도달했어야 하는데, 그렇지 못한 경우가 대부분입니다. 그 이유는 그들이 하나님의 영광 속에 능력이 있다는 사실에 대해 의심을 품고 있기 때문입니다.

우리의 대적 사탄이 우리를 속이려고 하면 얼마든지 속일 수가 있습니다. 어떤 사람들은 사탄에게 속아 자신이 이미 구원받은 자라는 사실까지도 의심하게 됩니다. 그렇게 되는 이유는 사탄이 그로 하여금 자신의 구원에 대해 의심하도록 만들기 때문입니다. 그러나 만일 우리가 열린 마음으로 하나님과 사귀어 그분과 하나가 되면 두려움이 사라져버리기 때문에, 항상 확신 가운데 담대하게 살 수 있게 됩니다.

하나님의 자녀들은 하나님이 늘 함께 계신다는 사실과 자기 속에 성령님이 계신다는 사실을 확실히 믿기만 하면, 자신이 이미 구원받았다는 사실에 대해 전혀 의심하지 않게 됩니다. 그러므로 이미 받은 구원에 대해 의심하지 않도록 격려하여 서로의 삶을 통해 하나님의 선한 일들이 나타나도록 해야 합니다(히 10:24).

오순절 계통의 사람들 중에는 자신의 영적인 체험에 대해 확신을 갖고 있는 사람들이 매우 많습니다. 우리는 우리 속에 성령님이 거하고 계신다는 사실에 대해 잘 알고 있습니다. 그런데 만일 우리가 성령님의 운행하심에 양보하지 않는다면, 우리의 힘으로 성령님을 움직이려고 하게 됩니다. 성령님을 자신의 뜻대로 움직이려고 한다는 말은 우리가 성령님을 조종하려고 한다는 말입니다. 그러나 절대로 그렇게 해서는 안 됩니다. 그 대신 우리는 우리 속에 계신 성령께서 친히 운행하고 역사하시도록 자신을 비울 줄 알아야 합니다.

믿음

사랑하는 여러분, 이제 스스로에게 "나는 지금 어디에 살고 있는가?"라고 자문해보십시오. 저는 지금 여러분이 살고 있는 거주지가 어딘지에 대해 말하고 있는 것이 아닙니다. 우리는 영적인 사람이고, 왕 같은 제사장이며, 거룩한 하나님의 백성입니다(벧전 2:9). 만일 우리 속에 불신앙이 있다면, 그것이 어떻게 우리 속에 들어오게 되었는지 조사해보아야 합니다. 만일 우리가 살아 있는 믿음을 갖고 있다면, 우리 속에 불신앙은 없습니다. 우리가 매일 신앙으로 출발하여 더 높은 신앙으로 나아가는 삶을 살아나간다면, 결국 우리는 불신앙 없이 살아갈 수 있게 됩니다.

그러나 그러기 전에 반드시 그리스도에 의해 의롭다 함을 받는 일이 선행되어야 합니다. 만일 그리스도에 의해 의롭다 함을 받지 않은 채 믿음의 삶을 살아나가려고 한다면, 여러분은 반드시 실패할 것입니다. 그 이유는 '의인은 믿음으로 말미암아' 살기 때문입니다(롬 1:17). 만일 여러분이 의롭다 칭함을 받았다면, 그 결과 여러분은 믿음의 삶을 살아갈 수 있게 됩니다. 믿음의 삶을 사는 것은 쉽고 즐거운 삶이긴 합니다. 그러나 그것은 쉽고 재미있는 삶 그 이상입니다. 믿음의 삶은 영적인 유산을 받아서 살아가는 삶입니다.

성령께서 여러분에게 성령의 불을 붙이시면, 여러분의 은사에는 부족함이 없게 됩니다(고전 1:7). 하나님은 우리가 은사들을 받고 사용하는 데 있어서 그 어떤 부족함도 느끼지 않도록 해주시는 분입니다. 그분은 우리를 온전히 쓰시기 위해 우리를 성령의 불붙는 자리로 내모시는 분입니다. 따라서 우리는 매일 성령님의 지시에 따라 장막을 걷으라고 하시면 걷어야 합니다. 우리는 절대로 한곳에만 머물러서는 안 됩니다. 우리 앞에는 가야 할 땅이 있습니다. 그 땅이 우리를 기다리고 있습니다. 우리가 소유해야 할 유산이 우리 앞에 있습니다. 하나님께서는 우리에게 "그 땅들은 너희 것이다. 가서 그 땅들을 취하라"고 명령하십니다.

바울은 우리가 모든 성도와 함께 넉넉히 깨달아 알기를 원한다고 기도하였습니다(엡 3:18). 바울이 그런 기도를 할 때, 그는 성령님의 임재 안에 있었습니다. 하나님께서는 바울이 이해했던 많은 것들을 오늘을 살아가는 우리가 동일하게 이해하기 원하십니다. 우리가 은사들을 받아 남을 위해 사용하며 살아가고, 하나님과 우리가 하나되어 살아가는 것이 바로 하나님께서 원하시는 바입니다. 성령의 은사들이 바르게 사용되면, 교회가 세움을 받습니다. 그렇게 교회가 세움을 받을 때, 그리스도께서 교회의 머리가 되십니다.

> 또 사역은 여러 가지나 모든 것을 모든 사람 가운데서 이루시는 하나님은 같으니
> 각 사람에게 성령을 나타내심은 유익하게 하려 하심이라 (고전 12:6-7)

하나님께 자신을 내어드리는 능력

예수님께서는 "보시옵소서 내가 하나님의 뜻을 행하러 왔나이다"(히 10:9)라고 말씀하셨습니다. 우리도 그렇게 말씀하신 예수님을 본받아 하나님께 그런 기도를 하면, 그분께서는 그런 우리를 보고 매우 기뻐하셔서 우리에게 필요한 은사를 주십니다. 하나님이 우리에게 성령의 은사를 주시는 분이라는 사실을 알면 알수록, 우리는 예수님과 더 잘 연합하게 됩니다. 그래서 그 결과 사람들은 은사를 바라보는 대신, 은사를 주시는 주님을 바라보게 되는 것입니다.

사랑하는 여러분, 만일 우리가 성령님으로부터 모든 것이 온다는 사실을 믿지 않고 성령님께 우리의 사역을 온전히 내어 맡기지 않는다면, 우리의 사역은 실패하게 됩니다. 그리고 그 결과 우리는 아무것도 아닌 것이 됩니다. 어떤 사람이 주님의 이름으로 귀신을 쫓아내었다고 말하더라도 그 사람이 육의 사람이어서 속으로 자신이 귀신을 쫓아냈다고 생각하고 있다면, 그 사람 속에 하나님이 계시지 않는 것입니다. 그러나 우리가 하나님이 모든 것을 이끌어나가시도록 자신을 하나님께 내어드린다면, 문제 될 것이 하나도 없습니다.

우리는 우리 속에 계신 성령님께 자리를 내어드려야지 불신앙에게 자리를 내어주어 그것이 우리로 하여금 나쁜 영향력을 행사하도록 내버려두어서는 안 됩니다. 그 이유는 하나님만이 하늘과 땅에 있는 모든 것들을 다스리시는 절대적인 권위자이시기 때문입니다. 저는 이러한 능력에 대해 잘 알고 있습니다. 저의 믿음에 한계가 없는 이유는 제 안에 하나님이 계시다는 사실과 제가 하나님 안에 있다는 사실을 너무도 잘 알고 있기 때문입니다.

여러분 중에 오늘 집을 나설 때 아픈 마음을 부여잡고 오신 분들이 계십니다. 아픈 마음을 안고 이 집회에 참석한 사람은 그 어떤 힘이 자신이 처한 고통스런 상황에서 구하여 주길 간절히 바라고 있을 것입니다.

여기에 참석한 마음 아픈 분들 중 어떤 분들은 믿지 않는 자들과 멍에를 함께 메었다(고후 6:14)고 고백해야 할 분들입니다. 그러나 기억하십시오. 여러분 속에 이 세상의 그 어떤 힘보다 강력한 능력이 있다는 사실을 말입니다. 여러분은 여러분의 가정에 승리를 가져다줄 수 있습니다. 그리고 여러분의 아내와 자녀들에게도 승리를 가져다줄 수 있습니다. 그러나 승리를 가져다주기 위해 여러분은 반드시 하나님의 길과 방법을 따라야 합니다.

여러분이 지금 수많은 난관을 경험하고 있다면, 그리고 그 난관이 여러분이 져야 할 십자가라면, 그 십자가를 지십시오. 그래야 하나님의 승리가 주어집니다. 여러분 속에 계신 이가 지옥의 모든 능력들보다 크시다는 사실을 꼭 기억하십시오(요일 4:4). 장차 여러분이 군대 귀신들의 능력보다 더 큰 능력의 성령님으로 채움 받게 될 것이라는 사실을 저는 믿어 의심치 않습니다.

제가 글라스고에서 집회를 인도할 때, 한 남자가 벌떡 일어나더니 "나는 귀신들을 내어쫓을 능력을 갖고 있습니다"라고 소리쳤습니다. 저는 그 사람을 귀신들에게 사로잡힌 사람에게 데리고 가서 한 번 쫓아보라고 하였습니다. 그러나 그는 귀신을 쫓아낼 수 없었습니다. 왜냐하면 그도 귀신들린 사람이었기 때문입니다. 귀신들린 사람은 다른 사람 속에 있는 귀신을 쫓아낼 수 없습니다.

귀신을 쫓아내는 사람이 되길 원하십니까? 그렇다면 귀신을 쫓아내는 존재가 여러분이 아니라 여러분 속에 계신 성령님이시라는 사실을 먼저 믿으십시오. 점치는 귀신 들린 종의 신분을 가진 한 소녀가 바울을 귀찮게 따라다니자, 이를 참다못한 바울이 그 소녀 속에 있는 점치는 귀신들을 내어쫓은 이야기를 잘 아실 것입니다(행 16:16-18).

우리 속에는 성령님이 거하실 처소가 있습니다. 그리고 우리 속에 계신 성령님은 우리 가슴이 불타오르게 하여 우리로 하여금 주님을 높이는 삶을 살도록 하십니다. 주님을 높이는 삶을 사는 것만큼 가치 있는 삶은 없습니다. 그 외의 것들은 모두 뒤로 젖혀놓아야 합니다. 우리는 그분을 경외하는 삶을 살아야 합니다.

동기가 무엇입니까?

예수님께서는 구하는 사람마다 받을 것이라고 말씀하셨습니다(마 7:8). 여러분은 하나님께 무엇을 구하시고 계십니까? 그것을 구하는 마음의 동기가 무엇입니까? 성경은 우리에게 구하여도 받지 못하는 것이 쾌락을 위하여 쓰려고 잘못 구하기 때문이라고 말씀하고 있습니다(약 4:3). 우리는 하나님으로부터 은사를 받아야 합니다. 하나님은 우리가 무엇을 받아야 하는지에 대해 계시해주십니다. 그리고 하나님 보시기에 우리가 꼭 받아야 할 것을 하나님으로부터 받기 전까지, 우리는 만족스러운 삶을 살 수 없습니다.

우리의 힘으로는 그 어떤 것도 이룰 수가 없다는 것을 깨닫는 것이 중요합니다. 우리가 하나님의 능력으로 옷 입게 된다면, 우리는 더 이상 자연인이 아니게 됩니다. 우리가 하나님의 능력으로 살아가게 되면, 예수님의 제자들의 시대에 일어났던 것과 같은 동일한 놀라운 일들이 우리의 삶에서도 일어나게 됩니다.

저는 8살에 처음 구원받았는데, 그것은 저에게 아름답고 사랑스런 경험이었습니다. 그리고 그 후로 저는 하나님께서 저를 받아주셨다는 사실에 대해 한 번도 의심해본 적이 없습니다. 형제자매 여러분, 제가 그 후로 성령세례 받기를 간절히 소원하자 하나님께서는 저에게 놀라운 일을 행하셨습니다.

저는 기름부음 없이는 설교할 수 없었던 사람입니다. 한번은 저의 아내가 오더니 "사람들이 당신이 설교하기를 기다리고 있어요. 나가서 말씀을 전하세요"라고 재촉하였습니다. 그러나 저는 아내에게 "지금은 설교할 수 없어요. 저는 성령의 기름부음 없이는 설교하지 않습니다"라고 대답하였습니다.

그때는 몰랐지만, 제가 그때 말한 성령의 기름부음이 사실은 성령세례였다는 사실을 이제는 잘 알고 있습니다. 성령께서 제 속으로 들어오셔서 저의 혀를 잡으시면, 저는 성령이 말하게 하심을 따라 말합니다. 그러면 매우 흡족하게 됩니다. 그분께서 오시면 제 안에 거하시게 됩니다. 그렇게 되면, 저는 성령께서 보여주시는 바에 따라 행하기만 하면 됩니다.

구하면 받습니다

하나님께서 엘리사를 부르셨을 때, 그의 순종을 보셨습니다. 젊은 엘리사는 12마리의 황소에 멍에를 씌우고 밭을 갈고 있었는데, 하나님의 부름을 받자마자 자기가 갖고 있던 모든 것을 다 버렸습니다. 그는 자신의 전부인 농기구들을 모두 불살랐습니다(왕상 19:19-21). 사랑하는 여러분, 주님께서 여러분 역시 부르셨습니다. 그런데 아직도 옛것에 집착하고 계십니까? 여러분이 그것들을 버리지 않고서는 절대로 전진할 수 없습니다.

젊은 엘리사가 엘리야 선지자를 따라 길을 가는 동안 엘리야의 사역을 통해 일어난 놀라운 일들에 대해 알게 되었습니다. 그래서 그는 엘리야와 같은 사역의 자리에 오르게 되기를 마음속으로 갈구하게 되었습니다. 이윽고 엘리사에게 기회가 찾아왔습니다. 엘리야가 그에게 "나는 오늘 길갈로 떠난다. 너는 여기 남아 있거라"라고 말했습니다. 그러나 엘리사는 "저는 무조건 당신을 따라가겠습니다"라고 대답하였습니다.

그리고 나서 얼마 후 사람들이 엘리사에게 "너의 주인께서 오늘 하늘로 끌려 올라가시게 될 터인데, 너는 그 사실을 알고 있니?"라고 말했습니다. 그 이야기를 들은 엘리사는 그 사람들에게 "물론 나는 그것에 대해 이미 잘 알고 있어"라고 대답하였습니다. 그리고 얼마 후 엘리야는 엘리사에게 "내가 이번에는 벧엘로 갈 것이다. 너는 여기에 남아 있거라"라고 말하였습니다. 그러자 그 말을 들은 엘리사는 "안됩니다. 저는 당신을 떠나보낼 수 없습니다"라고 말하였습니다. 엘리사는 그 어떤 계시를 받아 하나님이 자신을 이끌고 계심을 느끼고 있었습니다. 이처럼 하나님께서는 지금 여러분이 그 어떤 것을 행하도록 이끄실 것입니다. 그것을 느낄 수 있으십니까?

얼마 후 엘리야는 "이번에는 하나님께서 나를 요단으로 보내신단다. 너는 여기 남아 있거라"라고 엘리사에게 말했습니다. 늙은 엘리야 속에 있는 영이 이 젊은 엘리사의 영혼에 불을 질렀습니다. 만일 여러분이 어떤 사람 속에 하나님을 향한 열심이 있는 것을 보거든 손을 뻗어서 그것을 취하십시오. 그러면 그것은 바로 여러분의 것이 됩니다. 저는 하나님께서 그분의 모든 지체들이 하나가 되기를 원하신다는 것을 잘 알고 있습니다. 만일 누군가가 하나님으로부터 떨어져나가는 것을 보게 된다면, 지체하지 말고 그 사람을 하나님의 지체로 다시 회복시켜 주십시오.

이제 이 두 사람이 요단에 도착하자 엘리야는 자신이 입고 있던 겉옷을 벗어서 요단강을 쳤습니다. 이에 강이 갈라져 두 사람은 요단강을 건널 수 있게 되었습니다. 이러한 광경을 목격한 엘리사는 '나도 반드시 저렇게 되길 원한다'라고 다짐하고 다짐하였습니다.

요단강을 건너자 엘리야가 엘리사에게 "네가 나를 끝까지 따라 온 것은 잘한 일이다. 이제 내가 너에게 무엇을 해주기 원하는지 말해보아라. 네 마음의 소원이 무엇이냐? 나는 이제 곧 너를 떠나갈 것이다. 내가 너를 떠나기 전에 뭘 원하는지 말해보아라"라고 말하였습니다. 그러자 엘리사는 엘리야에게 "저는 그동안 당신이 행한 모든 기적들을 목격해왔습니다. 저는 당신이 행한 기적보다 갑절로 행할 수 있기를 원합니다"라고 대답했습니다.

만일 이때 엘리사가 그런 요구를 하지 못했다면, 그는 겁쟁이임이 분명합니다. 이제 두 사람은 언덕으로 올라갔습니다. 그때 불수레가 하늘에서 내려왔습니다. 그러자 늙은 엘리야는 그 수레에 올라타고 하늘로 올라갔습니다. 이를 본 젊은 엘리사는 엘리야에게 "아버지, 아버지, 아버지"라고 소리쳤습니다. 그러자 엘리야가 입고 있던 겉옷을 땅에 떨어뜨렸습니다. 엘리사는 이것을 자기 것으로 취하였습니다.

여러분은 무엇을 구하십니까? 만일 성령께서 여러분에게 오셔서 "너는 무엇을 원하느냐?"라고 물어보신다면, 그저 옛것들에만 만족하실 것입니까? 베드로가 성령으로 충만한 가운데 길을 지나고 있을 때, 그의 그림자로 인해 아픈 사람들이 고침받았다는 사실을 기억하십시오(행 5:15).

여러분은 무엇을 원하십니까? 엘리사는 자신이 가장 원해왔던 것을 받았습니다. 엘리사는 엘리야의 겉옷을 갖고 내려오면서 '아무것도 달라진 것이 없는 것 같아'라고 속으로 중얼거렸을 것입니다. 그러나 그는 느낌을 신뢰해서는 안 된다는 사실을 잘 알고 있었습니다. 이처럼 우리 중에는 항상 느낌만을 찾아다니는 사람들이 있습니다.

엘리사는 여는 때와 다를 바 없는 상태로 홀로 요단강에 도달하였습니다. 그런데 그는 느낌에 의지하지 않고 지식에 의지하여 엘리야로부터 받은 겉옷을 벗어서 "엘리야의 하나님 어디에 계십니까?"라고 외치며 겉옷으로 강물을 내리쳤습니다. 그러자 요단강이 갈라졌고, 엘리사는 그 강을 건널 수 있게 되었습니다. 만일 여러분이 엘리사처럼 믿음으로 발을 내딛으며 갑절의 능력을 원한다고 말하면, 그 말대로 갑절의 능력을 받게 될 것입니다. 엘리사는 강을 건넌 후 많은 젊은이들을 만났습니다. 그 젊은이들은 오늘날과 마찬가지로 능력이 임하는 곳을 찾아다니는 젊은

이들이었습니다. 그 젊은이들은 엘리사를 보자 "엘리야의 능력이 엘리사 위에 있구나"라고 말하였습니다(왕하 2:1-15).

여러분도 은사를 받아야 합니다. 하나님께 은사를 달라고 강력하게 요청하십시오. 그러면 하나님은 반드시 여러분을 남녀 구별 없이 새롭게 변화시키셔서 새 사람으로 만들어주실 것입니다. 여러분은 왜 하나님께 갑절로 구하지 않으십니까? 저는 여러분 모두가 다 은사에 있어서 전혀 부족함이 없기를 원합니다(고전 1:7).

여러분 중 어떤 분들은 "저는 하나님께 은사를 달라고 한 번 간구한 적이 있습니다. 지금 다시 구해도 괜찮겠습니까?"라고 질문하고 싶은 분이 계실 것입니다. 물론입니다. 얼마든지 다시 구해도 됩니다. 하나님께 다시 구하십시오. 그러면 아마도 성령의 겉옷을 받게 되실 것입니다. 그러면 이제 더 이상 육의 힘이 아닌 성령의 힘으로 일하게 됩니다. 우리에게 믿음이 있기 때문에 이런 일들을 보고 경험하게 되는 것입니다.

3장
하나님의 보물 창고

높으신 하나님의 집에는 보물이 너무 많아 우리가 아무리 써도 결코 바닥나는 법이 없습니다. 우리가 하나님께 가까이 가려고만 한다면, 그분이 얼마나 우리에게 가까이 오시는지 놀라울 정도입니다. 우리의 마음이 주님과 같아져서 단지 그분 한 분만을 사모할 수만 있다면, 주님께서는 분명히 우리에게 오셔서 우리를 새롭게 해주십니다. "의인에게는 바라는 일이 이루어진다"(잠 10:24, 표준새번역).

하나님께서는 옛적과 마찬가지로 오늘날에도 역시 우리 모두가 영적인 경험을 하기 원하십니다. 우리가 하나님을 경험하면, 하나님의 생명이 우리에게 흘러 들어와 우리가 원하는 것들이 항상 그리고 넉넉하게 채워지는 일이 일어납니다. 하나님이 우리 편이 되신다면, 감히 누가 우리를 대적하겠습니까?(롬 8:31) 우리를 향한 하나님의 약속의 말씀들은 그분을 갈망하는 심령들에게 얼마나 큰 위안이 되는지요! 하나님이 우리에게 넉넉하게 공급해주시는 분이라는 사실을 알 때, 우리의 심령은 감격하여 떨 뿐입니다.

저는 여러분 모두가 그 어느 날 우리의 왕이신 하나님의 파티에 초대되어 하나님이 정말로 좋은 것들을 넉넉하게 베풀어주시는 분이라는 사실을 깨닫게 되고, 또한 우리에 대한 하나님의 모든 약속이 단지 '예'와 '아멘'만 된다(고후 1:20)는 사실을 알게 되기를 간절히 바랍니다.

하나님을 믿는다는 것은 얼마나 좋은 일인지요! 하나님께서 우리에게 주신 약속의 말씀은 이루어지지 않는 법이 없습니다(마 5:18). 이 사실을 확실히 믿게 된다면, 우리는 하나님의 약속을 근거로 안식할 수 있게 됩니다. 하나님께서는 우리에게 약속하셨고, 그 약속하신 것들을 지키셨습니다(롬 4:21).

영광스러운 주님께서는 승천하시기 전에 우리에게 성령을 보내주시겠다고 약속하심으로 우리에게 큰 감동을 주셨습니다. 그리고 약속된 성령님은 주님의 약속대로 정말로 우리에게 오셨습니다. 그리고 우리에게 오신 성령님은 예수님의 말씀을 우리가 잘 이해할 수 있게 해주십니다(요 16:14-15). 성령님은 또한 우리를 통해 기도하시며, 우리가 성령을 통해 기도하면 그 어떤 것이라도 하나님께서 들으십니다(요일 5:14-15).

이제 여러분의 삶을 영원히 변화시켜 주시도록 하나님께 간절하게 매달리십시오. 그렇게 매달릴 준비가 되셨습니까? 여러분 중 어떤 분들은 "제가 왜 그렇게 해야 합니까?"라고 물어보는 분도 계십니다. 우리가 그렇게 해야 되는 이유는 우리에게 하신 하나님의 약속이 성취되도록 하기 위해서입니다.

다들 준비되셨습니까? 여러분 중 어떤 분들은 "제가 왜 그렇게 해야 하나요?"라고 또 묻고 계시는군요. 여러분이 그렇게 해야 하는 이유는 오늘 이 시간 여러분과 함께 계신 성령께서 여러분이 성령으로 충만하고 여러분 속에 성령님을 거스르는 그 어떤 것도 없게 되기를 원하시기 때문입니다. 준비되셨습니까? 여러분은 자신의 마음이 어떠한지에 대해 철저히 점검해보십시오.

이제 준비가 다 되셨죠? 여러분 중 속으로 '내가 왜 준비해야 되지?'라고 의문을 제기하는 분들이 계십니다. 여러분이 하나님께 성령을 주시고 자신의 삶을 변화시켜달라고 간구해야 하는 이유는 여러분이 하나님의 말씀을 알아야 하기 때문입니다. 또한 성령 하나님 안에 거하는 사람은 저주가 없는 온전한 상태를 유지할 수 있기 때문입니다(롬 8:1).

저는 여러분이 성령으로 채워져 저주가 없는 온전한 상태가 되기를 원합니다. 그 이유는 그렇게 되는 것을 하나님께서 간절히 원하시기 때문입니다. 하나님께서는 여러분이 하나님의 능력으로 감동을 받아 그분이 여러분에게 하신 약속의 말씀들이 바로 여러분을 위한 약속이라는 사실을 알기 원하십니다.

많은 사람들이 하나님의 약속이 자신의 삶을 통해 이루어지는 것을 경험하지 못하는 이유는, 하나님의 약속이 자신이 아닌 다른 사람들을 위한 약속일뿐이라고 잘못 생각하고 있기 때문입니다. 하나님의 말씀이 바로 여러분을 위한 것이기 때문에, 여러분은 성경에 있는 약속의 말씀이 여러분의 삶 가운데 다 이루어질 수 있도록 그 말씀을 삶에 적용해야 합니다.

저는 성경말씀이 단지 목사, 교사, 복음전도자, 예언자, 사도들만을 위한 것이 아니라고 생각합니다. 이러한 사역자들이 존재하는 이유는 교회를 세워주기 위해서입니다. 교회는 그리스도의 편지입니다. 그러니 하나님의 말씀을 붙잡고 말씀 위에 자신을 굳게 세워나가십시오.

모든 은사는 교회를 세우기 위함이다

고린도전서 14장 12절에는 제가 여러분에게 말씀드리고자 하는 성령의 은사에 관한 핵심적인 내용이 들어 있습니다.

> 이와 같이 여러분도 성령의 은사를 갈구하는 사람들이니, 여러분은 교회에 덕을 세우도록 그 은사를 더욱 풍성하게 받기를 힘쓰십시오. (고전 14:12, 표준새번역)

이 말씀을 마음속에 품고 계십시오. 하나님이 우리에게 주시는 모든 은사는 사람들을 돕기 위한 목적으로만 쓰여야 합니다. 만일 우리가 은사를 받았다고 하여도 사람들을 세워주고 위로하는 데 쓰지 않으면 아무 소용이 없습니다.

하나님께서는 여러분이 그분의 놀라우신 이름에 합당한 존재가 되기를 원하십니다. 여러분이 하나님으로부터 받은 은사와 성령님으로부터 받은 은혜를 사람들에게 축복이 되도록 사용해야 합니다. 성령님이 오신 것은 여러분을 높이기 위함이 아닙니다. 여러분을 통해 성령님 자신이 높임을 받으시기 위해 그분이 우리에게 오셨습니다.

오늘 예배가 다 끝나기 전에 저는 여러분 각자가 어떻게 하면 은사를 받을 수 있는지, 또한 어떻게 하면 받은 은사를 잘 사용할 수 있는지를 알게 되길 원합니다. 오늘 저는 성령의 말씀에 귀기울여 여러분에게 성령의 은사에 대한 기본적인 사항들을 가르쳐드리겠습니다. 만일 제가 성령의 지시를 따르지 않고 제 말만 한다면, 여러분은 절대로 세움을 받지 못합니다. 여러분이 제대로 세움을 받을 수 있는 단 한 가지 방법은 오직 예수 그리스도의 내적 계시를 통해서입니다.

성령을 통해 우리의 마음이 성령님의 마음으로 바뀌어야 합니다. 단지 우리의 마음만 가지고서는 아무것도 이룰 수가 없습니다. 우리가 성령으로 채움 받는다는 것은 매우 중요합니다. 그렇게 될 때에만 성령께서 모든 것을 장악하시게 됩니다. 만일 그렇게 되지 않으면, 우리는 우리의 생각으로 일들을 처리하게 되기 때문에, 결국 무익한 결과만을 낳게 됩니다.

지식은 우리를 교만하게 만듭니다(고전 8:1). "조금 아는 것은 위험한 것이다"라는 말이 있습니다. 우리의 모든 지식은 하나님에 의해 조절될 때에만 가치가 있습니다. 그렇지 않으면, 지식을 많이 소유하고 있건, 적게 소유하고 있건 상관없이 우리는 지식으로 인해 결국 위험에 빠지게 됩니다.

우리는 고린도전서 12장의 처음 몇 절에서 성령께서 바울을 통하여 사람들에게 말씀하신 중요한 사실을 접하게 됩니다. 여기서 바울은 우리가 성령의 은사에 대해 무지한 것을 원치 않는다고 이야기하였습니다. 하나님께서 우리에게 주시려고 준비하신 은사를 모르고 있어서는 안 됩니다. 우리는 결국 그 은사를 받게 될 것입니다.

우리가 은사를 받는 것은 하나님의 아들 예수님의 뜻입니다. 예수님은 그 뜻을 성취하시기 위하여 부활하셨고, 또한 승천하셔서 하늘 보좌에 앉아 계십니다. 그분이 원하시는 것은 우리가 하나님의 것으로 채워져 충만하게 되는 것입니다. 하나님의 아들의 뜻은 참으로 멋집니다!

다음으로 우리가 생각해야 할 것은 하나님께서 이방인인 우리에게 복음을 맡기셨다는 사실입니다. 따라서 우리는 성령의 나타나심과 능력으로 복음을 힘차게 전해야 합니다. 우리는 인간의 지혜가 아닌 하나님의 역사하심과 계시로 말씀을 전해야 합니다.

성령께서는 하나님의 나타나심으로 우리가 하는 일들이 온전하게 되기를 원하십니다. 즉 성령께서는 우리의 일을 통해 하나님이 나타나실 수 있도록 우리에게 주어진 모든 기회들을 이용하기 원하십니다. 예수님께서 그러셨듯이, 우리도 우리를 통하여 영광스럽고 복된 기름부음의 일들, 사람들이 세워지는 일들이 일어나야 합니다. 그렇게 될 때, 지옥의 권세가 이기지 못하게 됩니다(마 16:18). 우리는 사탄의 권세를 묶어야 합니다. 우리는 마귀들과의 영적 전쟁에서 승리해야 합니다.

방언 통역) 성령께서는 교회를 권면하고 세워주시기 위해 빛과 진리를 부어주십니다. 이를 통해 우리의 거룩한 믿음이 배가되고, 그 결과 우리는 하나님의 일을 잘 감당할 수 있게 됩니다. 성령님이 우리에게 임하시면, 우리는 하나님께서 우리에게 명령하시고 기름 부으신 일을 수행하게 됩니다. 그 결과 우리는 우리의 삶과 사역을 통하여 귀한 열매들을 맺고, 즐겁게 찬양하며, 다 같이 추수하게 됩니다.

여러분이 어디에 있더라도 그리스도 안에서 받은 하나님의 약속을 붙드십시오. 그분만을 높이십시오. 그분만이 우리의 삶을 장악하시고, 이끄시고, 우리의 삶에 지침을 주십니다. 오직 하나님의 영광을 위해서만 사십시오!

변치 않는 하나님의 말씀

이제 고린도전서 12장 3절을 봅시다. "하나님의 영으로 말하는 사람은 아무도 '예수는 저주를 받아라' 하고 말할 수 없고"(표준새번역). 하나님께서 사람들에게 진리를 전하게 하시기 위해 여러분에게 생명의 말씀을 맡기셨다는 사실을 절대로 잊지 마십시오. 예수님만이 길이시고, 진리이시며, 또한 생명이십니다(요 14:6). 그분께서는 복음을 통하여 우리에게 영원한 생명을 선포하셨습니다. 우리는 복음을 받아들임으로 영원히 죽지 않음과 생명을 받게 됩니다. 이런 사실들을 받아들이면, 그리스도의 생명을 받아 저주에서 떠나 영원한 생명 속으로 들어가게 됩니다.

그렇다면 복음을 받아들이지 않은 사람들은 어떻게 됩니까? 그 사람들은 계속 저주에 머무르게 됩니다. 그런 사람들은 이 세상에서 하나님도, 희망도 없이 살아가게 됩니다(엡 2:12).

예수님이 영원한 죽음이시며, 또한 영원한 생명이 되신다는 사실을 잊지 마십시오. 사람들이 아무리 지옥에 대해 왈가왈부하여도, 지옥은 분명 존재합니다. 그 지옥은 영원히 불타는 지옥입니다. 사람들이 아무리 뭐라고 해도 결코 하나님의 말씀이 변하는 법은 없습니다. 하나님의 말씀은 영원토록 확정적입니다(사 40:8).

주님께서는 여러분이 오직 성령님만을 바라는 삶을 살게 됨으로, 그분을 통하여 예수님의 삶이 여러분 가운데 온전히 나타나게 되기를 원하십니다. 성령님이 주 예수님에 대한 계시를 주시면, 예수님께서 영광을 받으시게 됩니다. 주님께서 여러분의 감정과 계획과 심지어는 소원까지도 장악하시도록 허락해드리십시오. 그렇게 되어야 주님께서 모든 것의 주인이 되신다는 성경말씀이 이루어지는 것입니다. 그분만이 여러분의 주인이 되도록 하십시오.

방언 통역) 주님께서 모든 상황을 바꾸실 때가 오면, 여러분은 묶이고 숨겨진 상태에서 나와 하나님의 영광스러운 상태로 들어갑니다. 하나님께서는 여러분이 그분과 같은 영광스런 모습으로 변하도록 그분의 방법대로 여러분을 빚으시고 세워가십니다.

영광스런 면류관 만들기

하나님께서는 여러분을 변화시키셔서 위대한 일을 이루고 싶어 하십니다. 만일 여러분이 하나님께서 여러분을 변화시키시도록 허락해드리기만 한다면, 여러분은 위대한 하나님의 일들을 이룰 수 있습니다.

이제까지 여러분이 자신의 생각과 고집대로 살아왔기 때문에 여러분의 힘으로는 아무것도 변화시킬 수 없는 지경에 이르게 되었습니다. 그러나 이제 여러분이 자기 힘으로 사는 것을 포기하면, 여러분을 막고 있던 모든 장애물이 제거되는 일들이 일어나게 됩니다. 그 결과 여러분은 앞으로 전진하게 되고, 많은 것들이 놀랍게 변화되는 체험을 하게 됩니다.

만일 여러분이 지금까지 세상적인 기준으로 살아왔다면, (그것이 어떤 것이든 간에) 그러한 삶이 절대로 하나님의 말씀에 합당한 삶이 아님을 명심하십시오. 지금까지 가지고 있던 세상적인 것들을 모두 버리십시오. 그렇지 않으면, 하나님의 경고를 받게 됩니다. 그리고 때가 되면, 하나님께서 여러분이 가지고 있던 세상적인 것들을 다 태워버리십니다. 그래서 나무도 타고, 지푸라기도 다 타서 없어져버립니다. 그러나 금과 은 그리고 고귀한 돌들은 불에 견디어 남게 됩니다(고전 3:12-13).

사람들은 자신이 영광스럽게 변화될 때에 하나님으로부터 어떤 면류관을 받게 될지에 대해 궁금해합니다. 주님께서는 여러분이 가진 것들을 다 태우시고 남은 것으로 여러분의 면류관을 만들어주십니다. 그러므로 우리는 이 세상에 살면서 천국에서 받을 면류관의 재료를 만들어야 합니다. 타서 없어질 나무나 지푸라기를 만들지 마십시오. 면류관을 만들 수 있는 타지 않는 재료로 여러분의 삶을 만들어가십시오. 변하지 않는 영광의 면류관을 받으십시오(벧전 5:4). 오늘 여러분이 불에 타도 없어지지 않는 영광의 면류관을 만들 수 있도록 도와드리겠습니다.

지혜롭게 행하라

하나님께서는 여러분 각자가 필요로 하는 것들을 채워주시는 특별한 방법을 갖고 계십니다. 우리는 모두가 서로 다르게 창조되었기 때문에 서로의 모습도 다 다릅니다. 이처럼 하나님께서는 여러분 각자에게 꼭 맞는 은사들을 주십니다. 그래서 서로서로 균형을 이룹니다. 하나님께서는 은사에 대한 여러분의 생각이 한쪽으로 치우지지 않고 균형을 이룰 수 있도록 지금 저를 돕고 계십니다.

많은 사람들이 여러 좋은 것들을 갖고 있고, 그 좋은 것들을 잘 씁니다. 뿐만 아니라 많은 사람들이 하나님이 계신 거룩한 장소로 멋지게 날아오릅니다. 그러나 그것이 지나치면, 가장 좋은 것을 망치게 되는 경우가 있습니다.

많은 사람들이 은사들을 갖고 있습니다. 그 은사들은 하나님이 주신 좋은 것입니다. 그 은사들을 잘 사용하면 축복이 됩니다. 그러나 어떤 사람들은 은사들을 오용합니다. 예를 들어, 방언을 너무 길게 하는 경우가 있습니다. 그 결과 '가장 좋은 것'을 망치게 되곤 합니다.

어떤 사람들은 아주 좋은 은사인 예언의 은사를 가지고 있습니다. 그래서 사람들에게 예언을 해줍니다. 그들이 예언을 할 때, 하나님이 함께하십니다. 그러나 사람들이 그에게 예언을 잘한다고 칭찬을 해주면, 칭찬을 받은 사람은 어느새 교만해져서 예언의 은사를 인간적인 생각으로 사용하기 시작합니다. 그로 인해 가장 좋은 예언의 은사를 망치게 됩니다. 그래서 더 이상 예언의 은사를 사용할 수 없을 지경에까지 이르게 됩니다.

종종 어떤 분들은 아주 놀라운 간증거리를 갖고 계십니다. 그래서 한 3분가량 간증을 합니다. 그러나 5분 정도 하면 지겨워서 들을 수가 없습니다. 왜 그런 일이 일어납니까? 간증이 너무 지나치기 때문에 그렇습니다.

또 어떤 분들은 기도회에 참석하여 발언을 하기 시작하기만 하면 사람들에게 기도의 불을 붙여놓습니다. 그러나 한 5분 정도 그 사람의 말을 듣고 있으면, 모든 사람들이 '차라리 이쯤에서 이야기를 끝냈으면 좋겠네'라고 생각하기 시작합니다. 그 사람 역시 너무 지나치기 때문에 모든 것을 망치는 것입니다.

이처럼 일을 망치지 않고 균형 있게 하려면, 절대로 지나치거나 과하게 하지 마십시오. 여러분이 하나님으로부터 받은 자유를 남용함으로 하나님의 자리를 더럽히지 않도록 주의하십시오. 지혜롭게 행하십시오. 신중하고 지혜롭게 행하려고 애쓰면, 하나님께서 여러분이 제대로 할 수 있도록 도우십니다. 다시 한 번 말합니다. 은사를 사용함에 있어서 지혜롭게 하십시오.

3장 하나님의 보물 창고 **53**

여러분이 사람들에게 성령세례를 받았다고 말한다면, 사람들은 "만일 당신이 성령세례를 받았다면, 당신에게 정말로 좋은 것이 있겠네요?"라고 물어볼 것입니다. 그렇습니다. 분명 좋은 것이 있습니다. 그러나 자칫 잘못하면, 음침하고 올바르지 못하고 하나님의 영광과 은혜와 그리스도의 사랑을 표현하지 못하는 일이 생길 수도 있습니다. 성령세례를 받아도 그렇게 좋지 못한 일이 생기는 이유는, 우리 속에 있는 혼적인 요소들을 억제하지 않기 때문입니다. 성령과 인간의 혼적인 것들을 섞지 마십시오. 그렇게 되면 가장 좋은 것인 하나님의 것을 망쳐놓게 됩니다.

지혜로운 사람들은 한마디만 들어도 충분히 이해하고 실천합니다. 그러나 지혜롭지 못한 사람들은 듣고도 고치지 않습니다. 그런 사람들은 어리석은 사람들입니다. 부디 여러분은 어리석은 사람이 되지 말고, 지혜로운 사람이 되십시오.

"여러분이 좋다고 여기는 일이 도리어 비방거리가 되지 않게 하십시오"(롬 14:16, 표준새번역). 하나님은 여러분이 충분히 지혜롭게 됨으로 그리스도 안에서 강하게 세움 받아 사람들에게 부끄러움을 당하는 일이 없기를 원하십니다.

방언 통역) 하나님께서는 그분의 목적을 이루시기 위해 여러분을 부르셨습니다. 그리스도께서는 여러분에게 기름을 부으셨습니다. 기름부음 받은 여러분은 세상에 나가서 열매 맺는 삶을 살아야 합니다. 만일 우리가 우리의 기름부음과 그리스도와의 약속을 오직 하나님만을 위해서 사용한다면, 하나님께서 영광을 받으십니다. 오직 그리스도의 영광을 나타내기 위해 살고 행동하십시오. 여러분이 기도하면, 하나님이 영광 받으시고 예수님께서 높임을 받으십니다. 여러분이 말씀을 전하면 기름부음이 여러분 안에 거하고, 이를 통해 하나님께서 그 말씀을 듣는 사람들에게 복을 주십니다.

은사의 다양성

고린도전서 12장 4-7절에는 아주 놀라운 말씀이 쓰여 있습니다. 여기에 보면, 성령 하나님과 주 예수님과 하나님에 관한 것들이 나옵니다. 다음의 말씀이 가르치고 있는 바와 같이 이 삼위의 하나님은 서로 관련을 맺고 계십니다.

> 은혜의 선물은 여러 가지지만, 그것을 주시는 성령은 같은 성령이십니다. 섬기는 일은 여러 가지지만, 같은 주님을 섬깁니다. 일의 성과는 여러 가지지만, 모든 사람 안에서 모든 일을 이루시는 분은 같은 하나님이십니다. 각 사람에게 성령을 나타내시는 것은 공동의 이익을 얻게 하려고 하시는 것입니다. (고전 12:4-7, 표준새번역)

믿는 자들에게 주어지는 성령의 은사들은 다양합니다. 고린도전서에는 성령님이 주시는 9가지 은사들이 기록되어 있는데, 이 은사들은 예수님께서 주시는 은사와 충돌하지 않습니다. 에베소서 4장은 예수님께서 주시는 은사에 대해 말하고 있습니다.

> 그러나 하나님께서는 우리 각 사람에게, 그리스도께서 나누어 주시는 선물의 분량을 따라 은혜를 주셨습니다. 그러므로 성경에 이르기를 "그분은 높은 곳으로 올라가셔서 포로를 사로잡으시고, 사람들에게 선물을 나누어 주셨다"고 합니다.
> (엡 4:7-8, 표준새번역)

그리고 몇 절 뒤에는 예수님이 주시는 은사(선물)가 무엇인지 기록해 놓았습니다.

> 그분(예수님)이 어떤 사람은 사도로, 어떤 사람은 예언자로, 어떤 사람은 복음 전도자로, 또 어떤 사람은 목회자와 교사로 삼으셨습니다. 그것은 성도들을 준비시켜 봉사의 일을 하게 하고, 그리스도의 몸을 세우게 하시려는 것입니다. (엡 4:11-12, 표준새번역)

예수님이 주시는 선물(은사)을 봅시다. 그분께서는 이 선물들을 잘 준비해 놓으셨습니다.

> 그분(예수님)은 높은 곳으로 올라가셔서 포로를 사로잡으시고, 사람들에게 선물을 나누어 주셨다. (엡 4:8, 표준새번역)

사도 바울은 죄에 사로잡혔던 자였습니다. 이런 사실을 우리가 어떻게 알 수 있습니까? 사도 바울은 자신이 죄인의 괴수라고 고백하였습니다(딤전 1:15). 죄인의 괴수가 구원받았다면, 우리 모두가 다 구원받을 수 있습니다.

바울이 예수님의 제자들을 핍박하였을 때는 엄청난 분노에 사로잡혀 있었습니다. 그는 자신의 행동이 하나님을 욕되게 하는 줄도 모르고, 예수 믿는 자들을 잡아 감옥에 집어넣기 위해 동분서주하였습니다(행 8:3, 9:1-2, 26:9-11). 즉 그는 죄의 포로가 된 것입니다. 그런데 예수님께서 바울의 포로 된 상태를 풀어주셨습니다. 그 대신 바울을 자신의 포로로 삼으시고, 그에게 선물을 주셨습니다.

예수님께서는 세상의 포로가 되어 있는 사람들을 제자로 삼으셨습니다. 즉 예수님께서는 승천하실 때에 포로들을 사로잡으신 것입니다. 그리고 지금 자신을 따르는 포로 된 자들에게 선물을 주십니다. 그분은 승천하셔서 다시 하나님 우편으로 가셔서 포로 된 우리에게 선물을 주십니다.

지금은 누가 포로가 되었다고 생각하십니까? 포로 된 자들은 하나님 안에 있는 사람들 곧 그분 안에 감추어져 있는 사람들입니다.

물로 세례(침례)받았다는 것은 죽었다는 것을 상징합니다. 우리가 침례를 받을 때, 물속에 잠기자마자 다시 물위로 올라옵니다. 그러나 성령세례는 그렇지 않습니다. 성령세례를 받으면, 매일매일 성령 속으로 더 깊이 들어가게 됩니다. 그리고 절대로 다시 나오지 않습니다. 바로 이것이 포로가 된 상태라고 말할 수 있습니다. 이 상태는 주님으로부터 선물을 받은 상태인 것입니다.

성령세례를 받기 전에 선지자, 사도, 교사가 될 수 있습니까? 아니면 성령세례를 받고 나서 됩니까? 저는 이것에 대해 여러분에게 자신 있게 말씀드립니다. 지금 이 시간 성령께서 여러분에게 말씀하시는 것들을 마음속에 새기십시오.

제가 뉴질랜드에 갔을 때, 하나님의 능력이 너무도 강하게 나타나서 그 결과 많은 기적과 이사가 일어났습니다. 그때 모였던 많은 사람들이 받은 은사는 방언과 방언 통역의 은사였습니다. 그때 제가 인도한 집회로 인해 그 도시 전체가 술렁거렸고, 집회가 열린 장소에는 3,500명이 꽉 들어차서 더 이상 사람들이 들어갈 수 없게 되어 2,000-3,000명 정도가 밖에서 기다려야 할 정도였습니다.

당시 성경에 정통한 플리머스 형제단 소속 형제들이 제 위에 하나님의 은혜가 있는 것을 보자, 저에게 대화를 요청하였습니다. 그래서 그 교단에 소속된 18명의 형제들이 제가 인도하는 집회에 참석하였습니다. 집회에 참석한 그들은 저에게 "하나님께서 당신과 함께하심이 분명합니다만"이라며 말끝을 흐렸습니다.

그로부터 열흘째 되던 날 2,000명이 구원을 받았고, 그 중에서 1,500명이 우리가 베푼 성찬식에 참석하였습니다. 그리고 그 성찬식에 집회에 참석하였던 플리머스 형제단 목사님들이 와서 포도주와 떡을 나누는 것을 도와주었습니다.

그들은 며칠 뒤 저에게 "당신이 성경을 제대로 가르치고 있는지 조사해봐도 되겠습니까?"라고 물어보았습니다. 저는 그들에게 주저 없이 "그렇게 하십시오"라고 대답하였습니다. 그러자 곧 그들은 에베소서를 보여주었습니다.

저는 그들에게 "형제님들, 당신들은 문으로 들어가지 않는 자들이 강도요, 도적이라는 사실을 어느 누구보다도 더 잘 아시는 분들이 아니신가요? 여러분은 그것에 대해 자주 설교하지 않았습니까? 예수님은 문이시고, 누구든지 그 문으로 들어가면 구원을 받습니다. 이 말이 무슨 말입니까? 예수님은 진리이십니다"라고 말해주었습니다.

그러나 그들은 계속해서 에베소서의 말씀을 인용하며 저에게 말하였습니다. 그래서 제가 그들에게 "형제님들, 그러나 에베소서는 여러분의 소유물이 아닙니다. 여러분에게는 서신서에 대한 소유권이 없습니다. 서신서는 여러분을 위한 것이 아닙니다. 여러분은 지금 헛다리를 짚고 계신 것입니다"라고 응수하였습니다.

저는 지금 아무런 두려움 없이 하나님이 저에게 주신 권세로 자신 있게 여러분께 다음과 같이 말씀드립니다. 우리가 먼저 사도행전으로 가서 성령을 받지 않고 서신서로 들어가면, 헛다리를 짚는 것입니다.

그러자 그들은 저에게 계속 문제를 제기하였습니다. 그래서 저는 그들에게 "그럼 제가 매우 쉽게 풀어보겠습니다"라고 말한 후 "방언으로 말하는 사람은 사람들에게 말하는 것이 아니라 하나님께 말씀드리는 것입니다. 아무도 그것을 알아듣지 못합니다. 그는 성령으로 비밀을 말하는 것입니다"(고전 14:2, 표준새번역)라는 말씀을 찾아 읽어주었습니다. 그리고 그들에게 "형제님들, 이 말씀이 무슨 뜻인지 저에게 설명해주실 수 있습니까?"라고 물어보았습니다. 그러자 그들은 한결같이 "무슨 뜻인지 전혀 모르겠습니다"라고 대답했습니다.

그래서 저는 그들에게 이렇게 말했습니다. "여러분이 그렇게 말할 수

밖에 없는 것은 성령을 받지 않았기 때문입니다. 성령을 받은 사람들은 누구든지 성령을 통해 하나님과 이야기할 수 있습니다. 복음은 하나님 나라의 복음입니다. 사람들은 사도행전에서 침례, 성화 이외에 성령을 받아 충만하게 되는 사건도 목격합니다. 따라서 우리는 사도행전에서 성령을 받지 않은 상태에서 바로 서신서로 들어가서는 안 됩니다. 그 이유는 서신서들이 성령세례를 받은 신자들에게 하는 말이기 때문입니다."

그렇게 말하고 나서 저는 그들에게 "이제 다른 방법으로 증명해드리겠습니다"라고 말한 후, 로마서 8장의 말씀을 읽어주었습니다.

이와 같이 성령도 우리의 약함을 도와주십니다. 우리는 어떻게 기도해야 할 것도 알지 못하지만, 성령께서 친히 이루 다 말할 수 없는 탄식으로, 우리를 대신하여 간구하여 주십니다. 사람의 마음을 꿰뚫어 보시는 하나님께서는 성령의 생각이 어떠한지를 아십니다. 성령께서 하나님의 뜻을 따라 성도를 대신하여 간구하시기 때문입니다. (롬 8:26-27, 표준새번역)

여기 성령으로 채움 받은 또 다른 경우가 있습니다.

방언 통역) 주님 한 분만이 모든 진리의 주관자이시고, 길이요, 진리이십니다. 따라서 성령만이 말씀을 받아들입니다. 그리고 그 말씀은 곧 그리스도이십니다. 성령은 말씀을 받아 우리에게 그 뜻을 계시해주십니다. 주님의 생명은 말씀을 통해 우리에게 부어집니다. "나의 말을 듣고, 내가 보낸 자를 믿는 자들은 영원한 생명을 가진다"고 예수님께서 말씀하셨습니다. 예수님은 유일한 길이요, 진리이시며, 또한 유일한 생명이십니다.

성령 하나님은 여러분을 질투하십니다. 성령님은 여러분에 대해 거룩한 질투심을 느끼십니다. 왜 그렇습니까? 여러분이 여러분 자신에게 시선을 고정시키지 않도록 하시기 위해서입니다. 성령께서는 여러분이 온전하게 주님만을 나타내기를 원하십니다. 그렇기 때문에 성령께서는 여러분이 그렇게 되도록 도우십니다. 성령님은 여러분이 인간의 욕심을 갖고 사는 대신 처음과 끝이 되시는 주님만 바라보며 살도록 모든 면에서 돌보아주십니다.

성령님은 여러분 속에 있는 마음의 갈급함이 무엇인지 알고 계십니다. 여러분 속에 있는 갈급함은 무엇을 위한 갈급함입니까? 은사와 은혜 그리고 천국의 아름다움에 대한 갈급합니다. 우리 모두가 다 성령으로 기도할 수 있다면 얼마나 좋을까요!

성령으로 기도하기

저는 지금 여러분에게 성령 안에서 기도함으로 얻게 되는 유익들에 대해 말씀드리고자 합니다. 고린도전서 14장 15절에 "나는 영으로 기도하고, 또 깨친 마음으로도 기도하겠습니다. 나는 영으로 찬미하고, 또 깨친 마음으로도 찬미하겠습니다"(표준새번역)라는 말씀이 나옵니다.

지금 제가 여러분에게 성령으로 기도하는 것이 어떻게 자신에게 유익이 되는지를 이해하는 데 도움이 될 이야기를 들려드리겠습니다.

중앙아프리카에서 우리가 펼친 선교사역은 버튼과 살터에 의해 시작되었습니다. 살터는 제 여동생의 남편으로, 지금은 콩고에 살고 있습니다. 버튼과 살터 이 두 사람이 그곳에 도착했을 때, 두 사람이 더 합류하여 일행이 네 사람이 되었습니다. 그 중 한 사람은 집을 지어주러 오신 연세가 꽤 되신 분이었고, 다른 한 분은 하나님께서 자신을 중앙아프리카로 부르셨다고 믿는 젊은 분이었습니다. 그러나 사역하는 도중에 연세 많은 분은 돌아가셨고, 젊은 사람은 집으로 돌아갔습니다.

남은 두 사람은 하나님을 위하여 땀을 흘리며 계속해서 선교사역을 밀고 나갔고, 하나님께서는 놀라울 정도로 그들과 함께하셨습니다. 하지만 모기들이 득실거리고 악한 영들이 가득한 곳에서 사역하다 그만 버튼이 병에 걸려서 죽게 되었습니다. 버튼은 심한 고열에 시달렸습니다. 거기서 그는 모든 희망을 잃은 채 죽음만을 기다려야 했습니다.

버튼은 개척자적인 소명을 받은 선교사로서 열정을 다하여 살았습니다. 죽음이 임박하자 사람들은 그에게 모포를 덮어준 뒤 바깥에 나가서 울었습니다. 그들은 너무도 마음이 아파 이렇게 소리쳤습니다. "하나님, 저분이 이제 다시 설교를 하지 못하게 되었습니다!"

그렇게 그들이 울고 있을 때, 갑자기 버튼 형제가 그들 가운데 서 있는 것이 아니겠습니까? 그가 침대에서 일어나서 밖으로 걸어나와 사람들이 모여 있는 곳으로 간 것입니다. 사람들은 너무 놀라서 무슨 일이 일어난 것이냐고 버튼에게 물어보았습니다. 그는 자신이 깊은 잠에 빠져 있었는데, 어떤 따뜻하고 짜릿한 느낌이 머리에서 느껴지더니 그 느낌이 몸을 타고 발가락까지 내려왔다고 하면서 다음과 같이 말하였습니다. "지금 기분이 너무너무 좋습니다. 심지어 제가 아팠다는 기억조차 나지 않습니다."

버튼이 고침 받은 사건은 하나의 미스터리였습니다. 그 후 그가 영국을 방문하게 되었습니다. 그때 한 여인이 그에게 "버튼 형제님, 일기책을 보관하고 계십니까?"라고 물어보았습니다. 그러자 그가 "예, 갖고 있습니다"라고 말했습니다.

이제부터 여러분에게 들려드릴 이야기는 그날 버튼에게 질문을 한 여인의 이야기입니다.

"어느 날, 주의 성령이 저를 덮었습니다. 저는 성령에 이끌리어 기도하기 위해 조용히 기도할 수 있는 곳으로 갔습니다. 그곳에서 저는 보통 때 기도하듯이 입을 열어 기도하려고 하였습니다. 그런데 그 순간 성령님이 저를 사로잡으셔서 저는 성령으로 기도하기 시작하였습니다. 저는 성령으로 기도하였기 때문에 제가 어떤 기도를 하는지 알 수 없었습니다."

여인은 계속해서 이야기하였습니다.

"그렇게 기도하던 중 아프리카를 보기 시작했습니다. 그리고 아프리카의 어느 곳에서 당신이 아무 소망 없이 누워 있는 것을 보았습니다. 겉으로는 분명히 죽어 있는 것처럼 보였습니다. 저는 성령님이 저를 일으켜 세우실 때까지 기도를 계속하였습니다. 그리고 어느 순간 제가 승리하였다는 사실을 알았습니다. 왜냐하면 당신이 침대에서 일어나는 것을 보았기 때문입니다. 당신의 일기책을 한 번 찾아보십시오."

여인의 이야기를 들은 버튼은 자신의 일기책을 살펴보았습니다. 그랬더니 그녀가 기도했다는 날이 바로 버튼이 병석에서 일어난 날이었습니다!

지금 우리에게 부흥이 다가오고 있습니다. 우리가 성령에 취해 기도하면, 승리를 경험하게 되고 놀라운 기적들이 일어납니다.

방언 통역) 오직 그분만이 구름들을 움직이십니다. 오직 그분만이 죽은 자를 일으키시고, 낙망한 자에게 용기를 주시고, 새로운 기름을 부어주시고, 우리의 얼굴을 변화시켜주십니다. 그분은 바로 여러분의 하나님이요, 여러분의 주인이십니다. 그분은 여러분이 당하고 있는 고통을 보시고, 여러분의 깨어진 심령을 보고 계십니다. 그분은 여러분이 얼마나 큰 절망을 경험하고 있는지도 알고 계십니다.

사랑하는 여러분, 하나님께서 우리를 도우시기 위해 지금 이 놀라운 약속의 장소에 우리와 함께하고 계십니다!

여러분, 준비되셨습니까? "뭐가 준비되었느냐는 말입니까?"라고 묻는 분이 계시군요. 오순절 날이 오기 전에 다락방에 모였던 120문도들이 서로 다른 생각과 성품을 갖고 있었지만, 한마음이 되어 기도하였습니다.

준비되셨습니까? 뭐가 준비되었냐고요? 하나님께서 여러분에게 마음의 소원을 이루어주기 원하시는데, 그 마음의 소원을 이룰 준비가 되었느냐는 말입니다.

여러분 준비되셨습니까? 무엇이 준비됐냐고 물으시는 분이 또 계십니다. 하나님께서 여러분을 새 생명으로 채우시고 여러분에게 새로운 불을 주기 원하시는데, 그것을 받을 준비가 되셨습니까? 하나님께서는 여러분에게 더 큰 소망의 불을 붙여주십니다. 여러분은 지금 축복 가운데 있습니다. 저는 여러분 모두가 축복받기를 원합니다.

믿음에는 우리를 움직이는 위대한 힘이 내재되어 있습니다. 믿음은 우리를 들어 그 어느 곳으로도 보냅니다. 이때 여러분이 그 힘을 거역해서는 안 됩니다.

여러분이 하나님의 임재 가운데 있다는 사실을 잊지 마십시오. 오늘은 더 큰 날들로 덮일 것입니다. 이제 여러분은 지금보다 더 나은 존재가 될 것입니다.

만일 여러분이 방언으로 기도해본 적이 한 번이라도 있다면, 그것이 성경이 여러분에게 줄 수 있다고 말한 권리와 특권 중 가장 좋은 권리이자 특권이라는 사실을 믿으시기 바랍니다. 육의 생각으로 하나님의 위대한 계획을 무너뜨리지 마십시오. 여러분 자신을 하나님께 순복해드리십시오.

하나님의 아버지로서의 형상이 여러분에게 충만하게 나타나고, 여러분의 궁핍함이 채워지고, 하나님의 손길로 인도함을 받아 여러분의 삶에 보물 위에 보물이, 은혜 위에 은혜가, 승리 위에 승리가 임하고, 우리 주 성령님의 인도하심으로 영광에서 영광으로 이어지는 삶을 살아가기를 간절히 바랍니다.

4장
성령의 은사와 열매

성령의 은사에 대한 이해를 위한 준비단계로, 먼저 로마서 12장을 살펴보겠습니다. 이번 집회에서 우리는 하나님의 말씀의 권위에 대하여 다루고 있습니다. 만일 우리가 살아 있는 하나님의 말씀으로부터 흘러나오는 지혜와 권위를 무시한 채 인간적인 것들에만 매달린다면, 하나님께서 기뻐하지 않으십니다.

하나님의 것을 나타냄

우리가 육적인 요소들을 벗어버리고 성령으로 옷 입는다면, 우리는 이 땅에서 육신을 입고 살아가는 가운데 초자연적인 삶을 살게 됩니다.

이렇게 되는 것은 참으로 좋은 일입니다. 우리가 성령으로 옷 입고 있다 하더라도, 우리는 여전히 육신을 가진 존재임이 분명합니다. 그러나 성령을 입고 살아간다면, 우리의 몸을 통해 하나님의 능력이 나타나게 됩니다. 인간이 하나님의 것을 나타내다니, 이 얼마나 놀라운 일입니까?

하나님께서는 여러분이 '하나님의 성품에 참여하는 자'(벧후 1:4)가 되길 원하십니다. 하나님께서는 여러분의 존재를 통해 그분의 생명이 나타나고, 여러분이 하나님의 생각을 하고 살아가기를 원하십니다. 여러분은 여러분 속에 있는 인간적인 생각들을 하나님의 생각들로 변화시켜야 합니다. 여러분이 하나님의 마음을 갖게 되면, 항상 하나님의 자녀가 되기 때문에 하늘 '위에서 온'(요 3:31) 사람들처럼 행동하게 됩니다.

여러분은 하늘로부터 온 존재들입니다. 여러분은 '새로운 피조물'(고후 5:17)입니다. 여러분은 그분과 함께 심겨진 존재들입니다(롬 6:5). 그리고 그분과 함께 일어나 대적들의 능력을 괴멸시키고 승리자가 되어 그분과 함께 하늘 보좌에 앉게 될 존재입니다.

하나님께서 모든 것 안에 계시고, 모든 것 위에 계시며, 모든 것을 통해 흘러가신다는 사실을 잊지 마십시오. 하나님은 여러분 안에 계셔서 여러분의 매일의 사역을 통해 하나님의 온전하신 계획이 나타나도록 하십니다. 그렇게 됨으로 예수님과 사도들이 했던 사역을 오늘을 살아가는 여러분도 동일하게 할 수 있습니다. 예수님께서는 제자들에게 "하늘에 계신 너희 아버지의 온전하심과 같이 너희도 온전하라"(마 5:48)고 말씀하셨습니다.

우리는 이제 사람들을 볼 때 더 이상 인간의 잣대로 보지 말아야 합니다(고후 5:16). 이 순간부터 사람들을 볼 때, 성령의 잣대로 보십시오. 사도 바울은 "전에는 우리가 육신의 잣대로 그리스도를 알았지만, 이제는 그렇지 않습니다"(고후 5:16, 표준새번역)라고 말하였습니다.

제자들은 예수님의 사역을 육적인 사역으로 보지 않았습니다. 예수님께서는 육적인 욕심으로 사역하신 것이 아닙니다. 따라서 예수님의 사역이란 말은 예수님께서 행하셨던 일을 지칭합니다. 우리가 예수님에 대해 기억해야 할 몇 가지가 있는데, 그 중 하나는 예수님께도 인간으로서 필요한 것이 있었다는 사실입니다. 그분은 나무에서 나는 열매를 드셔야 했고, 우물가에서 물을 구해 마심으로 갈증을 채우셔야 했습니다. 그러나 우리는 예수님을 육체로 알지 않습니다. 우리는 예수님을 성령을 따라 알아야 합니다.

육체를 따라 사는 것과 성령을 따라 사는 것에는 어떤 차이가 있을까요? 성령을 따라 살면, 우리의 육을 이길 힘이 생깁니다. 주님께서 우리 모두에게 힘을 주십니다. 오늘을 살아가는 여러분이 갈수록 영적인 힘을 더 얻으시기를 간절히 바랍니다. 그런 삶을 살려고 노력하면 더 이상 육체의 욕심에 우리 자신을 내어주지 않고(갈 5:16), 그리스도 안에서 성령 충만한 삶을 살 수 있게 됩니다.

방언 통역) 주님께서는 우리에게 좋은 음식을 공급하여 주십니다. 그분은 우리가 하나님의 은혜를 듬뿍 받는 곳으로 옮겨 놓으십니다. 그분께서는 우리에게 "너희들이 이제까지는 아무것도 구하지 않았으나, 이제부터는 구하라. 아버지와 나는 하나다"라고 말씀하십니다. 여러분은 간구해야 받게 됩니다. 받되 그분으로부터 흔들고 내리 눌러도 모자람 없이 풍성하게 받게 됩니다. 그래서 여러분에게 부족함이 전혀 없게 됩니다. 필요한 것들이 흘러 넘쳐서 밖으로 쏟아질 정도로 받게 되는 것입니다. 하나님이 여러분 안에 계시고, 하나님의 영광이 여러분 위에 있습니다. 그분께서 이 땅에 찬양의 노래들을 내려 보내주십니다.

성령의 열매와 은사의 연합

저는 이제 여러분에게 성령의 열매와 성령의 은사를 연결시키는 것에 대해 말하고자 합니다. 이러한 것들에 대해 제가 여러분에게 열거하여 드릴 때, 그들의 상관관계에 대해 잘 생각해보십시오. 그러면 여러분에게 큰 유익이 될 것입니다. 그 이유는 여러분에게 어떤 성령의 은사가 나타날 때 그것을 성령의 열매와 잘 연결시켜 사용함으로 하나님의 계획이 제대로 성취될 수 있기 때문입니다. 하나님이 여러분에게 주신 그 어떤 은사도 버려지는 일 없이 잘 사용됨으로, 많은 사람들이 도움을 받을 수 있게 됩니다.

성령의 열매에 관한 것은 갈라디아서 5장 22-23절에 잘 설명되어 있습니다. "성령의 열매는 사랑과 기쁨과 평화와 인내와 친절과 선함과 신실과 온유와 절제입니다. 이런 것들을 금할 법은 없습니다"(표준새번역). 자 이제, 성령의 열매가 성령의 은사와 어떤 관련이 있는지에 대해 살펴봅시다.

바울이 고린도전서 12장에서 말한 '지혜의 말씀'(8절)은 성령의 첫 은사입니다. 이것은 항상 사랑과 관련을 맺어야 합니다. 사랑은 성령의 첫 열매이고, 지혜의 말씀은 성령의 첫 은사입니다.

두 번째 은사는 '지식의 말씀'(8절)입니다. 우리가 지식의 말씀을 갖고 일을 하면 기쁨이 수반됩니다. 지식의 말씀은 기쁨을 낳습니다. 이렇듯 지식의 말씀과 기쁨은 같이 갑니다.

세 번째는 '믿음'(9절)의 은사입니다. 믿음은 평화 없이는 아무 소용이 없습니다. 고로 믿음의 은사와 평화의 열매는 같이 갑니다.

그 다음은 '치유'(9절)입니다. 여러분도 대부분 잘 알고 있겠지만, 치유사역을 강력하게 하는 사람들은 대부분 오랫동안 몸의 질병으로 고통을 받아본 적이 있는 사람들입니다. 그렇기 때문에 그 사람들은 병든 사람들을 보면, 고쳐주고 싶은 마음으로 가득 차게 됩니다. 빌립보서 3장 10절의 "그리스도의 고통에 동참한다"는 표현을 주의 깊게 살펴보십시오. 이 말은 여러분이 예수님의 십자가를 진다는 말이 아니라, 어려움을 당하고 있는 사람들의 어려움에 영으로 동참하고 그들의 필요를 채워준다는 말입니다.

이 점에 관하여 여러분은 바른 생각을 갖고 있어야 합니다. 여러분 중 적지 않은 분들이 지금 저에 대해 '저 사람은 치유사역을 행할 때, 태도가 너무 거칠어'라고 생각하고 계십니다. 그런데 우리는 다른 사람들을 판단할 때, 모두 동일한 기준을 놓고 판단해서는 안 됩니다. 여러분은 저의 보트를 채울 수 없고, 저는 여러분의 보트를 채울 수 없습니다. 그러나 우리 모두는 하나님께서 우리를 위하여 만들어주신 보트를 채울 수 있습니다. 우리는 사람을 기쁘게 하기 위해 일하는 것이 아닙니다. 우리의 주인은 단 한 분, 바로 예수 그리스도이십니다.

한번은 제가 호주에서 수천 명을 대상으로 사역을 하던 중 한 여성이 저에게 다가왔습니다. 저는 그녀에게 치유사역을 시작하였습니다. 그런데 그녀의 덩치가 매우 컸습니다. 그녀가 저에게 다가올 때, 하나님께서는 저에게 그 속에 그녀를 파괴하는 대적이 있다는 사실을 알려주셨습니다. 그리고 그 즉시 저로 하여금 그 여자 속에 있는 대적을 물리치도록 도와주셨습니다.

저는 주님의 이름으로 그 여자를 괴롭혀온 악한 존재에게 도전하였습니다. 많은 사람들이 이 광경을 보고 있었습니다. 그 여자는 "당신이 나를 죽이고 있습니다! 당신이 나를 죽이고 있습니다! 오, 당신이 나를 죽이고 있습니다!"라고 하며 소리를 질렀습니다. 그러더니 곧 바닥에 나가 떨어졌습니다. 제가 사람들에게 "그 여자를 다시 일으켜 세우십시오"라고 말했습니다. 왜냐하면, 저의 사역이 아직 끝나지 않았다는 사실을 잘 알고 있었기 때문입니다.

저는 다시 그 악한 것을 쫓아내기 위해 그 여자에게로 다가갔습니다. 그러자 그 여자는 다시 큰 소리로 "당신이 나를 죽이려고 하는군요!"라며 저에게 소리를 질렀습니다. 이 광경을 지켜보던 사람들은 어안이 벙벙해졌습니다.

저는 다시 "그 여자를 일으켜 세우십시오"라고 말했습니다. 그리고 저는 예수님의 이름으로 저의 손을 그 여자 위에 올려놓았습니다. 그러자 모든 것이 끝났습니다. 그녀가 자기 자리로 돌아가던 도중 갑자기 그녀의 몸에 붙어 있던 큰 암 덩어리가 바닥에 떨어진 것입니다.

제가 사역하는 방법이 무례해 보이고 거칠다고 못마땅해 하시는 분들, 이제는 제발 저를 그냥 내버려두십시오. 저는 오직 하나님께만 순종합니다. 만일 여러분이 제가 여러분의 몸에 손을 대는 것이 싫다면, 저에게 기도 받지 않으시면 됩니다. 만일 하나님이 저를 통해 역사하시는 방법이 싫으시면, 저에게 오지 마십시오. 그러나 만일 하나님이 저를 통해 그 어떤 목적을 이루기 원하신다고 믿으신다면, 저에게 오십시오. 그러면 저는 여러분을 도와드리겠습니다.

우리는 그리스도의 마음을 갖고, 오직 그리스도만을 위해 살아야 합니다. 예순여덟이나 먹은 저에게는 기쁘시게 해드려야 할 분이 계십니다. 그분은 하늘 아버지이십니다. 엄연히 제가 기쁘시게 해드려야 할 하늘 아버지가 계신데, 제가 어찌 사람들을 기쁘게 할 수 있겠습니까?

방언 통역) 하나님께로 향하는 길은 보석으로 가득 차 있습니다. 그 길은 상상 속에만 존재하는 길이 아닙니다. 그 길은 하나님이 여러분을 인도하시는 진짜 길입니다. 하나님의 구원의 문은 넓을지 모릅니다. 그러나 일단 문 안으로 들어가고 나서 가야 할 길은 매우 좁은 길이라고 주님께서 말씀하셨습니다. 그러니 성령을 거역하지 마시고, 하나님의 것들을 비판하지 마시고, 예언도 비판하지 마십시오. 하나님의 것을 단단히 붙잡으십시오. 그러면 하나님께서 여러분을 여러분이 원하시는 건강한 장소로 데리고 가실 것입니다.

균형을 잡아주는 고린도전서 13장

이제 고린도전서 13장에 대해 이야기하겠습니다. 고린도전서 13장은 사랑에 대한 장입니다. 이 장은 12장과 14장 사이에 있습니다. 고린도전서 12-14장은 하나로 보아야 제대로 이해할 수 있습니다. 12장은 은사, 14장은 은사사역에 대해 다루고 있습니다. 그리고 13장은 12장과 14장 사이에 균형을 잡아주는 장입니다.

증기 엔진에 대해 잘 아시는 분은 이제부터 제가 하는 말을 잘 이해할 것입니다. 엔진에는 증기가 실린더 안으로 들어가도록 돕는 트로틀 밸브라는 것이 있습니다. 증기가 엔진으로 들어가면 피스톤을 위아래로 움직여주게 됩니다. 이때 피스톤이 위아래로 움직이도록 돕는 두 개의 볼이 있습니다. 이 볼들은 때로는 빨리 움직이고, 때로는 천천히 움직입니다. 이렇게 두 볼이 피스톤이 잘 돌아가도록 해주기 때문에, 엔진이 망가지지 않고 잘 움직일 수 있습니다.

고린도전서 13장도 엔진이 잘 돌아가게 해주는 스팀 엔진의 피스톤 볼과 같은 역할을 합니다. 그래서 우리의 은사가 훼손되지 않고 잘 사용되도록 돕습니다. 지혜는 위로부터 옵니다(약 3:17). 하늘로부터 내려오는 지혜는 사람을 통해서만 나타납니다. 우리가 만일 하늘로부터 오는 지혜를 받았다면, 반드시 하나님의 영광을 나타내야 합니다. 왜냐하면 하늘로부터 오는 지혜가 하나님의 영광만을 나타내기 때문입니다.

하나님께서는 우리를 위한 계획을 갖고 계십니다. 하나님이 우리에게 그 어떤 놀라운 것을 주셨다고 할지라도, 가령 우리가 예언하는 능력을 가졌거나 산을 옮길 만한 믿음을 가졌다 할지라도(고전 13:2), 우리가 성경을 제대로 이해하고 있지 못하다면, 그래서 우리가 이 세상의 모든 것을 움직이는 하나님의 원칙적이고 핵심적인 것을 잃어버린다면, 우리는 아무것도 아니게 됩니다.

그러나 만일 우리가 성령의 능력을 사용할 때 균형을 잘 잡는다면, 우리가 하는 모든 행동과 사역을 통해 하나님의 것들이 나타나게 되고, 사람들은 그것을 보고 우리를 인정하게 됩니다. 베드로와 요한의 사역을 보고 사람들이 정확한 판단을 내렸던 것처럼(행 3:1-4:4), 사람들이 우리의 사역에 대해 정확한 판단을 내려주는 것입니다.

고등교육을 받지 못한 자들이 대부분이었던 예수님의 제자들은 사람들에게 겸손하게 진리를 전했습니다. 그들은 자신의 삶이 변하고, 말이 변하는 체험을 하였습니다. 그들이 주님과 함께 있었기 때문에 삶이 변한 것입니다(행 4:13).

물론 대학을 다니면 좋은 것들을 많이 배우게 됩니다만, 그것보다 중요한 것은 니고데모처럼 먼저 예수님의 야간학교에 가서 주님을 만나야 된다는 사실입니다(요 3:1-21).

성령의 계시를 통하여 주 예수님을 만나서 그분을 알게 되면 그전에 보지 못했던 것을 보고, 알지 못했던 것을 알게 되는 일이 일어나는데, 그 이유는 우리가 위로부터 오는 지혜를 받기 때문입니다.

방언 통역) "위에서 오는 지혜는 먼저 순결하고, 다음으로 평화스럽고, 친절하고, 온순하고, 자비와 선한 열매가 풍성하고, 편견과 위선이 없습니다"(약 3:17, 표준새번역). 우리 모두를 초청하신 주님께서는 우리를 그분의 위대한 성품의 궁전으로 인도하십니다. 이 위대한 성품의 궁전으로 인간의 생명뿐 아니라 하나님의 생명이 하늘로부터 흘러 갑니다. 우리가 하나님의 위대한 성품들을 받을 수 있는 이유는 우리가 하나님의 자녀들이기 때문입니다.

주님, 감사합니다. 우리는 왕이신 당신의 자녀입니다. 우리는 주님께 속해 있습니다. 그러므로 그 어떤 힘도 우리를 지배할 수 없습니다. 우리는 단지 주님께만 속해 있습니다.

방언 통역) "네가 어머니의 모태에 있을 때부터 내가 너를 불렀다. 내가 너를 단련하였고 너에게 불같은 시련을 주긴 하였지만, 나는 그런 너를 건져내어서 약속의 땅으로 인도하였다. 너는 때론 깊은 물을 건넜고, 불에 의해 고통을 겪기도 하였다. 이 모든 것들이 너에게 시련을 주었지만, 너는 이 시련들을 잘 견뎌냈다. 너는 시련을 무사히 이겨냄으로 네가 나를 사랑한다는 사실을 증명하였다." 이제 주님께서 여러분을 주님의 만찬석으로 초대하십니다. 거기서 사랑하는 주님과 함께 드십시오. 마음껏 즐기십시오.

5장
성령의 은사, 어떻게 받나?

하나님께서 주시는 성령의 은사를 잘 사용하면, 여러분은 생동감 넘치는 삶을 살 수 있습니다. 즉 여러분은 이제껏 살아왔던 것과는 전혀 다른 삶을 살게 됩니다. 하나님은 질투하시는 하나님이시고, 우리에게 관심이 많으시며, 우리의 삶에 대한 계획을 갖고 계십니다. 우리에 대한 그분의 계획은 영광스럽고 원대합니다. 하나님께서는 우리를 부르시고, 우리에게 은사(선물)를 주십니다.

오늘은 어떻게 하면 은사를 받게 되는지에 대해 말씀드리겠습니다. 제가 경험한 것을 예로 들어 은사의 성격에 관해 쉽게 설명하겠습니다. 그리고 제가 은사를 받을 때 어떤 일이 일어났는지에 대해 말씀드리겠습니다.

은사로서 방언을 말하는 것과 성령을 받음으로 방언을 말하는 것에는 차이가 있습니다. (성령의) 세례를 받은 자는 성령이 말하게 하심을 따라 말을 합니다. 어떤 사람이 방언을 말하면, 그 사람은 성령세례를 받은 것입니다. 그러나 그것이 방언의 은사는 아닙니다. 방언의 은사를 받은 사람은 방언을 하고 싶으면 언제든지 할 수 있습니다. 그렇다고 해서 성령이 주신 기름부음보다 더 길게 방언을 할 수는 없고, 또한 성령의 인도를 지나쳐서 방언할 수도 없습니다. 예언도 이와 마찬가지여서, 성령의 기름부음을 지나쳐서 예언해서는 안 됩니다.

여러분이 방언을 할 수 있다 하더라도, 인간의 욕심을 따라 하면 문제가 발생합니다. 성령을 따라 하지 않는다는 것은 율법을 따라 하는 것이요, 또한 문자를 따라 하는 것입니다(롬 7:6-7). 이게 무슨 말인가요? 율법을 따른다는 것은 인간의 욕심에 빠진다는 것을 뜻합니다. 그리고 문자를 따른다는 것은 성령의 능력 없이 말씀에만 의존하는 것입니다. 이 두 가지 경우는 모두 여러분을 위해 일하지 않고, 여러분을 대적하여 일합니다.

문자와 율법은 냉혹합니다. 반면에 성령은 기쁨과 행복을 가져다줍니다. 전자는 싸움을 불러일으키고, 후자는 완전한 조화를 이룹니다. 전자는 땅의 것이요, 후자는 성령의 높은 파도입니다. 전자는 세속적인 것들에서 결코 탈출할 수 없는 것이지만, 후자는 우리에게 하늘의 임재를 가져다줍니다.

여러분의 권리를 찾으십시오. 여러분의 위치를 찾으십시오. 은사를 달라고 두 번 요구한 사람은 절대로 그 은사를 받지 못합니다. 여러분이 뭐라고 생각하든 저는 상관하지 않습니다. 저는 이것이 하나님의 제단에

서부터 오는 하나님의 주권이라고 믿습니다. 은사를 달라고 두 번 요구하면 절대로 은사를 못 받습니다. 일단 은사를 구하였으면, 구하는 것을 중단하고 받으십시오. 믿으면 받습니다.

은사를 받는 가장 좋은 방법은 "구하여라. 그러면 받을 것이다"(요 16:24, 표준새번역)라는 말씀을 의심 없이 믿고 하나님께 구하는 것입니다. 구하면 받습니다. 이보다 더 좋은 방법은 없습니다. 만일 여러분이 과감히 은사를 구하고, 그 은사가 정말로 필요한 은사임을 믿고, 그리고 그 은사가 자신에게 이미 있다고 믿고 사역하면, 그 은사가 나타납니다.

우리가 하나님의 뜻 가운데 살려면 고집이 있어야 합니다. 이 말은 무슨 뜻입니까? 이 말은 여러분의 마음이 변하면 안 된다는 뜻입니다. 여러분 중 많은 분들이 은사를 갖고 있으면 그것을 느낄 수 있을 것이라고 생각합니다. 그러나 절대로 그렇지 않습니다. 여러분이 은사를 받거나 사용할 때, 어떤 느낌이 있을 것이라고 생각하지 마십시오. 그러한 잘못된 생각보다 더 좋은 것이 있습니다. 그것은 바로 사실에 입각해서 행동하는 것입니다. 먼저 사실(진리)이 있고, 느낌은 사실 뒤에 따라오는 것일 뿐입니다.

사람들은 일반적으로 느낌이 있는 은사를 원합니다. 그러나 은사란 그런 것이 아닙니다. 만일 여러분이 어떤 느낌이 올 때까지 기도한다면, 그것은 잘못된 것입니다. 그러다가 잘못하면 믿음까지 잃어버리게 될 수도 있습니다. 구한 것은 느낌이 없어도 받았다고 믿고, 그 믿음에 근거하여 능력 있게 행동하면 되는 것입니다.

제가 방언의 은사를 받았던 날 아침에 연장통을 들고 집 밖으로 나갔습니다. 저는 일을 하기 위해 길을 걸어가기 시작했습니다. 그때 하나님께서 저를 높이 드셨습니다. 그래서 저는 방언으로 크게 말하기 시작하였습니다. 길에서 매우 큰 소리로 말입니다. 그런데 그 길에는 사람들이 많이 지나다니고 있었습니다. 또한 근처에서 정원사들이 나무를 손질하고 있었습니다. 그런데 제가 방언하는 소리를 듣자 그들은 마치 백조가 목을 길게 빼듯이 고개를 쭉 내밀고 제가 있는 쪽을 쳐다보았습니다.

"배관공 양반, 당신 도대체 뭐하고 있는 거요?" 놀란 얼굴의 정원사들이 저에게 물어보았습니다. 그때 저는 주님께 "주님, 지금 제가 하고 있는 방언에 대한 통역을 주시지 않으면, 저에게는 이들의 질문에 대답할 책임이 없습니다"라고 말했습니다.

하나님은 제가 응답을 받을 때까지 그곳에서 꼼짝도 하지 않을 것이라는 사실을 잘 알고 계셨습니다. 그러자 곧 다음과 같은 방언 통역이 제 입에서 나왔습니다. "언덕을 지나 밤이 오기 전에 주 너의 하나님께서 네가 행하는 모든 길에 번영을 주실 것이다."

제가 말하고자 하는 요점은 우리에게 이미 은사가 와 있다는 것입니다. 저는 은사를 구하는 기도를 한 적이 없습니다. 저는 "주님, 저에게 통역을 주십시오"라고 기도하지 않았습니다. 저는 그저 "만일 당신이 저에게 통역을 주시지 않으면, 저는 움직이지 않겠습니다"라고 말한 것입니다. 제가 움직이지 않겠다고 한 것은 그 은사를 꼭 갖고야 말겠다고 작정하였다는 것을 뜻합니다. 그 후론 제가 가는 곳마다 주님의 성령께서 저와 함께 가십니다. 이것은 정말 놀라운 일이 아닐 수 없습니다.

이제 방언 통역의 은사에 대해 말해보겠습니다. 이 은사는 정말로 장

엄한 은사이고, 참으로 거룩한 은사이며, 그리스도와 연합하는 은사입니다. 통역의 은사를 통해 우리는 그리스도와 같이 있게 됩니다. 통역의 은사를 많이 사용하시는 분은 성령님이라기보다는 그리스도이십니다. 따라서 통역의 은사를 사용하면, 그리스도께서 영광을 받으십니다. 그러나 삼위일체의 하나님은 늘 함께 움직이십니다.

그 일이 일어난 후, 방언을 하는 사람을 만나게 되면 저는 "주님 저에게 통역을 주세요"라고 기도하지 않습니다. 그렇게 기도하는 것은 잘못된 것입니다. 저는 사실에 근거하여 살아왔습니다. 무엇이 사실입니까? 사실은 나타나는 것입니다. 사실은 갖고 있는 것을 나타내는 것입니다. 믿음이 바로 사실입니다. 믿음은 두려움과 거짓을 없앱니다. 믿음은 대담무쌍한 것입니다. 믿음은 하나의 성품입니다. 믿음은 믿는 자에게서 살아 계신 그리스도가 나타나는 것입니다.

그렇다면 방언 통역이란 무엇일까요? 방언 통역이란 인간의 생각을 거치지 않고 하나님의 말씀을 바로 내어놓는 것입니다. 만일 하나님으로부터 받지도 않고 내어놓으면, 그것은 방언 통역이 아닙니다. 통역을 하나님으로부터 받는 사람들은 단어 몇 마디만 받는 것이 아닙니다. 방언 통역을 하면 떠듬떠듬하며 중간에 머뭇거리는 것이 아니라 한숨에 다 내어놓습니다.

통역하는 사람은 자신이 다 통역할 때까지는 자신이 무슨 말을 하게 될지를 전혀 모릅니다. 왜냐하면 무슨 문장을 써서 어떻게 통역해야 될지를 미리 계획하는 것은 방언 통역이 아니기 때문입니다. 혀로 말하는 것을 흐름이라고 표현한다면, 방언 통역은 영적인 흐름입니다. 따라서 방언 통역을 하려면, 계속적인 믿음이 있어야 합니다.

은사는 영적인 이해를 수반합니다. 이것에는 또한 예언의 말들이 가득 차 있습니다. 영적인 단어들에는 한계가 없습니다.

믿음은 무엇입니까? 믿음이 서약입니까? 믿음은 서약 이상의 것입니다. 믿음은 현재입니까? 믿음은 현재 이상의 것입니다. 믿음은 관계입니다. 인간관계보다 더 좋은 것이 있습니까? 예, 있습니다. 그렇다면 인간관계보다 더 좋은 것이 무엇입니까? 그것은 바로 하나님의 아들이 되는 것이고, 하나님의 상속자가 되는 것입니다. 믿음은 하나님이 육신으로 나타나시는 것입니다(딤전 3:16).

"예수가 누구입니까?"라고 방금 여러분이 질문하셨습니다. 예수는 인간으로 나타나신 영광이십니다. "예수가 누구인지에 대해, 그것 말고 다른 것이 있습니까?"라고 여러분은 물으십니다. 예, 있습니다. 예수님은 하나님 아버지의 형상을 나타내신 분입니다(히 1:3). 그분은 우리를 위하시는 분입니까? 예, 그렇습니다. 택함을 받은 사람들이 누구입니까? 택함을 받은 사람들은 예수님을 구하고, 예수님을 믿고, 예수님을 본 사람들입니다. 여러분이 예수님을 믿으면, 택함을 받은 사람이 됩니다.

우리를 방해하는 모든 것들은 회개를 통하여 제거됩니다. 하나님께서 계셔야 할 자리를 그분에게 마땅히 내어드리십시오. 우리는 그분께 우리의 모든 것을 내어드려야 합니다. 우리 속에 있는 인간적인 의는 다 버립시다. 그 대신 깨어진 심령을 가진 겸손한 사람 그리고 순종하는 사람이 됩시다. 오늘 우리 모두가 깨어진 심령을 갖게 된다면 얼마나 좋을까요? 우리가 정말로 죽고 새롭게 다시 살아나 높고 높으신 하나님 앞에 있게 된다면 얼마나 좋을까요?

　여러분 중 어떤 분들은 '나도 은사를 하나 갖고 있으면 참 좋겠다'라고 생각하고 계십니다. 여러분 중 어떤 분들은 성령을 갈망하고 계십니다. 사랑하는 여러분, 저는 여러분이 바라는 것들이 실제로 여러분의 삶에 나타나길 원합니다. 하나님을 믿으십시오. 하나님께 은사를 구하십시오. 그러면 여러분이 구하는 바가 여러분의 삶을 통해 일어납니다. 그러나 마음의 소원을 따라 구해야지 억지로 구해서는 안 됩니다. 하나님은 우리에게 은사들과 은혜를 주시는 분입니다!

6장
지혜의 말씀

어떤 사람에게는 성령으로 지혜의 말씀을 주시고, 어떤 사람에게는 같은 성령으로 지식의 말씀을 주십니다. (고전 12:8, 표준새번역)

하나님께서 여러분을 축복하기를 원하십니다! 하나님께서 여러분을 축복하시면, 아무도 여러분을 저주할 수 없습니다. 하나님께서 여러분과 함께 계시면, 그 누구도 여러분을 대적할 수 없습니다. 하나님의 손이 여러분 위에 있을 때에는 모든 길들이 열려서 여러분을 통해 다른 사람들이 축복을 받게 되는 일들이 일어납니다. 하나님의 가장 위대한 계획 중 하나는 우리를 통해 다른 사람들이 축복을 받는 것입니다.

"너에게 복을 주어서, 네가 크게 이름을 떨치게 하겠다. 너는 복의 근원이 될 것이다"(창 12:2, 표준새번역). 우리가 전능하신 하나님의 능력을 진정으로 안다면, 우리를 대적하는 그 어떤 무기들도 두려워하지 않게 됩니다(사 54:17). 왜냐하면 만군의 주 여호와께서 우리를 대신하여 친히 싸워주시기 때문입니다. 우리에게 대항하는 적들이 일어나도 주께서 우리가 보는 앞에서 그들을 치실 것이므로, 그들이 한 길로 쳐들어왔다가 일곱 길로 뿔뿔이 도망칠 것입니다(신 28:7).

하나님의 능력이 우리 위에 있고, 그분의 놀라운 축복이 우리 것이며, 우리를 위해 기록된 축복의 약속 또한 우리 것입니다. 우리는 하나님께서 주시는 것들로 인하여 그 어떤 환경을 만난다 해도 두려워하지 않고 매일의 삶을 승리하며 살 수 있습니다. 그 이유는 그분께서 우리에게 하신 모든 약속이 반드시 이루어진다는 사실을 우리가 확실히 믿고 있기 때문입니다.

이 얼마나 놀라우신 그리스도이신지요! 하나님께서는 현재 우리가 겪고 있는 난관들과는 상관없이 우리에게 복을 주시기로 결정하셨습니다. 지극히 높으신 하나님의 능력이 우리를 덮고 있으며, 하나님의 영광이 우리를 둘러 진치고 있습니다. 그러니 누가 감히 그러한 하나님의 위대하심을 대적할 수 있겠습니까?

"하나님, 우리에게 당신의 숨을 뿜어주소서. 그리하여 우리가 위로부터 내려오는 당신의 능력을 옷 입게 하여 주소서." 하늘로부터 내려오는 능력은 하늘의 보배로운 것으로 가득 차 있는 능력이며, 축복의 면류관이 될 능력입니다.

하나님께서는 그분의 백성들을 승리에서 승리로 인도하십니다. 우리가 주님의 열매라는 사실을 알게 되는 것이 우리에게 얼마나 큰 축복인지요! 주님의 백성들은 이 땅에 열리는 하나님의 귀한 열매들입니다!

저는 하나님께서 여러분을 축복하기 원하신다는 사실을 분명히 알고 있습니다. 그렇기 때문에 이제 제가 여러분에게 드릴 이야기에 대해 저는 아무 두려움 없이 말씀드릴 수가 있습니다. 하나님께서 여러분에게 복을 쌓을 곳이 없을 정도로 부어주시겠다고 분명히 약속을 해주셨는데(요 3:34), 왜 여러분은 그 약속을 무시하고 허무하게 살고 계십니까? 하나님께서 여러분이 갖고 계신 두려움을 거두어가신다고 하셨는데, 도대체 뭘 두려워한단 말입니까?

여러분은 준비되셨습니까? 여러분 중 "도대체 무엇이 준비되었단 말입니까?"라고 묻고 싶어 하는 분들이 계십니다. 제 말은 여러분에게 채워지고도 남을 만큼 하나님의 축복이 부어지는 것을 받을 준비, 변화된 삶을 살 준비가 되었느냐는 말입니다.

여러분은 준비되셨습니까? 무슨 준비냐고요? 어린아이처럼 되어 하나님 아버지의 얼굴을 바라보고, 단순히 하나님의 모든 말씀에 대해 "예"라고 말하거나 "아멘"(고후 1:20)이라고 말할 준비가 되었느냐는 말입니다.

준비되셨습니까? 무슨 준비가 되었느냐고 물으시는 분이 계십니다. 우리를 양자 삼는 성령으로 인하여 여러분의 잠자는 영혼이 깨어나서 하나님의 말씀을 믿어 여러분의 아버지 되신 하나님께 여러분이 원하는 것을 간구할 준비가 되었느냐는 말입니다.

성령의 은사들

우리는 고린도전서 12장 중에서 몇 절들을 살펴보았습니다. 저는 이제 여러분이 성령의 은사에 대해 전혀 무지하지는 않을 것이라고 생각합니다. 하나님께서는 여러분이 성령의 은사에 대해 모르기를 원치 않으십니다. 은사를 통해 하나님의 것들이 계시되고, 하나님의 지식을 소유하게 되며, 능력이 나타나게 됩니다. 그래서 사람들을 악한 영들의 속박에서 구해낼 수 있게 되고, 능력이 나타나는 기도를 할 수 있게 됩니다.

중보의 은사, 병자들에게 손을 얹은 즉 병마가 떠나는 은사, 예언의 은사, 지혜의 말씀의 은사, 지식의 말씀의 은사, 영들을 분별하는 은사, 방언의 은사 그리고 방언 통역의 은사, 이 모든 은사들은 "형제자매 여러분, 신령한 은사들에 대하여, 나는 여러분이 모르고 지내기를 바라지 않습니다"(고전 12:1, 표준새번역)라는 말씀 하나로 다 요약될 수 있습니다.

저는 여러분이 은사에 대해 심각하게 생각해보시기를 간청합니다. 왜냐하면 여러분이 세상에 속한 사람들이 아니기 때문입니다. 여러분이 이 세상에 속한 사람들이 아니기 때문에, 이 세상을 살아가는 동안에 살아계신 그리스도를 나타내는 삶을 살아야 합니다. 예수님께서 이 땅에 사실 때 그러셨던 것처럼, 여러분도 예수님을 본받아 하나님의 자녀가 되어 이 땅에서 사는 동안 하나님과 하나님의 능력을 여러분의 삶을 통해 사람들에게 나타내 보여주어야 합니다. 이 세상을 바삐 살아가는 사람들은 성경을 읽을 시간이 별로 없습니다. 따라서 여러분 스스로가 사람들에게 알려지고 읽혀지는, 걸어 다니는 하나님의 편지가 되어야 합니다(고후 3:2).

예수님이 영원히 변하지 아니하시는 하나님의 말씀이시라는 사실을 진정으로 믿는다면, 여러분은 결코 사람들의 의견에 휘둘리는 일은 없을 것입니다. 하나님의 말씀을 붙잡으십시오. 그렇습니다. 하나님의 말씀을 붙잡으십시오. 만일 여러분이 주님 앞에 굳게 서 있으면, 그렇게 될 것입니다.

하나님의 말씀을 붙잡는 것이 가장 좋습니다. 그것보다 더 좋은 것은 없습니다. 여러분은 하나님의 말씀을 붙잡음으로 여러분이 필요로 하는 것을 얻을 수 있습니다. 배고플 때는 음식을 얻고, 어두울 때는 빛을 얻고, 마음이 넓어지게 되고, 바른 생각이 생겨나며, 영감을 얻는 이 모든 것들이 말씀을 붙잡음으로 얻을 수 있는 것들입니다.

저는 바울의 말씀을 좋아합니다. 바울의 말씀은 아름답고 성령의 능력으로 가득 차 있습니다. 가령 성령의 능력으로 속사람이 강건하게 된다는 말씀이 그렇습니다(엡 3:16). 성령의 능력으로 모든 사람들이 채움을 받아 하나님의 말씀의 계시가 여러분 모두에게 부어지기를 바랍니다.

은사보다 은사 주시는 분이 먼저다

저는 이제까지 왜 은사가 다양하게 존재해야 하고, 은사가 특수화되어야 하는지 그리고 은사를 받는 포지션의 다양성에 대해 말하였습니다. 그런데 우리는 은사를 받기 전에 은사 주시는 분을 먼저 알아야 합니다.

구원이 항상 성화보다 앞서야 하고, 성화는 항상 성령세례보다 앞서야 합니다. 성화는 성령을 받을 육체를 준비시키는 것이라고 할 수 있습니다. 육체가 성령세례를 받을 준비가 다 되면, 예수님께서 그 육체에 성령으로 세례를 베푸십니다.

성령님은 예수님이 여러분의 삶의 왕과 주인이 되도록 해주시는 분입니다. 이러한 성령님의 역사로 인해 여러분은 예수님을 삶의 주인으로 인정하게 됩니다. 그래서 모든 상황 속에서 주님께 순복하는 삶을 살게 됩니다. 이로 인해 여러분은 "저는 당신의 것입니다! 주님, 사랑합니다!"라고 고백하는 것을 두려워하지 않게 됩니다.

저는 주님을 사랑합니다. 그분은 너무도 아름다우신 분입니다. 그분은 너무도 감미로우신 분입니다. 그분은 너무도 사랑스러운 분이십니다. 그분은 너무도 친절하신 분입니다. 그분은 절대로 자신의 귀를 막지 않으십니다. 그분은 절대로 여러분의 고난을 못 본 체하지 않으십니다. 그분은 마음이 상한 자들을 치료해주시는 분입니다. 그분은 포로 된 자를 자유케 하시는 분입니다. 낙망한 자를 일으켜주시며, 무거운 짐을 지고 가는 자들의 짐을 가볍게 해주시는 분입니다.

이런 예수님에 대해 성경은 "그가 자기 땅에 오셨으나 그의 백성은 그를 맞아들이지 않았다. 그러나 그를 맞아들인 사람들, 곧 그 이름을 믿는 사람들에게는 하나님의 자녀가 되는 특권을 주셨다"(요 1:11-12, 표준새번역)라고 기록하였습니다.

여러분이 하나님의 아들이 되면, 여러분에게 하나님의 은혜가 부어지되 눌러서 흘러넘치도록 부어지고, 모든 악들로부터 보호받게 되는 일들이 일어납니다. 이것은 참으로 끝이 없는 은혜입니다. 이 은혜로 인해 여러분의 무능력이 능력으로 변하게 됩니다. 여러분은 이 능력을 가지고 하나님께서 여러분의 삶을 통해 이루고자 하시는 목적과 계획들을 이룰 수가 있습니다.

지혜의 말씀의 은사

고린도전서 12장 8절에는 지혜의 말씀의 은사에 관해 "어떤 사람에게는 성령으로 지혜의 말씀을 주시고"(표준새번역)라고 기록되어 있습니다. 여기서 여러분이 확실히 알아야 하는 사실이 있는데, 그것은 고린도전서 12장 8절에서 '지혜의 은사'라고 말하지 않고 '지혜의 말씀'이라고 하였다는 사실입니다. 이것은 매우 중요한 사실입니다. 여러분은 진리의 말씀을 옳게 분별해야 합니다(딤후 2:15).

지혜의 말씀의 은사가 필요한 경우는 매우 많습니다. 예를 들어, 여러분이 더 큰 교회를 지어야 되는 상황에 처해 있다고 가정해봅시다. 여러분은 더 많은 사람들이 와서 말씀을 듣고 양육 받을 수 있는 교회를 지어야 합니다. 그러면 그 교회를 어떻게 지어야 하는지에 대한 지혜의 말씀의 은사가 필요합니다. 또한 여러분이 어느 쪽을 선택해서 가야 하는지를 모를 경우에 필요한 것이 바로 지혜의 말씀의 은사입니다. 지혜의 말씀의 은사가 순간적으로 역사하면, 여러분은 즉각적으로 바른 길을 선택하여 갈 수 있게 됩니다.

사업이 난관에 부딪쳐 어떻게 해야 될지 몰라 큰 고민에 빠져 있을 때에도 지혜의 말씀의 은사를 통해 어려움을 헤쳐 나갈 수 있습니다. 이러한 사업에서의 지혜의 말씀에 의한 난관 타개는 인간의 힘이 아닌 초자연적인 힘에 의해 이루어집니다. 여러분이 이런 은사를 받아 하나님께 "어떻게 해야 됩니까?"라고 물으면, 하나님께서는 어떻게 해야 난관을 헤쳐 나갈 수 있는지에 대해 두 가지 방법으로 말씀해주십니다. 하나는 지혜의 말씀의 은사를 통해서이고, 다른 하나는 성령의 능력이 여러분을 덮음으로 저절로 해결되는 것입니다.

만일 여러분이 성령으로 채움을 받았다면, 여러분 속에 채워진 성령님이 여러분에게 그 어떤 은사도 나타나게 해주실 수 있습니다. 그러나 그러함에도 불구하고 여러분은 여러분에게 가장 좋고 적합한 은사들을 진지하게 구해야 합니다. 사람과 상황에 따라 가장 중요한 은사가 지혜의 말씀의 은사가 될 수도 있고, 아니면 다른 은사가 될 수도 있습니다. 그러나 여러분이 은사를 받는 데 있어서는 아무쪼록 부족함이 전혀 없어야 합니다.

이것은 실로 놀랄 만한 사실들입니다. 성경은 이러한 사실들에 대해 우리에게 확실하게 가르쳐주고 있습니다. 그러므로 제가 여러분에게 이러한 사실들에 대해 말씀드리지 않을 수가 없습니다. 하나님께서 저에게 말씀하실 때, 그분께서는 무엇이든지 구하라고 말씀하십니다(요 15:7). 하나님께서는 세상의 구원에 대해 말씀하실 때 누구든지 믿기만 하면 구원을 얻는다고 말씀하셨습니다(요 3:16).

만일 여러분이 어떤 것들을 부족함이 없이 매우 풍성하게 소유하고 있다고 하더라도 여러분에게 지혜가 없다면, 그것들은 결국 여러분에게 아무 유익도 주지 못하게 됩니다. 여러분의 풍부한 소유가 헛된 낭비가 되지 않게 하기 위해 여러분은 자신을 비우고 하나님으로 채워야 합니다. 오늘을 살아가는 사람들의 가장 큰 문제점은 자신을 비우지 않아 하나님이 그들 속으로 들어가실 수 없다는 것입니다. 만일 여러분이 자신을 비워 그 자리에 하나님이 들어가셨다면, 다시는 예전처럼 스스로 주인 노릇하지 마십시오.

지금 하나님께 우리에게 왜 지혜의 말씀의 은사가 필요한지 알려달라고 모두 기도합시다. 그리고 우리가 받은 것이 정말로 하나님으로부터 온 것이지, 아닌지에 대해서도 알려달라고 기도합시다. 이제 저는 여러분에게 지혜의 말씀의 은사와 관련하여 제가 체험하였던 것에 대해 말씀드리겠습니다. 그러면 지혜의 말씀의 은사를 쉽게 이해하게 될 것입니다.

의심의 말과 지혜의 말씀

어느 날 저는 저희 집 밖으로 나갔습니다. 그때 건너편에 사는 저의 친구 존이 마침 길을 건너고 있는 것이 보였습니다. 저를 본 친구는 저에게 다가와 "스미스, 잘 지냈어?"라며 인사를 하였습니다.

"응, 잘 지냈어"라고 제가 대답했습니다.

"그렇군. 나는 요즘 집을 팔까, 말까를 놓고 아내와 상의하면서 기도하고 있는 중이야. 그런데 내가 아내와 집에 대해 이야기를 하고 기도할 때마다 자꾸 자네가 떠올라."

그 친구의 말에 저는 큰 흥미를 갖게 되었습니다.

"자네, 우리 집 살 생각 없나?"라고 친구가 물어보았습니다.

여러분도 잘 기억하시겠지만, 다윗이 한 번 잘못한 경우가 있었습니다. 그가 잘못 나가자 하나님과의 교제가 끊어졌습니다. 당시 그는 하나님의 지식을 따르지 않았습니다. 우리가 어떻게 잘못되는 것으로부터 보호받을 수 있을까요? "이웃의 아내를 탐내지 말라"(출 20:17)는 말씀을 지켜야 보호받습니다. 그런데 다윗은 이웃의 아내를 탐내지 말라는 하나님의 명령을 어겼습니다. 하나님께 죄를 범한 것입니다.

저는 지금 죄에 대해 말하려고 하는 것은 아닙니다. 그러나 그때 상황을 되돌아볼 때, 만일 제가 집을 사는 것에 대해 잘못 나간다면 여러 가지 힘든 상황이 전개될 수 있음을 알았습니다. 제가 집을 사는 것에 대해 잠깐 생각해보자 저는 선택을 잘못함으로 인해 저에게 닥쳐올지도 모를, 저에게 불리하고 저를 힘들게 만들 수도 있을 여러 가지 상황들이 생각났습니다.

저는 스스로에게 다음과 같은 질문들을 해보았습니다. '내가 두 집을 소유하고, 두 집에서 산다 이 말이지? 아니야, 집은 하나면 충분해.' 그 다음에 이런 질문을 던졌습니다. '나에게 친구의 집을 살 만한 돈이 있나? 아냐, 없어.'

그 정도면 어느 정도 답이 다 나왔습니다. 왜냐하면 하나님께서는 그 누구도 빚을 지고 사는 것을 원치 않으시기 때문입니다. 여러분이 이러한 원칙들에 대해 아시면, 잘못된 결정으로 수없이 많은 날들을 눈물로 지새우는 일들을 미연에 방지할 수 있습니다.

저도 다른 많은 사람들과 똑같은 인간일 뿐입니다. 우리는 모두 계속 배워나가야 하는 존재들입니다. 이 세상에 완전한 사람은 아무도 없습니다. 우리가 당장 따라오든 천천히 따라오든, 하나님께서는 우리를 완전함으로 부르십니다. 여러분이 거룩이라는 과녁에 하루에도 수십 번 활을 쏘지만, 한 번도 못 맞출 수 있습니다. 그렇더라도 실망하지 마십시오. 결국 여러분은 이러한 훈련들을 통해 하나님이 원하시는 거룩에 이르게 될 것입니다. 쓰러져도 다시 일어서십시오. 여러분이 목표를 적중시키지 못했다 하더라도 절대로 포기하지 마십시오.

옛말에 "큰 실수 한 번 했다고 일어서지 못하는 사람은 없다. 그러나 큰 실수를 두 번 하면 일어서지 못한다"는 말이 있습니다. 하나님의 '높은 부르심'(빌 3:14)에 한 번 응답하지 못했다고 해서 실패자가 되는 것은 아닙니다. 여러분이 실패에 대해 참된 회개를 하고 돌아서면, 다시는 그런 실패를 하지 않게 됩니다(고후 7:9-11).

절대 포기하지 마십시오. 스스로를 강하게 하십시오. 우리는 아직 젊습니다. 기회는 아직 많습니다. 하나님은 여러분이 낙망하는 것을 원치 않으십니다. 하나님께서 여러분을 변화시켜 새로운 사람으로 만들어주실 것이라는 사실을 믿으십시오.

이제 집을 사는 이야기로 다시 돌아가겠습니다. 저에게 있어서 무엇이 문제였던가요? 저에게 있어서 문제는 집을 사는 문제에 대해 하나님과 상의하지 않았다는 것입니다. 여러분도 이와 같은 경험을 많이 하셨을 것입니다. 이제 우리는 어떻게 해야 합니까? 우리는 문제에 부딪치면,

그것을 해결해나갈 수 있어야 합니다. 저도 문제를 해결해나가기 시작하였습니다.

"얼마 정도에 팔려고 하는데?"라고 제가 친구에게 물었습니다.

그러자 그 친구는 자신이 생각하고 있는 가격을 말했습니다. 저는 "그 정도 가격이면 내가 은행에서 충분히 빌릴 수 있는 가격이군. 은행 직원들이 날 잘 알고 있으니, 그 정도의 금액이면 쉽게 대출해 줄 거야"라고 인간적인 대답을 하였습니다.

얼마 후 은행의 대출 담당 직원이 그 집을 감정하러 갔습니다.

"이 집은 참 좋은 집입니다. 이 집은 그만한 가치가 있습니다. 당신이 이 집을 산 후 곧바로 다시 판다고 해도 절대로 손해 보실 것이 없습니다. 그러나 저는 당신이 요청한 금액을 대출해 드릴 수 없습니다. 거기서 500불 낮춘 금액이 당신의 최대 대출 한도입니다"라고 은행 직원이 말하였습니다.

그때 저는 사업을 접었을 때라 수중에 500불이 없었습니다. 그래서 저는 다시 인간적인 방법을 생각해내기 시작하였습니다. 저는 하나님께로 가지 않았습니다. 만일 그랬다면, 저는 어려움을 당하지 않았을 것입니다. 저는 저의 방법대로 해보고 싶었습니다. 왜냐고요? 저도 모릅니다. 저는 이미 처음부터 제가 길을 잘못 들어섰다는 것을 알고 있었지만, 저에게는 고집이 있었습니다.

저는 먼저 친척들을 찾아다니기 시작하였습니다. 여러분도 저와 비슷한 경험을 하신 적이 있으시죠? 친척들을 찾아다니는 것이 뭐가 잘못된 것입니까? 친척들은 모두 저를 보고는 반가워하였습니다. 그러나 저는 친척들에게 너무 빠르거나 혹은 늦게 갔습니다. 그들은 이구동성으로 돈을 빌려주고 싶지만, 현재는 그만한 돈이 없다고 대답하였습니다. 제가 돈을 빌리려고 찾아간 모든 친척이 저에게 돈을 빌려주지 않았습니다. 그래서 저는 결국 헛수고만 하고 돌아왔습니다.

이제 저는 다른 인간적인 계획을 짜내었습니다. 이번에는 친구들을 찾아다니기 시작하였습니다. 그러나 결과는 마찬가지였습니다. 그래서 저는 사랑하는 아내에게 갔습니다. 저는 그녀를 매우 사랑합니다. 아내는 참으로 경건한 사람입니다.

저는 아내에게 가서 "여보, 내가 지금 어려움에 처했어요"라고 말한 후 자초지종을 이야기하였습니다.

저의 이야기를 다 듣고 난 아내는 저에게 "잘 알았어요. 이제 제가 하라는 대로 해보세요"라고 대답하였습니다.

저는 "어떻게 하면 될까요?"라고 물었습니다.

그러자 아내는 저에게 "당신은 아직 이 문제를 가지고 하나님께 가지 않았습니다. 하나님께 말씀드려 보세요"라고 말하였습니다.

하나님께 문제를 가지고 가는 것이 바로 문제 해결의 열쇠였던 것입니다. 만일 여러분이 어떤 문제를 하나님 없이 인간적인 방법으로 해결하려고 하면, 문제는 점점 더 복잡해집니다. 저의 아내는 저에게 정곡을 찌르는 대답을 했던 것입니다. 저는 아내를 통해 이 문제를 놓고 하나님께 기도하면 하나님께서 해결해주실 것이라는 사실을 깨닫게 되었습니다. 그래서 저는 아내에게 "알았어요. 하나님께 기도하러 가겠어요"라고 대답했습니다.

기도할 장소가 있다는 것은 좋은 것입니다. 그곳에 여러분 혼자 들어가서 하나님께서 어떻게 역사하실지에 대해 여쭤보면서 기도하십시오. 눈을 뜨고 기도하는 것도 좋습니다. 기도할 때, 하나님은 바로 여러분 옆에 계십니다. 하나님과 동행하면서 기도하는 것이 어찌 좋지 않을 수가 있겠습니까?

저는 기도의 처소에 가서 이렇게 기도하기 시작했습니다. "아버지, 당신은 저의 모든 상황을 잘 알고 계십니다. 만일 당신이 이번 한 번만 용서해주신다면, 앞으로 제가 사는 동안 절대로 이런 일이 없도록 하겠습니다."

이렇게 기도하고 있는데, 갑자기 지혜의 말씀이 떠올랐습니다. 이때 떠오른 지혜의 말씀은 제 생애를 통틀어서 들어본 말들 중 가장 엉뚱한 말이었습니다. 주님께서 저에게 "가서 웹스터 형제를 만나보아라"라고 말씀하셨던 것입니다.

그래서 저는 기도를 마치고, 아래층으로 내려와 아내에게 이렇게 말했습니다. "하나님께서 나에게 말씀하셨어요."

그러자 아내가 "저도 그럴 것이라고 생각하고 있었어요"라고 말했습니다.

"그런데, 하나님이 하신 말씀이 나에겐 너무도 엉뚱하게 들렸어요"라고 제가 말했습니다.

이에 아내는 "그렇다면 하나님이 말씀하신 것을 무조건 믿으세요. 아무리 엉뚱하게 들려도 괜찮아요. 하나님이 말씀하시는 것은 무조건 옳아요"라고 말했습니다.

"여보, 그래도 뭔가 이상해요. 하나님께서 나에게 웹스터 씨를 만나보라고 하셨거든요."

"가서, 만나보세요"라고 아내가 대꾸하였습니다.

웹스터 형제는 석회 굽는 사람으로, 기껏해야 일주일에 3불 50센트밖에 벌지 못하는 사람이었습니다. 그는 항상 낡은 바지를 입고 발에 안 맞는 큰 구두를 신고 다녔지만, 하나님만은 신실하게 믿는 그런 사람이었습니다.

저는 다음날 아침에 자전거를 타고 웹스터 형제의 집으로 갔습니다. 웹스터 형제의 집에 도착하여 시계를 보니 오전 8시였습니다.

저를 본 웹스터 형제는 "어쩐 일이십니까, 위글스워스 형제님? 무슨 일로 이렇게 이른 시간에 저를 찾아오셨습니까?"라고 물었습니다.

저는 그에게 "제가 조그만 집을 사려고 하는데 난관에 봉착하여 이 문제를 놓고 어젯밤에 하나님께 기도하였습니다. 기도를 하고 있을 때 하나님께서 저에게 당신을 만나라고 말씀하셨습니다. 그래서 이렇게 형제님을 찾아온 것입니다"라고 이야기하였습니다.

웹스터 형제는 "그렇습니까? 그럼 들어오십시오. 안으로 들어가 하나님께 여쭈어봅시다"라고 말하며, 제가 집안으로 들어갈 수 있도록 문을 열어주었습니다.

제가 들어가자 그는 방문을 꼭 잠갔습니다. 그리고는 "자초지종을 말해보십시오"라고 말했습니다.

그래서 저는 그 형제에게 저의 상황을 이야기했습니다. "음, 약 3주 전에 제가 집을 사려고 하였습니다. 그런데 500불이 모자랐습니다. 그래서 돈을 구하기 위해 백방으로 뛰어다녔으나 구할 수가 없었습니다. 그래서 어젯밤에 아내에게 이야기했더니 저에게 하나님께 기도해보라고 하였습니다. 그래서 저는 하나님께 기도하였습니다. 그런데 기도 중에 하나님께서 저에게 '가서 웹스터 형제를 만나보아라'라고 말씀하셨습니다. 그래서 제가 이렇게 형제님을 찾아오게 된 것입니다."

이야기를 다 들은 웹스터 형제는 저에게 "얼마 동안 돈을 구하러 다녔습니까?"라고 물었습니다.

"한 3주 되었습니다"라고 제가 대답했습니다.

"당신은 그동안 저를 이렇게 찾아온 적이 한 번도 없지 않습니까?"라고 그가 저에게 물었습니다.

"예, 없습니다. 하나님께서 저에게 형제님을 찾아가 보라고 말씀하신 것도 이번이 처음입니다"라고 제가 대답했습니다.

만일 제가 3주 전에 하나님께 찾아갔더라면 좋았었을 것입니다. 그동안 저는 인간적인 방법으로 이 사람 저 사람 찾아다니며 애만 쓰고 결과는 좋지 않았습니다. 만일 여러분이 하나님으로부터 지혜의 말씀을 받게 된다면, 하나님께서 여러분이 원하는 것을 해결해주시기 때문에 시간과 노력을 낭비하지 않아도 됩니다.

웹스터 형제는 저의 이야기를 다 듣고 나더니 이렇게 말했습니다. "저는 20년 동안 매주 약 50센트가 채 안 되는 돈을 코오퍼레이트 회사에 저금하였습니다. 그런데 약 3주 전에 그 회사에서 저보고 그동안 모은 돈을 찾아가라고 하였습니다. 제가 그 회사와 오랫동안 거래를 하지 않았기 때문에 더 이상 돈을 맡아줄 수 없다는 것이었습니다. 그래서 제가 그 돈을 받아 저의 집 장판 아래와 천장 그리고 여러 곳에 숨겨 두었는데, 온통 신경이 거기에 가 있어서 살 수가 없을 지경입니다. 만일 당신이 그 돈을 쓰시겠다면 드리겠습니다."

하나님은 모든 것을 잘 알고 계시는 분이십니다
그분은 모든 것을 꿰뚫고 계십니다
나의 아버지는 모든 것을 알고 계십니다
당신이 흘렸던 쓰라림의 눈물에 대해서도 잘 알고 계십니다
당신이 얼마나 많이 울었는지도 잘 알고 계십니다
나의 아버지이신 하나님, 그분은 모든 것을 알고 계십니다

저는 이 가사를 조금 바꿔서 하나님이 감동을 주시는 대로 이렇게 찬양을 해보겠습니다.

하나님은 다 아시네 그분은 모든 것을 아시네
나의 아버지는 모든 것을 다 알고 계시네
한없는 기쁨 나에게 넘쳐흘러
전지하신 나의 아버지 되시는 그분이 나에게 주시는 기쁨일세

그렇습니다. 그분은 알고 계십니다. 하나님께 영광을 돌립시다!
이어서 웹스터 형제는 이렇게 말했습니다. "저는 그 돈 때문에 너무 골치가 아파서 어제 그 돈을 은행에 넣었습니다. 만일 당신이 쓰시겠다면,

오늘이라도 찾아드리겠습니다."

저는 그와 함께 은행으로 갔습니다. 그리고 그에게 "제가 얼마나 가질 수 있습니까?"라고 물어보았습니다.

그러자 그 형제는 "이건 이제 당신의 것입니다. 다 가지셔도 됩니다"라고 말하였습니다! 그리고는 찾은 돈을 몽땅 저에게 주며 이렇게 말했습니다. "여기 있습니다. 이 돈이 나에게는 걱정을 주는 돈이지만, 당신에게 가면 축복이 될 것입니다. 자, 이 축복을 받으세요."

사랑하는 여러분, 하나님께서는 여러분에게 무엇이 필요한지 다 알고 계십니다. 이제 아시겠습니까? 제가 처음부터 하나님께 찾아갔더라면, 3주 동안 헛고생을 하면서 돌아다니지는 않았을 것입니다. 그 집을 산 후, 제가 뭘 알게 됐는지 아십니까? 갑자기 새로 산 집이 더 이상 저에게 필요하지 않다는 사실을 알게 됐습니다.

저는 새로 산 집에서 마음 편히 쉴 수가 없었습니다. 그래서 결국 그 집을 처분했습니다. 그리고 그 돈을 다시 웹스터 형제에게 가지고 가서 이렇게 말했습니다. "이 돈을 도로 받으십시오. 제가 이 돈을 가지고 있으면 골치가 아픕니다. 이 돈을 도로 갚아드립니다. 받으세요."

오, 하나님의 뜻 안에서 산다는 것은 얼마나 좋은 일인지요!

사랑하는 여러분, 지혜의 말씀이란 것이 있습니다. 하나님이 주시는 지혜의 말씀 한마디면 모든 것이 해결됩니다. 여러 말이 필요 없습니다. 하나님이 주시는 단어 하나면 됩니다. 하나님이 주시는 말씀을 신뢰하십시오. 그러면 여러분은 절대로 실패하지 않게 됩니다. 그 말씀에 순종하면, 하나님의 뜻대로 일이 이루어지게 됩니다.

저는 여러분 모두가 하나님이 주시는 지혜의 말씀을 받으시길 바랍니다. 하나님의 말씀을 올바르게 다룰 줄 아는 분들이 되십시오(딤후 2:15). 주님을 두려워하며 사십시오(대하 19:7). 그리고 다른 성도들의 모범이 될 만한 삶을 사십시오(딤전 4:12). 성령님을 자신의 유익을 위해 이용하려 들지 마십시오. 대신 성령께서 여러분을 선하게 쓰시도록 그분께 자신을 내어드리십시오.

지금까지 정말 중요한 이야기를 여러분에게 말씀드렸습니다. 이제 결론을 내리겠습니다. 저는 한때 제가 성령을 소유하고 있다고 생각하였던 적이 있었습니다. 그러나 이제 알았습니다. 제가 성령을 소유하고 있는 것이 아닙니다. 성령께서 저를 완전히 소유하고 계시다는 사실을 나중에서야 깨닫게 되었습니다.

하나님께서는 여러분의 혀가 부드럽게 되도록 훈련시키십니다. 하나님께서는 여러분을 훈련시키셔서 여러분이 온전히 성령님의 지시만을 따라가는 삶을 살도록 하십니다.

> **방언 통역)** 만군의 하나님께서 이곳에 계십니다. 그분께서는 우리를 변화시키셔서 하늘나라에 적합한 삶을 살도록 해주십니다.

7장
지식의 말씀과 믿음

어떤 사람에게는 성령으로 지혜의 말씀을 주시고, 어떤 사람에게는 같은 성령으로 지식의 말씀을 주십니다. 어떤 사람에게는 같은 성령으로 믿음을 주시고, 어떤 사람에게는 같은 성령으로 병 고치는 은사를 주십니다. (고전 12:8-9, 표준새번역)

우리는 여태껏 지금 우리가 걸어가고 있는 것과 같은 길을 걸어본 적이 한 번도 없었습니다. 저는 오늘날 사탄이 각종 계략을 펴면서 어느 때보다 우리를 강하게 공격하고 있다고 생각합니다. 그러나 이에 맞서 하나님께서도 그 어느 때보다도 이 땅에 그분의 능력과 영광을 다량으로 쏟아부으심으로 사탄의 모든 악한 궤계들을 무력화시키고 계십니다.

에베소서 4장 3절의 말씀과 같이 성령께서 우리를 평화의 띠로 묶고 계십니다. 왜냐하면 몸도 하나이고, 성령도 하나이며, 주님도 하나이시고, 믿음과 세례도 하나이기 때문입니다(엡 4:3-6). 성령의 세례는 우리 모두가 서로 하나 되게 합니다. 바울은 "모두 한 성령으로 세례를 받아서 한 몸이 되었고, 또 모두 한 성령을 마시게 되었습니다"(고전 12:13, 표준새번역)라고 선언하였습니다. 하나님께서는 우리가 한 몸이 되어 같은 말을 하는 것을 기뻐하십니다. 만일 우리 모두가 성령 하나님의 계시를 받는다면, 우리는 모두 같은 것을 보게 될 것입니다.

바울은 "그리스도가 나뉘었습니까?"(고전 1:13)라는 말로 고린도 교회 교인들을 책망한 적이 있습니다. 성령께서 모든 것을 장악하실 수 있도록 우리를 그분께 내어드리기만 한다면, 그리스도는 절대로 나뉘지 않습니다. 그리스도의 몸은 분리될 수가 없습니다. 그리스도의 몸이 여러 조각으로 갈라진다는 것은 있을 수가 없는 일입니다. 분파와 파벌은 세상에나 있는 일입니다.

지식의 말씀

우리가 모였을 때, 그 가운데 '지식의 말씀'이 나타나는 것은 매우 중요합니다. 지혜의 말씀을 주시는 성령께서는 또한 지식의 말씀도 주십니다. 하나님의 신비함은 성령을 통해 인간에게 나타납니다. 성령 하나님께서 우리에게 계시하신 것을 사람들에게 잘 전달하기 위해서는 지식의 말씀의 은사가 필요합니다.

성령 하나님께서는 그리스도 및 그리스도와 관련된 모든 것들을 우리에게 계시하여 주십니다. 성경은 우리에게 '구원에 이르는 지혜'(딤후 3:15)를 가르쳐주고, 하나님의 나라가 얼마나 대단한지에 대해서도 알려주며, 하나님의 마음이 어떠한지에 대해서도 알려줍니다.

수없이 많은 사람들이 하나님의 말씀을 공부합니다. 그러나 하나님의 말씀을 공부한다고 해서 다 진리를 깨닫고 변화된 삶을 사는 것은 아닙니다. 성령의 역사 없이는 성경은 그저 죽은 글자들의 집합일 뿐입니다. 주님이 우리에게 하신 말씀은 죽은 말씀이 아니라 영과 생명을 주는 살아 있는 말씀입니다(요 6:63). 하나님께서는 우리가 성령을 받아 우리를 통해 하나님의 살아 있는 말씀이 사람들에게 전해지기를 원하십니다. 성령의 힘으로 말씀을 전하게 되면, 우리의 입을 통하여 하나님의 마음이 사람들에게 계시됩니다. 그래서 그 결과 사람들이 하나님의 마음이 어떠한지를 깨닫게 되는 일들이 일어납니다.

우리가 하나님의 자녀라면, 하나님의 말씀에 목말라해야 합니다. 하나님의 자녀는 다른 것들은 몰라도 상관없지만, 하나님의 말씀을 몰라서는 안 됩니다. 우리는 하나님의 자녀로서 다른 것들은 몰라도 되지만, 예수님을 몰라서는 안 됩니다(고전 2:2).

"사람이 빵으로만 살 것이 아니라, 하나님의 입에서 나오는 모든 말씀으로 살 것이다"(마 4:4, 표준새번역)라고 주님께서 말씀하셨습니다. 우리가 하나님의 말씀을 먹고 그 말씀을 묵상하면, 성령 하나님께서 우리가 읽는 말씀이 살아 있는 말씀이 되게 하십니다. 그래서 하나님께서는 우리가 읽은 성경말씀을 통해 지식의 말씀을 주시는 것입니다. 성경 기자들이 성경을 기록해나갈 때 그들에게 주신 말씀에 대한 이해와 계시를 우리에게도 동일하게 주시는 것입니다.

모든 성경은 하나님이 주신 영감에 의해 쓰였습니다(딤후 3:16). 성경을 쓸 때 성경 기자가 받은 것과 성경을 읽는 사람들이 받는 성령의 감동은 시대와 상관없이 동일할 수 있습니다. 따라서 사람들이 언제 성경을 읽어도 동일하게 삶이 변화되는 일이 일어납니다. 하나님의 말씀은 살아 있고, 강력하며, 그 어떤 두 날선 검보다도 예리합니다(히 4:12).

성령의 은사와 성령의 열매는 같이 가야 합니다. 지혜의 말씀도 있어야 하지만, 사랑도 갖고 있어야 합니다. 지식의 말씀도 있어야 하지만, 기쁨도 있어야 합니다. 믿음과 평강은 항상 같이 갑니다. 믿음은 항상 안식합니다. 믿음은 불가능한 것들을 보고 비웃습니다. 우리는 믿음으로 구원받습니다. 구원받는 것은 하나님의 은혜이며 '하나님의 선물'입니다(엡 2:8).

믿음의 능력

우리에게 믿음이 있다면, 하나님의 능력이 우리를 지켜주십니다. 하나님은 우리에게 믿음을 주셨습니다. 그 누구도 하나님이 주신 믿음을 우리에게서 앗아갈 수 없습니다. 우리는 믿음을 통해서 하나님의 놀라운 세계를 경험할 수 있습니다.

믿음에는 세 종류가 있습니다. 먼저 구원하는 믿음이 있습니다. 이것은 바로 하나님이 주시는 선물입니다. 두 번째로 예수님의 믿음이 있습니다. 그리고 마지막으로 믿음의 은사가 있습니다. 주 예수 그리스도께서는 사도행전 26장에서 바울에게 이방인들이 사는 곳으로 가라고 하시며 다음과 같이 말씀하셨습니다.

> 그들의 눈을 열어 주고, 그들이 어둠에서 빛으로, 사탄의 세력에서 하나님께로 돌아오게 하고, 또 그들이 죄 사함을 받아서, 나를 믿는 믿음으로 거룩하게 된 사람들 가운데 들게 하려는 것이다. (행 26:18, 표준새번역)

주 예수님께서 가지셨던 믿음은 얼마나 대단한 믿음인지요! 인간에게서 나온 믿음은 곧 바닥이 납니다. 저는 저의 믿음이 바닥이 나서 하나님께 무릎을 꿇고 "주님, 저의 믿음이 다 소진되었습니다"라고 기도할 때가 많습니다. 이렇게 기도하면, 주님께서는 저에게 그분의 믿음을 부어주십니다.

한번은 저를 도와 사역하는 동역자 중 한 명이 저에게 "위글워스 씨, 제 삶 전체를 통틀어 지금이 경제적으로 가장 어려운 때입니다"라고 말하였습니다. 그래서 저는 그에게 "하나님께 감사하십시오. 이제 당신은 하나님의 보물 창고에 막 들어섰습니다"라고 말해주었습니다. 우리의 것이 소진되어 바닥 날 때, 비로소 하나님의 풍부하고 무한한 것이 우리에게 부어지기 시작합니다. 우리가 아무것도 가지고 있지 않을 때, 모든 것을 가지게 됩니다. 여러분이 삶의 벼랑 끝에 서게 되면, 하나님께서 여러분을 만나주십니다.

제가 아일랜드에 갔을 때, 어느 집으로 들어가서 그 집에 있는 여자 분에게 "여기가 왈라스 형제님이 사는 집 맞습니까?"라고 물어보았습니다. 그러자 그 여자 분이 이렇게 말하였습니다. "제 남편 왈라스 씨는 방고르에 갔습니다. 그런데 하나님께서 저를 위해 당신을 보내 주신 것이 분명합니다. 안으로 들어오십시오. 저에게는 당신의 도움이 필요합니다."

그녀는 자기가 장로교회의 집사이며, 그 장로교회에 다니던 중 성령 세례를 받았다고 말해주었습니다. 그런데 어느 날 그녀가 교회에서 성령 세례를 주장하자, 그 교회 사람들이 그녀의 남편에게 이렇게 말했다고 합니다. "우리는 당신들을 더 이상 받아들일 수 없습니다. 당신은 더 이상 우리 교회의 집사가 아닙니다. 그리고 당신의 아내가 우리 교회에 나오는 것을 원치 않습니다."

이 이야기를 들은 그녀의 남편은 매우 화가 나서 집으로 돌아와 아내에게 화를 내었습니다. 그는 마치 귀신에 사로잡힌 사람처럼 화를 내었습니다. 평소에 온유했던 형제가 매우 사나워진 것입니다. 그리곤 최근에 아무 돈도 없이 무작정 집을 나가서 아직도 돌아오지 않고 있다는 것이었습니다. 이야기를 마친 그녀는 저에게 어떻게 하면 좋겠느냐고 물었습니다.

우리는 같이 기도하였습니다. 그리고 기도한 지 약 5분가량 되었을 때, 그녀는 성령으로 충만해졌습니다. 그래서 저는 그녀에게 이렇게 물었습니다. "여기 앉으셔서 제 이야기 좀 들어보세요. 가끔 이런 식으로 성령으로 채움을 받으셨습니까?" 그러자 그녀가 대답했습니다. "예, 그렇습니다. 저는 성령님 없이는 아무것도 할 수 없습니다."

저는 그녀에게 이렇게 말했습니다. "그렇다면, 이제 모든 것은 당신이 하기에 달려 있습니다. 하나님의 말씀은 당신이 하나님의 능력을 갖고 있기에 당신의 남편을 거룩하게 할 수 있다고 말하고 있습니다(고전 7:14). 하나님의 말씀을 믿으십시오. 이제 오늘밤 안으로 당신의 남편이 집으로 돌아오도록 하나님께 기도하십시오."

그러자 그녀는 "저는 제 남편이 돌아오지 않을 것이라고 생각합니다"라고 대답했습니다. 저는 그녀의 말을 가로막으며 "만일 남편이 집에 돌아오면, 그에게 온갖 사랑을 퍼부어주십시오. 최선을 다해 사랑을 보여주십시오. 그래도 남편이 마음을 열지 않으면, 그냥 자게 두십시오. 이제 모든 것이 당신에게 달려 있습니다. 하나님께 남편이 돌아오게 해달라고 강력하게 요청하는 기도를 드리십시오. 아까 그랬던 것처럼 다시 하나님의 영광 속으로 들어가십시오. 그렇게 되면 성령 하나님께서 당신을 통해 기도하시게 되고, 그 결과 하나님께서는 당신의 마음의 소원을 들어주실 것입니다"라고 조언하였습니다.

이런 일이 있고 나서 한 달 후, 저는 그 여자 분을 집회에서 다시 만났습니다. 그녀는 저에게 제가 그녀와 같이 기도한 바로 그날 밤에 남편이 돌아왔다고 말해주었습니다. 집으로 돌아온 남편은 바로 잠이 들었습니다. 그래서 그녀는 밤새도록 남편의 머리에 손을 얹고 기도하였습니다. 그러자 자고 있던 남편이 일어나 울면서 아내에게 잘못했다며 용서를 빌었습니다. 주님께서 그날 그녀의 남편에게 은혜를 베푸셨고, 또한 성령 세례를 주셨습니다.

하나님의 능력은 우리가 상상할 수 없을 정도로 무한하게 역사합니다. 그런데 우리의 믿음과 생각이 제한적이기 때문에, 하나님의 능력이 온전히 나타나지 않는 것입니다. 하나님은 무한하신 분이시기에 그분의 능력도 무한합니다. 따라서 우리가 하나님께서 무한한 능력을 행하실 수 있도록 허락해드리기만 하면, 그분은 역사하십니다. 우리는 우리의 믿음에 제한을 두지 말아야 합니다. 여러분이 하나님의 능력을 추구해야 하나님의 능력이 여러분을 통해 나타납니다.

한번은 제가 집회를 마치고 11시쯤 집으로 돌아왔습니다. 그런데 집에 아내가 없었습니다. 그래서 제가 자녀들에게 "엄마 어디 가셨니?"라고 물어보았습니다. 알고 보니 아내는 아랫동네 미첼의 집에 갔던 것입니다. 그날 아침 미첼 씨를 보았는데, 병이 너무도 깊어 하나님께서 역사하시지 않는 한 하루도 넘기기 힘들 것 같아 보였습니다.

종종 병에 걸려 있으면서도 병을 고쳐주실 주 예수 그리스도를 붙들지 않는 사람들이 있습니다. 한번은 제가 죽어가는 어떤 여자에게 "상태가 어떻습니까?"라고 물어보았는데, 그 여자는 "저는 믿음이 있는 사람입니다. 저는 믿습니다"라고 대답하였습니다. 저는 다시 "당신은 속으로 자신이 믿음이 없다고 생각하고 있습니다. 그리고 자신이 죽어가고 있다고 생각하고 있습니다. 그것은 믿음이 아닙니다. 겉으로만 그렇게 믿음이 있다고 말하였을 뿐입니다"라고 말해주었습니다.

말과 믿음은 다릅니다. 제가 보기에 그녀는 마귀의 손아귀에 놓여 있었습니다. 마귀의 손아귀에 놓여 있는 한, 가망이 없습니다. 저는 마귀를 증오합니다. 저는 제 손을 그 여자의 머리 위에 놓고 "죽음의 귀신아 나와라! 예수 그리스도의 이름으로 명하노니 죽음의 귀신아 나와라!"라고 소리를 질렀습니다. 그렇게 명령한 지 1분이 되자 그 여자는 스스로의 힘으로 일어날 수 있게 되었습니다.

이제 다시 병들어 거의 다 죽게 된 미첼 형제님의 이야기로 돌아가겠습니다. 저는 바로 집을 나와 급히 미첼 형제님이 사는 동네로 향했습니다. 제가 그 집 근처에 가까이 가자 안쪽에서 신음 소리가 흘러나왔습니다. 분명히 그 집에서 무슨 일이 일어난 것입니다. 저는 급히 미첼 형제의 집안으로 들어갔습니다. 그러자 미첼 형제의 아내가 난간을 잡고 서 있는 것이 보였습니다. 그래서 저는 그녀에게 "무슨 일입니까?"라고 물어보았습니다. 그러자 그녀는 "방금 제 남편이 숨을 거두었습니다"라고 말하였습니다.

저는 이 모든 것을 이해할 수 없었습니다. 그러나 저는 기도하기 시작하였습니다. 제 옆에 있던 아내는 그런 저의 행동을 보고 제가 해도 너무 한다고 생각했던지 저의 팔을 낚아채며 "여보, 지금 이분이 돌아가셨다는 사실을 모르시나요?"라며 힐문하듯 말하였습니다. 그러나 저는 이에 아랑곳하지 않고 계속 기도했습니다. 그러자 아내는 다시 "아니, 이미 죽은 사람을 놓고 기도하면 무슨 소용이 있습니까?"라며 소리를 버럭 질렀습니다. 그러나 저는 묵묵히 기도만 하였습니다.

저는 있는 힘이 다 소진될 때까지 기도하였습니다. 저의 힘이 다하자 하나님께서 저에게 기도할 힘을 주셨습니다. 저의 믿음이 소진되자 하나님께서 그분의 믿음을 저에게 부어주시기 시작한 것입니다. 그때부터 저의 마음에 평강이 스며들기 시작하였습니다. 그래서 저는 "그는 살아난다! 그는 살아난다! 살아난다!"라고 외쳤습니다. 그 사람은 지금 멀쩡히 살아서 돌아다니고 있습니다.

우리의 믿음과 주 예수님의 믿음은 다릅니다. 우리에게 필요한 것은 바로 예수 그리스도의 믿음입니다. 우리는 시시각각 우리의 믿음을 예수님의 믿음으로 바꿔나가야 합니다. 우리의 믿음은 중도에 포기하는 믿음입니다. 그러나 예수님의 믿음은 중도에 포기하는 법이 없는 믿음입니다. 우리가 예수 그리스도의 믿음을 가져야 문제가 해결됩니다.

만일 여러분이 예수님의 믿음을 갖고 있다면, 상황을 세상의 눈으로 보지 않게 됩니다. 우리가 예수님의 믿음을 갖고 있다면, 세상 사람들이 이구동성으로 불가능하다고 말해도 성령님께 온전히 의지할 수 있게 됩니다. 그렇게 될 때 여러분은 세상의 찰나의 것이 하나님의 영원한 것에 굴복하는 것을 보게 됩니다.

약 8년 전에 캘리포니아 주 카자데로라는 곳에서 집회를 인도할 때, 놀라운 일이 일어났습니다. 어떤 남자 분이 집회에 참석하였는데, 그 사람은 양쪽 귀가 거의 들리지 않는 사람이었습니다. 저는 그 사람을 위해 기도해주었습니다. 그러던 중 하나님께서 그 사람의 귀를 치유해주실 것이라는 확신이 들었습니다. 그래서 저는 그 사람의 귀가 들리는지를 알아보고자 하였습니다. 그 사람은 집회 내내 의자를 갖고 맨 앞쪽으로 나와 앉아서 귀를 쫑긋하였던 사람이었습니다.

귀신은 저에게 "너 아직도 못 고쳤어"라며 저를 비웃었습니다. 그러나 저는 굴하지 않고 "다 고쳤다!"라고 선포하였습니다. 이런 식으로 3주가 흘렀습니다. 그리고 3주 후에 그 사람의 귀가 들리기 시작하였습니다. 그래서 그 사람은 제가 있는 곳에서 60야드 떨어진 곳에서도 저의 설교를 들을 수 있게 되었습니다. 그는 설교 소리가 너무도 잘 들리자 흥분을 감추지 못하고 만나는 사람들에게 자신이 치유된 이야기를 해주었습니다.

제가 최근에 그 사람을 다시 만났는데, 그는 정상인과 다름없는 귀를 갖고 있었습니다. 우리가 만일 흔들리지 않고 계속해서 굳건한 믿음 위에 선다면, 자신이 믿는 바대로 기적이 나타나는 것을 목격하게 됩니다.

믿음의 은사

사람들은 간혹 저에게 "위글스워스 씨, 당신은 믿음의 은사를 갖고 계시지 않습니까?"라고 말합니다. 그렇습니다. 저는 믿음의 은사를 갖고 있습니다. 그러나 믿음은 정지된 것이 아니라 하나님 안에서 매일 조금씩 자라나는 것입니다. 하나님의 말씀은 저에게 날이 갈수록 더 실질적으로 다가옵니다. 이것은 매일매일 제가 말씀 안에서 자라가고 있다는 증거입니다. 하나님께서는 말씀에 대한 우리의 이해와 믿음이 증가되기를 원하십니다. 제 속에 하나님의 것이 증가되는 것을 느끼고 체험하는 것은 놀라운 기쁨이 아닐 수 없습니다.

성령 하나님이 주시는 생명 안에 있게 되면, 말라비틀어져 생명이 없어지거나 자라지 않고 죽게 되는 일은 일어나지 않습니다. 하나님께서는 항상 우리를 더 높은 곳으로 옮겨주시는 분입니다. 성령 안에 거하기만 한다면, 우리는 그 어떤 어려운 환경도 뛰어넘어 하나님의 높은 곳으로 올라갈 수 있는 믿음을 소유하게 됩니다.

믿음의 은사가 어떻게 나타나게 되는지에 대해 말씀드려보겠습니다. 만일 여러분이 어떤 존재를 눈으로 보게 되어 눈에 보이는 것에만 의존한다면, 믿음은 그 상황에서 전혀 힘을 발휘하지 못합니다. 한번은 제가 샌프란시스코에서 천천히 달리는 전차처럼 생긴 차를 타고 가고 있었는데, 어떤 소년이 수심이 가득한 채 길바닥에 앉아 있는 것이 눈에 띄었습니다. 그래서 저는 차에서 내려 소년에게로 뛰어갔습니다. 가까이 가서 보니, 소년은 배를 움켜잡고 어쩔 줄 몰라 했습니다. 아마도 급성 위경련에 걸린 것 같았습니다.

저는 예수님의 이름으로 제 손을 그 소년의 배 위에 얹었습니다. 그러자 그 소년은 펄쩍 뛰더니 깜짝 놀라 저를 쳐다보았습니다. 왜냐하면 배가 더 이상 아프지 않았기 때문입니다. 소년이 순간적으로 고침을 받은 것입니다. 믿음의 은사는 보는 사람이 있건, 없건 상관없이 나타납니다. 우리가 성령 안에만 있으면, 그분께서 우리가 갖고 있는 믿음의 은사를 언제 어디서나 마음껏 사용하십니다.

성령 하나님께서 믿음의 은사가 있는 사람에게 역사하실 때, 그분께서는 그 사람에게 하나님께서 어떤 일을 행하실지에 대해 알려주십니다. 예를 들어보겠습니다. 예수님께서 회당에서 많은 사람들이 보는 가운데 손이 말라 움직일 수 없는 사람을 만났습니다. 그때 예수님께서는 이제 곧 무슨 일이 일어나게 될지에 대해 미리 알고 계셨습니다. 그래서 주님은 손 마른 사람에게 손을 펴라고 명령하셨습니다(마 12:13).

예수님의 말씀에는 창조적인 능력이 있습니다. 예수님은 추측성 발언을 하시는 분이 아니십니다. 그분이 말씀하시면, 반드시 말씀하신 대로 되었습니다. 그분께서 태초에 말씀하셨을 때, 말씀하신 대로 모든 것이 이루어졌습니다. 태초에 주님께서 말씀하시자 모든 것이 말씀하신 그대로 창조되는 일이 일어났던 것입니다. 태초에 말씀으로 세상을 만드신 예수님께서는 오늘날에도 말씀하십니다. 따라서 이와 동일한 일이 (조금 전에 말씀드린 바와 같이) 저를 통해서도 일어난 것입니다.

예수님은 하나님의 아들이십니다. 그분은 우리도 그분처럼 하나님의 아들들이 되게 하셨습니다. 예수님은 부활의 '첫 열매'(고전 15:20)가 되셨습니다. 예수님은 우리 또한 '첫 열매들'(약 1:18)이 되기를 원하십니다. 예수님은 우리들이 자신과 마찬가지로 첫 열매와 같은 존재가 되기를 원하시는 것입니다.

여기서 중요한 사실은 인간적인 바람으로는 은사를 가질 수 없다는 것입니다. 왜냐하면 성령께서 그분이 원하시는 바에 따라 각 사람들에게 은사를 나눠주시기 때문입니다(고전 12:11). 하나님께서는 은사를 갖고 있는 사람이라고 해서 반드시 그 사람을 신뢰하시는 것은 아닙니다. 하나님께서는 겸손하고 깨어진 마음을 갖고 있는 사람을 신뢰하십니다(사 66:2).

어느 날 제가 집회를 인도하고 있었는데, 그 집회에는 특별히 의사들과 저명한 사람들과 고급 공무원들이 많이 참석하였습니다. 그런데 하나님의 능력이 그 집회에 떨어졌습니다. 그 집회에서 웨이트리스로 일하고 있던 작은 소녀가 입을 열어 자신이 감추고 살아왔던 것을 사람들에게 꺼내어놓자 성령으로 채움을 받아 갑자기 방언으로 말하기 시작하였습니다. 그래서 세상적으로 내로라하는 사람들은 놀라서 무슨 일이 일어났는지를 알아보려고 고개들을 쭉 내밀었습니다. 그 사람들은 "저 여자가 누구야?"라며 수군거렸습니다. 그때 거기에 모인 거의 모든 사람들이 성령으로 채움을 받았습니다. 그런데 수군거리던 그 사람들만 성령으로 채움을 받지 못했습니다.

하나님께서는 하나님의 일들을 세상에서 지혜 있고 똑똑한 사람들에게는 감추십니다(마 11:25). 그러나 어린아이와 겸손한 사람들과 하나님의 것들을 받기를 사모하는 사람들에게는 나타내 보여주십니다. 우리가 하나님을 의지하지 않고 사람을 의지하면, 믿음을 가질 수가 없습니다. 하나님하고만 관계를 맺고자 하는 사람들은 사람들로부터 오는 영광에는 별로 관심이 없습니다. 하나님께서는 겸손한 마음을 가진 사람과 깨어진 마음을 가진 사람들을 높여주십니다.

많은 사람들이 위대한 일을 행함으로 사람들의 존경을 받고 싶어 합니다. 그러나 하나님께서는 자신의 이름을 드러내려고 하는 사람들은 쓰지 않으십니다. 하나님께서는 그분의 명령에 순종하는 사람들만 사용하십니다. 주 예수님께서는 한 번도 자신의 능력을 자랑하지 않으셨지만, 많은 능력을 나타내셨습니다.

한번은 예수님께서 길을 가시다가 나인이란 동네에 사는 과부가 죽은 아들을 장사지내러 가는 행렬과 만나게 되었습니다. 이때 예수님께서는 장례 행렬에 가운데 있는 과부의 아들이 누워 있는 관으로 가서 관에 손을 대시고 "젊은이여, 일어나라"고 말씀하셨습니다(눅 7:11-14). 그러자 죽은 소년이 일어났습니다. 주님은 살아난 소년을 그 어머니에게 돌려주었습니다. 예수님께서 그렇게 하신 이유는 그 여인을 불쌍히 여기는 마음이 가득하셨기 때문입니다.

7장 지식의 말씀과 믿음 **115**

우리는 남을 긍휼히 여기는 마음 없이 그 어떤 하나님의 것들을 행하려고 해서는 안 됩니다. 만일 기도로 사람들의 암을 치유하기를 원한다면, 우리는 먼저 성령의 능력 안에 깊이 잠겨야 합니다. 그리고 또한 암에 걸린 사람을 불쌍히 여기는 마음이 가득해야 합니다. 그래야 기적이 일어납니다.

주님께서는 수많은 기적들을 행하셨습니다. 그러나 그분은 한 번도 자신이 기적을 행했다고 말씀하신 적은 없으셨습니다. 그 대신 주님께서는 자신 속에 계신 분이 기적을 행하셨다고 말씀하셨습니다(요 14:10-11). 이처럼 주님께서는 항상 자신을 낮추시고 겸손히 행하셨습니다. 예수님께서는 단지 하나님의 영광을 나타내는 도구로 쓰임 받기만을 원하셨던 것입니다.

여러분은 혹시 자신의 은사를 자랑하였거나 그것을 자랑하고 싶었던 적이 있으십니까? 만일 그렇다면, 고린도전서 13장을 보십시오. 우리가 비록 산을 옮길 만한 믿음을 갖고 있다 할지라도 사랑이 없다면 아무것도 아닙니다. 사랑 없이 행한 모든 것은 성공으로 보여도 실패일 뿐입니다. 저의 경우는 이렇습니다. 저는 제가 하나님의 사랑으로 충분히 젖어 있을 때에만 하나님의 영광을 나타내려고 합니다. 그러한 마음을 가지고 있으면, 하나님께서 주신 은사가 제대로 사용됩니다. 하나님께서는 겸손히 행하는 자들을 통해서만 그분의 영광을 나타내십니다.

마음이 소심한 사람들은 은사를 잘 사용하지 못합니다. 따라서 은사를 제대로 나타내기 위해서 두 가지가 필요합니다. 첫째는 사랑이고, 둘째는 결단력입니다. 결단력이란 바로 하나님께서 약속하신 말씀을 그분이 지키시도록 담대하게 요구하는 능력입니다. 이것이 바로 믿음인 것입니다.

처음 성령으로 세례를 받았을 때, 저는 한동안 성령 안에서 방언으로 기도하고 말하며 하나님과 매우 좋은 시간을 가졌습니다. 그러나 시간이 지나자 저는 방언으로 기도하는 것을 더 이상 하지 않게 되었습니다. 그러던 어느 날 제가 어떤 사람을 위해 사역을 하고 있는데, 하나님께서 제가 다시 성령 안에서 방언을 하도록 해주셨습니다. 이 일이 있고 나서부터 저는 거리를 혼자 걸어갈 때면 항상 방언으로 기도합니다.

한번은 제가 방언으로 기도하며 길을 걸어가고 있는데, 일하고 있던 정원사들이 이상한 소리가 들리니 머리를 쑥 내밀고 저를 쳐다보았습니다. 그래서 저는 하나님께 "주님, 저에게 방언을 통역할 수 있는 은사를 주세요. 방언을 말하는 사람은 방언을 통역할 수 있게 되기를 기도하라고 말씀하지 않으셨습니까? 따라서 저는 주님이 저에게 방언을 통역할 수 있는 능력을 주시기를 요청합니다. 저는 주님이 저에게 방언을 통역할 수 있는 은사를 주시기 전까지는 이 자리에서 한 발짝도 움직이지 않겠습니다"라고 말하고 가던 길을 멈추었습니다. 그러자 하나님께서는 제가 방언을 통역할 수 있도록 해주셨습니다.

또 한번은 영국의 링컨쇼어라는 곳에 갔었는데, 그곳에서 그 지역을 담당하는 연세 많으신 교구 목사님을 만나게 되었습니다. 그 목사님은 저에게 많은 흥미를 느끼셨는지 여러 가지 질문을 하였습니다. 그러더니 저를 자신의 서재로 안내하였습니다. 그는 자신의 서재에서 방언으로 기도하기 시작하였는데, 그의 기도 소리는 제가 지금까지 들어본 소리 중에서 가장 아름다운 소리였습니다. 그는 방언으로 "주님, 저를 거룩하게 해 주십시오. 주님 저를 성결하게 만들어주십시오"라고 기도하였습니다. 그래서 저도 방언으로 기도하고 나서, 그 목사님에게 "일어나세요! 일어나세요! 의자에 앉아보세요"라고 말했습니다.

그 목사님이 의자에 앉자, 저는 그에게 "당신은 이미 거룩해지지 않았나요?"라고 물어보았습니다. 그러나 그 목사님은 저에게 "물론 그렇습니다"라고 대답하였습니다. 그래서 저는 다시 "그렇다면 왜 하나님께 거룩하게 해달라고 기도하십니까?"라고 물어보았습니다. 그러자 그분은 큰 소리로 웃고 나서 다시 방언으로 기도하기 시작하였습니다.

자, 이제 우리 모두 믿음의 영역으로 옮겨 갑시다. 우리가 믿음의 영역에서 살게 되면, 하나님은 우리의 삶을 통해 역사하십니다.

8장 치유와 기적

어떤 사람에게는 같은 성령으로 병 고치는 은사를 주십니다. 어떤 사람에게는 기적을 행하는 능력을 주시고 (고전 12:9-10, 표준새번역)

하나님께서는 지금까지 우리에게 많은 것들을 주셨습니다. 하나님은 그분으로부터 많은 것을 받은 사람에게 많은 것을 기대하십니다(눅 12:48). 주님께서는 우리에게 다음과 같이 말씀하셨습니다.

너희는 세상의 소금이다. 소금이 짠맛을 잃으면, 무엇으로 짠맛을 내겠느냐? 그러면 아무데도 쓸 데가 없으므로 바깥에 내버리니, 사람들이 짓밟을 뿐이다. (마 5:13, 표준새번역)

예수님께서는 이 말씀과 맥락을 같이 하는 말씀을 재차 해주셨습니다. 그것은 "사람이 내 안에 머물러 있지 않으면, 그는 쓸모 없는 가지처럼 버림을 받아서 말라 버린다. 사람들이 그것을 모아다가 불에 던져서 태워 버린다"(요 15:6, 표준새번역)는 말씀입니다. 이와는 반대로 그분께서는 또한 우리에게 "너희가 내 안에 머물러 있고 나의 말이 너희 안에 머물러 있으면, 너희가 무엇을 구하든지 다 그대로 이루어질 것이다"(요 15:7, 표준새번역)라고 말씀하셨습니다.

만일 우리가 주님과 함께 움직이지 않는다면, 또한 계시된 진리의 빛에 의거하여 살아가지 않는다면, 우리는 맛을 잃은 소금처럼 되거나 말라비틀어진 가지처럼 될 것입니다. 따라서 우리는 과거의 실패와 과거에 받았던 축복을 잊어버리고, (말씀대로 우리의 뒤에 있는 것은 잊어버리고) 우리 앞에 놓여 있는 것을 얻기 위해 그리스도 안에서 부르심의 상급을 얻기 위해 앞으로만 전진해야 합니다(빌 3:13-14).

지난 여러 해 동안 주님께서는 제가 영적으로 정체되려고 할 때마다 저를 다시 일으켜 세우셔서, 저로 하여금 주님을 향하여 계속 전진하도록 해주셨습니다. 저는 처음엔 웨슬리안 감리교에 소속된 교회에 다녔습니다. 그 교회에서 저는 구원을 체험하였습니다. 그 교회는 괜찮은 교회였습니다.

그러나 주님께서는 저에게 그 교회에만 안주하지 말고 "나오라"고 말씀하셔서 저는 그 교회에서 나왔습니다. 그리고 그 후 저는 플리머스 형제단 사람들과 교제하며 지내게 되었습니다. 그때도 저는 괜찮았고, 그 교회 사람들 역시 좋았습니다. 그때 또다시 주님께서 거기서 "나오라"고 말씀하셔서 저는 또 그 교회에서 나왔습니다.

저는 이번에는 구세군으로 들어갔습니다. 그 당시 구세군은 생명으로 가득 차 있었고, 구세군이 가는 그 어디에서건 부흥이 일어났습니다. 그러나 얼마 지나지 않아 구세군은 정체에 빠졌고, 활기를 잃었습니다. 그러자 주님께서는 저에게 다시 "나오라"고 말씀하셔서 저는 그 말씀에 순종하였습니다. 이렇듯 저는 세 번이나 교회를 옮겨야 했습니다.

현재 우리가 경험하고 있는 이 부흥은 오순절 부흥입니다. 이 오순절 부흥은 현재 주님께서 이 땅에 부어주시는 것들 중 최고로 좋은 것입니다. 그러나 저는 하나님께서 앞으로 더 좋은 것들을 주실 것이라고 확실히 믿습니다. 하나님께서는 현재의 상태에 만족하지 않고 하나님에 대해 더 배고파하는 사람들을 사용하십니다.

주님께서는 우리에게 "가장 좋은 은사들을 사모하라"(고전 12:31)고 말씀하셨습니다. 그러므로 우리는 하나님께 가장 큰 영광을 올려드리기 위해 은사들을 열심히 간구해야 합니다. 오늘날에도 치유의 은사와 기적을 일으키는 은사가 나타나고 있습니다. 어떤 사람들은 치유의 은사를 사용할 때 분별의 은사도 같이 사용해야 한다고 주장합니다. 그러나 분별의 은사와는 상관없이, 성령께서는 우리에게 거룩한 계시를 주셔서 우리가 병자들을 고칠 수 있게 되기를 원하십니다.

대부분의 사람들은 자신들이 분별할 수 있는 능력을 갖고 있다고 생각합니다. 그러나 만일 그들이 갖고 있다고 생각하는 그 분별력으로 1년 동안 자신만을 분별하라고 한다면, 그들은 절대로 분별력을 행사하려고 하지 않을 것입니다. 분별의 은사는 비판하는 은사가 아닙니다. 저는 오늘날 오순절 교단 쪽에서 일어나고 있는 사랑이 최고라는 생각에 참으로 동조합니다.

완전한 사랑은 그 어떤 상황에서도 자신의 탁월성을 알리려 하지 않습니다. 완전한 사랑은 자기 대신 다른 사람을 희생시키지 않습니다. 완전한 사랑은 항상 뒤에서 도와주는 것을 마다하지 않습니다. 사경회에 가보면 항상 먼저 메시지를 전하고 싶어 하고, 남들의 주목을 받고 싶어 하는 사람들이 꼭 있습니다. 만일 여러분이 사람들에게 주목받거나 인정받고 싶어 하고, 돈에 대해 관심이 많다면, 자신에게 문제가 있다는 사실을 인정하십시오.

하나님의 사랑으로 인해 그분을 위해 일하고 싶어 견딜 수 없는 마음만이 우리를 움직이는 유일한 힘이 되어야 합니다. 만일 설교자가 항상 돈에만 관심이 있다면, 그 사람은 문제가 있는 사람입니다. 오순절 소속 설교자는 선교를 위한 목적으로 모금하는 것 외에는 절대로 돈에 관심을 가져서는 안 됩니다. 그러나 선교를 위해 모금하는 것에 대해서는 두려워하지 말아야 합니다. 선교를 하기 위해 모금하는 것에 대해서는 하나님이 도와주십니다.

설교자는 하나님께서 자신을 보내셨고 자신을 사용하고 계시다는 식의 말을 하여 사람들 앞에서 스스로를 높여서는 절대로 안 됩니다. 저는 그런 식으로 자기를 선전하는 사람들을 종종 보아왔는데, 그런 사람들을 볼 때마다 참으로 마음이 아픕니다. 진정으로 하나님이 보낸 사람이라면, 스스로 선전하지 않아도 사람들이 다 알게 됩니다.

하나님은 그분의 신실한 종들을 사용하실 계획들을 갖고 계십니다.

그러므로 하나님이 원하시는 일을 하고 싶은 사람은 그저 그분의 계획에 따라 그분이 인도하시는 대로, 그분이 원하시는 대로 살아가기만 하면 되는 것입니다. 만일 우리가 다른 것에는 관심이 없고 단지 하나님의 뜻만을 구하는 것에만 관심을 두고 살아간다면, 하나님께서는 우리로 때에 따라 적절한 곳에 있게 하실 것입니다.

저는 여러분이 갖고 계신 치유의 은사와 기적을 일으키는 은사가 성령님의 계획에 따라 사용되기를 간절히 원합니다. 우리는 성령님이 원하시고 계획하시는 대로 은사를 사용해야 합니다. 그리고 성령님의 운행하심과 하나님의 목소리를 듣는 일에 민감해야 합니다. 만일 우리가 성령님의 역사하심을 통해 우리에게 주어진 은사들이 잘 활용되기를 원한다면, 하나님의 뜻을 잘 분별해야 합니다.

치유의 능력

성령의 사람에게는 해야 할 사역이 있습니다. 성령을 받은 사람이 성령으로 채움 받게 되면, 치유의 은사를 받지 않았다 할지라도 내재하시는 성령으로 인해 치유의 능력을 나타낼 수 있습니다.

그렇기 때문에 저는 그동안 자주 사람들에게 "제가 아픈 병자들을 위해 기도해줄 때, 제 옆에 오는 것을 두려워하지 마십시오"라고 말해온 것입니다. 왜 제가 그런 말을 하는지 아시겠습니까? 저는 여러분 속에 치유의 능력이 있다는 사실을 알기 때문에 그렇게 말하는 것입니다. 여러분은 성령의 능력을 받았기 때문에 여러분이 그 사실을 인식하는지의 여부와 상관없이, 하나님께서는 여러분을 통해 사람들을 치유하고 싶어 하십니다. 여러분은 이러한 사실을 믿음으로 받아들여야 합니다.

치유의 은사들

이제 치유의 은사에 대해 말해보겠습니다. 정확히 말하면 치유의 은사가 아니고 '치유의 은사들'이라고 말해야 옳습니다. 치유와 은사와 치유의 은사들이란 말은 서로 다릅니다. 우리는 이런 사실에 대해 잘 알고, 바른 용어를 선택해서 사용해야 합니다. '치유의 은사들'은 모든 질병들을 다 다룹니다. 이 세상에 존재하는 모든 질병들을 다룹니다. 치유의 은사들은 이렇듯 너무도 많아서 일일이 열거하기도 힘들 정도입니다. 그러나 아무리 병의 종류가 많아도 하나님이 여러분에게 그 모든 치유의 은사들을 알려주시면 어렵지 않게 다 알 수 있습니다.

치유집회라고 해서 다 똑같은 치유집회가 아닙니다. 모든 치유집회들은 서로 조금씩 차이가 납니다. 사람들은 종종 저에게 다가와 "당신이 설교하면 당신 몸 주위에 후광이 비칩니다"라고 말하거나 "당신이 설교할 때면 당신 옆에 천사들이 서 있는 것이 보입니다"라고 말하곤 합니다. 저는 저에게 그런 이야기를 해주는 분들에 대해 고마움을 느낄 뿐 아니라 그들이 그러한 것들을 볼 수 있는 영적인 눈이 있는 것에 대해 좋게 생각합니다. 그러나 저에게는 그런 영적인 눈은 없습니다. 하지만 저는 주님의 영광이 저를 덮고 있는지 여부를 감지할 수는 있습니다.

　제가 여러분 앞에 서게 되면, 제 속에서는 성령의 역사하심이 강하게 나타납니다. 그리고 그때 제가 하는 말은 제가 하는 것이 아니라 제 속에 계신 성령께서 하시는 말이라는 것을 저는 잘 압니다. 그리고 그 말을 통해 예언의 말씀이 나갑니다. 그런 일들이 벌어지게 되면, 우리가 거대한 성령의 학교 안에 들어와 있다는 사실을 절감하게 됩니다.

　저의 경우, 제가 보는 유일한 환상은 제가 치유사역을 할 때 보는 환상입니다. 제가 아픈 사람들에게 손을 얹으면, 제 손 앞에 다른 손이 움직이는 것이 보입니다. 그러면 저는 그 손을 따라 저의 손을 움직입니다. 이런 일은 매우 자주 일어납니다.

　치유의 은사들을 가지고 있는 사람들은 눈으로 보이는 현상들에 신경을 쓰지 않습니다. 저의 경우도 그렇습니다. 제가 치유사역을 행할 때 여러 가지 현상들이 나타나는데, 저는 그런 것들에 신경을 쓰지 않습니다. 눈에 보이는 것들에 좌우지되면 저는 사역을 할 수 없게 됩니다.

　하나님께서 우리에게 주신 치유의 은사들은 너무도 진실하고 심오합니다. 따라서 그런 은사들이 사람들의 의견에 따라 좌우지될 수는 없습니다. 우리는 단지 치유의 은사들을 갖고 믿음으로 병자에게 손을 얹으면 됩니다. 왜냐하면 치유는 성령께서 하시기 때문입니다. 그러므로 사람들의 생각에 동요될 필요가 전혀 없습니다.

　저의 경우, 제가 치유사역을 하고 있을 때보다 치유사역이 끝나고 환자가 있는 자리를 떠났을 때 그 환자에게 치유가 더 강하게 나타납니다. 여러분은 왜 그런지 아시겠습니까? 그 이유는 바로 그렇게 행하시는 것이 저를 통해 일하시는 하나님의 사역 방법이기 때문입니다.

하나님께서 저에게 크나큰 은혜를 베풀어주셔서 그동안 놀라운 일들이 많이 일어났습니다. 사람들은 간혹 제가 기도해준 사람들에게 일어난 놀라운 일들에 대해 저에게 많은 이야기를 해줍니다. 그러나 저는 그런 것은 몰라도 좋습니다. 하나님께서는 저를 통해 나타내신 수많은 치유의 사건들을 저에게는 숨기기 원하십니다.

제가 병을 앓고 있는 병자에게 손을 얹게 되면, 어떤 일이 일어나게 될지를 알게 됩니다. 병자를 위해 기도할 때, 저는 진리에 주목하지 현상에 주목하지 않습니다. 그래야 치유가 일어납니다.

치유의 은사는 담대함 그 이상이며, 감격 그 이상 입니다. 치유의 은사에 관한 두 가지 중요한 사실이 있습니다. 아픈 사람이 치유 받기를 원하는 것은 자연스런 속성입니다. 하나님에 의해 치유된다는 것은 그 현장에 하나님이 계시다는 것과 그분이 손수 환자를 치유하신다는 것을 나타냅니다. 즉 치유는 하나님의 행위입니다.

우리가 이 자리에 모여 있는 것은 하나님께 영광을 돌리기 위함입니다. 하나님 아버지께서는 아들 예수로 인하여 영광을 받으십니다. 우리가 치유사역을 행하면, 하나님께서 영광을 받으십니다.

치유의 은사는 사실입니다. 치유의 은사는 실제요, 믿음입니다. 치유의 은사는 포기하지 않는 신뢰이고, 확신입니다. 우리는 치유가 일어날 것을 반드시 믿어야 합니다.

어떤 사람들은 저에게 와서 난감해하며 "제가 예전에는 치유의 은사를 갖고 있었는데, 저에게 어떤 일이 일어난 이후로 치유의 은사가 사라졌습니다"라고 말합니다.

그러나 여러분 "하나님께서 주신 은사들과 하나님의 부르심에는 후회하심이 없다"(롬 11:29)는 사실을 잘 알고 계십시오. 여러분이 받은 은사들은 그 어떤 환경에서라도 하나님께서 도로 취해 가시는 법은 없습니다. 그러나 은혜 없이 은사만을 사용하면, 여러분에게 해가 되는 일이 일어납니다. 만일 여러분이 하나님의 은혜와 뜻에 어긋나게 은사들을 사용하게 되면, 여러분은 높은 곳에서 떨어지게 되고 잘못된 사역으로 인해 어려움을 당하게 됩니다.

치유사역

치유의 은사들은 매우 다양합니다. 여러분이 10명의 환자를 만나더라도, 그들의 질병의 종류와 상태가 다 다를 수 있습니다. 저는 아픈 사람이 누워 있는 침대 옆에 있을 때가 가장 행복합니다. 제가 아픈 사람 옆에 서서 사역을 하려고 하면 하나님의 임재가 느껴지고, 하나님께서 저에게 여러 가지 계시를 부어주십니다. 이때 저의 마음은 온통 아픈 사람에게 향해 있고, 그를 불쌍히 여기는 마음이 끓어오릅니다. 그러면 주님의 임재가 나타납니다. 그렇게 될 때, 저는 그 사람의 상태를 진단할 수 있게 됩니다. 그리고 이때 저에게 성령님이 채워져서 아픈 사람을 치유할 수 있게 됩니다.

일반적으로 아픈 사람들은 성경에 대해 무지합니다. 그들은 치유에 관한 성경구절은 기껏해야 세 구절 정도만 알고 있습니다. 즉 그들은 바울이 '몸의 가시'라고 표현한 부분(고후 12:7)과 바울이 디모데에게 아픈 위장을 위해 포도주를 마시라고 말한 부분(딤전 5:23)과 바울이 아픈 사람을 두고 길을 떠났다는 내용이 성경 어딘가에 기록되어 있다는 사실만 알 뿐입니다. 그러나 이 기록이 성경의 어디에 나와 있는지 그리고 그 장소가 어딘지, 아픈 사람의 이름이 누구인지는 대부분 알지 못합니다(딤후 4:20).

많은 사람들은 자신의 몸에 가시가 있다고 믿고 있습니다. 하나님의 능력으로 병자를 고치기 위해 가장 요구되는 것은 아픈 사람의 상태를 정확히 알아내는 것입니다. 만일 여러분이 성령의 능력 안에서 치유사역을 한다면, 하나님께서는 환자에게 무엇이 가장 필요하고, 환자에게 어떻게 해야 그로 하여금 치유에 대한 믿음을 불러일으킬 수 있을지에 대해 여러분에게 직접 말씀해주십니다.

제가 배관공으로서 개인 사업을 할 때에도, 저는 병자들을 위해 기도해주곤 하였습니다. 때로 급하다는 연락을 받으면 저는 심지어 손 씻을 시간도 없어 손이 시꺼먼 채로 환자에게 가서 말씀을 전하고 치유를 위해 기도하였는데, 이럴 때면 저의 심장은 병자를 불쌍히 여기는 사랑의 마음으로 콩닥거렸습니다. 여러분도 저처럼 암에 걸린 사람들에 대해 하나님의 마음을 갖고 그들을 불쌍히 여기면, 여러분 안의 성령의 은사들이 나타나 치유되는 것을 여러분의 눈으로 목격하게 될 것입니다.

한번은 밤 10시에 폐병으로 죽어가는 한 젊은 여성을 위해 기도해달라는 연락을 급하게 받았습니다. 그 여자는 의사도 가망이 없다고 하여 손을 놓은 상태였습니다. 제가 그 여자의 얼굴을 쳐다보았을 때, 하나님께서 이 여자를 살려주지 않으신다면 이 여자는 분명히 죽을 것이라는 생각이 들었습니다.

저는 그녀의 어머니에게 고개를 돌려 "어머니, 이제 침대로 가서 주무십시오"라고 말했습니다. 그러자 환자의 어머니는 "저는 지난 3주 동안 잠옷으로 갈아입은 적이 한 번도 없습니다. 이대로 지키고 있겠습니다"라고 대꾸하였습니다. 그래서 저는 이번에는 그녀의 여동생들에게 "이제 침대로 가서 눈을 좀 붙이십시오"라고 말하였습니다. 그러나 그들도 역시 가지 않겠다고 하였습니다. 이번에는 그녀의 남동생에게 침대에 가서 자라고 하자, 안 가겠다고 하였습니다.

저는 할 수 없이 벗었던 코트를 다시 입으며 "그럼 저는 가겠습니다. 안녕히 계십시오"라고 말하며 집을 나오려고 하였습니다. 그러자 그제야 그들은 "제발 저희들을 이렇게 내버려두지 마십시오"라고 하며 제가 가지 못하도록 만류하였습니다. 그래서 저는 그들에게 "이런 상태에서 저는 아무것도 할 수 없습니다"라고 항변하였습니다. 그러자 비로소 그들은 "정 그러시다면, 우리는 각자의 방으로 들어가겠습니다"라며 환자에게서 물러났습니다.

저는 과거의 경험을 통해 단지 인간의 생각과 인간적인 동정심만 있고 불신으로 가득한 곳에서는 하나님께서 역사하지 않으신다는 사실을 알게 되었습니다. 그녀의 식구들은 각자 자기의 방으로 들어갔습니다. 저는 그녀의 방에 남아 무릎을 꿇고 사망과 마귀를 대적하기 시작하였습니다. 오직 하나님만이 상황을 역전시킬 수 있으십니다. 오직 하나님만이 전지전능하십니다.

마귀와의 싸움이 시작되었습니다. 마치 하늘도 문을 굳게 걸어 잠근 것처럼 보였습니다. 저는 밤 11시부터 새벽 3시 30분까지 꼬박 기도하였습니다. 그때 환자의 얼굴을 쳐다보니 잠시 고통스런 표정이 비치더니 아무 움직임이 없었습니다. 그녀가 방금 숨을 거둔 것이었습니다. 그때 마귀가 저에게 "너는 이제 끝장났어. 너는 그녀를 살려보려고 브래드포드에서 이곳까지 왔지만, 그녀는 지금 네 눈앞에서 죽고 말았어"라고 비아냥거렸습니다. 이에 저는 마귀에게 "그렇지 않아. 하나님께서 나를 아무 소득도 없으라고 이곳까지 보내지 않으셨어. 지금 하나님께서 역사하실 것이 분명해"라고 기죽지 않고 대꾸하였습니다.

그 순간 저는 "낙망하지 말고 기도해야 한다"(눅 18:1)는 말씀이 생각났습니다. 이미 그 여자는 죽었습니다. 그러나 저의 하나님은 그 여자의 죽음보다 크신 분입니다. 저는 그 옛날 홍해를 가르셨던 하나님께서 지금 이 자리에서 역사하실 것이라는 믿음을 가졌습니다. 인간들이 아무리 "불가능하다"고 말해도 하나님께서 "가능하다"고 말씀하시면 다 되는 것입니다.

저는 그 순간 창문 쪽을 쳐다보았습니다. 그런데 거기에 예수님의 얼굴이 있었습니다. 그리고 예수님의 얼굴에서 수백만 개의 빛줄기가 뿜어져 나오고 있었습니다. 그래서 저는 고개를 돌려 방금 숨을 거둔 여자의 얼굴을 쳐다보았습니다. 그런데 그녀의 얼굴에서 생기가 도는 것이 아니겠습니까? 그리고 잠시 후 그녀가 몸을 한 번 뒤척이곤 이내 깊은 잠에 빠져들었습니다. 그리고는 영광스러운 시간들이 계속되었습니다.

이른 아침이 되자 그녀는 언제 아팠냐는 듯이 자리에서 일어나 가운을 걸치고 피아노 앞에 가서 앉더니 피아노를 멋지게 연주하기 시작하였습니다. 그녀의 어머니와 여동생들 그리고 남동생이 피아노 소리를 듣고 아래층으로 내려왔습니다. 주님께서 이렇게 놀라운 일을 행하신 것입니다. 기적이 일어난 것입니다.

하나님께서는 오늘날 여러분을 통하여 기적을 나타내기를 원하십니다. 죽은 여인을 살리신 하나님을 송축합니다. 주님께서는 우리의 마음이 그분의 마음과 연합하여 하나가 되기를 원하십니다. 주님께서는 그분의 신부된 우리가 주님과 성령 안에서 한마음이 되어 주님께서 하시고자 하는 일을 우리도 하게 되기를 원하십니다. 그렇게 될 때, 기적이 일어납니다. 이 여인의 경우를 어찌 하나님이 베푸신 기적이 아니라고 할 수 있겠습니까? 그녀의 폐는 거의 망가져 없는 것과 마찬가지였습니다. 그러나 하나님께서 그 폐를 완전히 회복시켜 온전한 폐로 재생시키셨습니다.

치유의 은사와 항상 같이 가야 할 성령의 열매는 바로 오래 참음입니다. 하나님께서는 그분과 함께 오랫동안 인내한 사람을 치유사역자로 쓰십니다. 훌륭한 치유사역자는 환자에게 위로의 말을 해줄 수 있는 사람입니다. 환자가 매우 힘들고 지쳐 치유를 위해 기도하는 여러분의 눈을 쳐다보지 않는다 하여도, 잘 참아낼 수 있어야 합니다.

우리 주님께서는 이 땅에서 사역하실 때 아픈 사람들을 긍휼히 여기는 마음으로 충만하셨고, 이들에 대해 오래 참는 마음으로 사역하셨습니다. 우리도 이러한 주님의 마음과 태도를 가져야만, 고통에 처해 도움만을 바라고 사는 사람들을 하나님의 능력으로 도와줄 수 있습니다.

때때로 환자를 위해 기도해줄 때 불가피하게 거칠게 행동해야 할 경우가 있습니다. 이때 우리가 거칠게 대하는 대상은 환자가 아니라 환자를 붙잡고 있는 사탄의 세력들입니다. 우리는 악한 영들을 대적해야 하므로 거칠지 않으면 안 됩니다. 그러나 환자에 대해서는 불쌍히 여기는 마음과 사랑하는 마음을 갖고 있어야 합니다. 그러나 환자를 저 지경으로 만든 마귀에 대해서는 거룩한 분노를 품어야 합니다. 그런 악한 존재에 대해서는 일말의 동정심도 품지 말고 강하고 거칠게 다루어야 합니다.

어느 날 애완견 한 마리가 여주인을 좇아 집밖으로 나왔습니다. 주인은 그 개에게 "오늘은 널 데리고 다닐 수 없어"라고 부드럽게 말했습니다. 그러나 그 개는 꼬리를 흔들며 계속 주인을 따라 갔습니다. 그러자 주인은 개에게 "어서 집으로 돌아가"라고 다시 말했습니다. 그래도 개는 집으로 돌아가지 않았습니다. 그녀는 마지막으로 "집으로 가!"라고 매우 큰 소리로 명령하였습니다. 그러자 개는 집으로 돌아갔습니다.

귀신을 쫓는 것도 이와 같아야 합니다. 귀신에게 부드럽게 위로하는 듯한 목소리로 말하면, 귀신은 꿈쩍도 하지 않습니다. 귀신은 밖으로 내던져버려야 할 존재입니다. 귀신을 쫓아버리십시오! 우리는 병자를 놓고 기도하지만, 쫓아야 하는 것은 바로 귀신이라는 사실을 잊어서는 안 됩니다. 귀신은 예수님의 이름으로 강력하게 다뤄야 나갑니다.

병자를 다룰 때에는 병자를 다루는 것이 아니라 병자가 갖고 있는 병을 다루는 것이므로 귀신을 다루듯 해야 합니다. 병은 몸을 잘못 간수해서 생기는 경우가 많습니다. 우리가 몸을 잘못 다루면, 마귀는 그것을 이용하여 우리 몸에 침투하게 됩니다. 그러므로 병이 든 사람들은 자신의 몸으로 마귀가 들어오도록 빌미를 제공한 것을 인정하고 이에 대해 회개해야 합니다(엡 4:27).

　암의 경우도 동일합니다. 악한 영이 암을 통해 몸을 파괴시키고 있는 것입니다. 제가 한번은 로스앤젤레스에서 암에 걸린 여자를 놓고 기도하였습니다. 그녀는 암 때문에 고통을 받고 있었는데, 제가 그녀의 암을 저주하자 흐르던 피가 즉시로 멈춰버렸습니다. 바로 암이 죽은 것입니다. 그래서 그녀의 몸이 죽은 암 덩어리를 몸 밖으로 밀어 내보냈습니다. 살아 있는 그녀의 몸에 죽은 암 덩어리가 있을 수 없었던 것입니다. 몸 밖으로 떨어져 나온 암 덩어리는 마치 수천수만 가닥의 실들로 뭉쳐 있는 커다란 공처럼 보였습니다. 이러한 수많은 가닥이 그녀의 몸을 죽이고 있었던 것입니다.

　악한 세력들이 우리의 몸을 망가뜨립니다. 그러나 그 악한 것들이 파괴되는 순간부터 몸은 정상으로 돌아가게 됩니다. 예수님께서는 제자들에게 악한 것들을 제어할 능력을 주셨습니다(마 16:19). 우리도 예수님의 제자들이 받은 것과 동일한 성령의 능력을 주님으로부터 받아 이 능력을 사용함으로 사탄에게 묶인 자들을 자유케 하고, 억압받는 자들에게 자유를 줄 수 있습니다.

　사도 요한은 우리 안에 계신 분이 세상에 있는 자보다 더 크시다고 했습니다(요일 4:4). 마귀를 대적할 만한 힘을 가진 존재는 여러분이 아니라 여러분 안에 계신 하나님이십니다. 우리가 그 높으신 분으로 채움을 받는다는 것은 얼마나 큰 축복인지요!

　여러분은 스스로의 힘으로는 아무것도 할 수 없습니다. 그러나 여러분 속에 계신 분으로 하여금 일하시도록 하면, 여러분은 항상 승리합니다. 여러분의 입과 마음과 여러분의 전 존재가 성령 하나님께 쓰임 받을 수 있습니다. 그럴 때 여러분을 통해 하나님이 일하시게 됩니다.

한번은 초청을 받아 노르웨이의 한 도시에 머문 적이 있었습니다. 그 때 약 1,500명이 모일 수 있는 홀이 가득 찼습니다. 집회가 열리는 장소에 도착했을 때, 이미 홀은 사람들로 다 찼습니다. 그래서 미처 들어가지 못한 사람들이 홀 밖에서 기다리고 있었습니다. 경찰들도 여기저기에 있었습니다.

저는 그곳에 도착하자마자 먼저 홀 밖에서 기다리고 있는 사람들을 향해 설교하기 시작하였습니다. 설교가 끝나고 나서 저는 경찰관에게 "하나님의 말씀을 들어야 할 사람들의 수가 홀 안보다 홀 밖에 더 많이 있다는 사실에 마음이 아픕니다. 경찰 양반, 나를 사람들이 가장 많이 모이는 곳으로 데려다주십시오"라고 말하였습니다. 그러자 경찰들이 큰 공원으로 안내해주었습니다. 그런데 거기에 설교단이 있었습니다. 그래서 저는 설교단 위로 올라가 수천 명이 모인 공원에서 설교하였습니다.

설교가 끝나자 수많은 치유의 기적들이 일어났습니다. 어떤 사람은 100마일이나 떨어진 곳에서 빵을 싸들고 왔습니다. 그런데 그 사람은 위암에 걸려 약 한 달간 아무것도 먹을 수 없었던 상태였습니다. 그런데 그 사람이 집회에서 고침을 받자 바로 가방 속에 있던 빵을 꺼내 먹기 시작하였고, 많은 사람들이 그 광경을 보고 놀라워하였습니다.

어떤 젊은 여자는 팔과 손이 굳어 움직일 수 없었습니다. 그녀의 어머니가 그녀가 팔을 쓸 수 있도록 어렸을 때부터 훈련을 시켜줬어야 했는데, 그러지 않아 팔이 굳어버린 것입니다. 그 여자를 보니 성경에 나오는 18년 동안 몸이 꼬부라져 펴지 못하던 여인이 생각났습니다(눅 13:11). 저는 그 여자 앞에 서서 그녀의 몸을 이렇게 만든 악한 영을 저주하였습니다. 그러자 즉시 귀신이 나갔고, 그녀는 팔을 자유롭게 움직이게 되었습니다. 그 여자는 움직이지 못했던 팔을 주위에 있는 사람들에게 흔들어 보여주었습니다.

그 집회가 끝날 무렵에 마귀가 두 사람을 땅에 쓰러뜨려 경련을 일으켰습니다. 귀신이 그런 짓을 하면, 그때가 바로 귀신을 쫓아낼 좋은 기회입니다. 두 사람 다 축사사역을 받은 후 귀신이 쫓겨나가 온전해졌습니다. 그 두 사람은 귀신이 쫓겨나자 감사를 표하며 주님을 송축하였습니다. 그날 우리는 참으로 좋은 시간을 가졌습니다.

이제는 영적인 잠에서 깨어나 하나님을 추구해야 합니다. 제가 이 자리에 서기까지 하나님께서는 저를 천 번도 넘게 깨뜨리셨습니다. 그래서 저는 많이 울었습니다. 때로는 신음소리도 내었습니다. 하나님께서 저를 깨뜨리실 때, 수많은 밤들을 고통으로 지냈습니다.

하나님께서는 여러분을 가지치기하십니다. 하나님께서 가지치기를 하실 때, 우리는 고통을 느낍니다. 하나님의 가지치기로 인한 고통을 맛보지 않은 사람은 다른 사람들의 고통에 진정으로 동참할 수 없습니다. 우리는 하나님이 주시는 거룩한 능력이 아니고서는 은사를 제대로 사용할 수 없고, 기적을 일으킬 수도 없습니다. 우리는 하나님만이 모든 것을 다 하실 수 있으시다는 사실을 믿어야 합니다(엡 6:13). 그렇게 할 때, 우리는 비로소 믿음 위에 굳게 설 수 있게 됩니다.

우리는 여러 날 동안 집회를 통해 하나님의 놀라운 기적들에 대해 살펴보았습니다. 그러나 그것만으로 하나님의 기적들에 대해 다 다루었다고 말할 수는 없습니다. 앞으로 일어날 기적은 이제까지 일어난 기적들보다 훨씬 많습니다. 이 모든 기적들이 성령의 능력을 통하지 않고서는 절대로 일어나지 않는다는 사실을 그동안 저는 꽤나 강조하였습니다.

　우리가 지금까지 말한 치유의 은사로 인한 기적들은 마치 잘 익은 체리들이 나무에서 줄줄이 떨어지듯이 그렇게 쉽게 일어나는 것이 아닙니다. 은사를 받고 그것을 바르게 사용하게 되는 것은 그에 따르는 많은 대가들을 지불해야 가능한 것입니다. 우리는 하나님이 우리에게 최고의 은사를 주시기를 간절히 사모해야 하고, 주님이 우리가 은사를 제대로 사용하도록 훈련시키시는 것에 대해 "아멘"으로 화답해야 합니다. 이러한 훈련 과정을 통해 우리는 겸손한 사람이 되고, 하나님이 쓰실 수 있는 그릇으로 빚어지게 됩니다. 하나님께서는 성령의 능력으로 우리를 쓰시길 원하십니다.

9장
예언

어떤 사람에게는 예언하는 은사를 주시고 (고전 12:10, 표준새번역)

저는 여러분에게 예언에 세 가지가 있다는 사실을 분명히 말씀드리고자 합니다. 여러분은 이것을 마음속에 간직하십시오. 왜냐하면 바울이 "나는 여러분 모두가 방언으로 말할 수 있기를 바라지마는, 그보다도 예언할 수 있기를 더 바랍니다"(고전 14:5, 표준새번역)라고 말했기 때문입니다.

증거하는 예언

첫 번째로, 구원받은 사람이 예수님께서 자신에게 어떤 일을 행하셨는지에 대해 증거하는 예언이 있습니다. 진정으로 거듭난 모든 사람들은 누구나 다 이러한 예언을 갖고 있습니다. 거듭남을 통해 값없이 의롭다 함을 입게 된 사람에게 하나님께서 성령으로 기름 부어주시는데, 이것은 그리스도의 성령의 참 기름부음입니다.

우리가 구원을 경험하면, 모든 사람들이 자신과 같이 구원을 받기를 원하는 강한 소망이 생기게 됩니다. 그러한 강한 소망이 복음 증거로 나타나는데, 우리가 경험한 그리스도 안에서의 구원을 사람들에게 간증할 때 예언의 영이 나타나게 되고, 이를 통해 온 세상 사람들이 구원에 이르게 되는 것입니다. 이러한 종류의 예언은 하늘의 존재가 사도 요한에게 보여준 환상을 기록한 성경인 요한계시록에 잘 나타납니다.

> 그 때에 내가 그에게 경배드리려고 그의 발 앞에 엎드렸더니, 그가 나에게 말하였습니다. "이러지 말아라. 나도 예수의 증언을 간직하고 있는 네 형제자매들 가운데 하나요, 너와 같은 종이다. 경배는 하나님께 드려라. 예수의 증언은 곧 예언의 영이다." (계 19:10, 표준새번역)

사도 바울도 이와 동일한 종류의 예언에 대해 고린도전서 14장 1절에서 "사랑을 추구하십시오. 신령한 은사를 열심히 구하십시오. 특히 예언하기를 열망하십시오"(표준새번역)라고 말하였습니다. 우리는 이 구절을 통하여 예언이 다른 은사들보다 더 중요하다는 사실을 알 수 있습니다. 은사들 중에서 우리가 특별히 구하고 사모해야 할 것은 예언의 은사입니다. 은사들 중에서 가장 중요한 은사는 예언의 은사입니다.

그 이유는 무엇입니까? 그 이유는 성령의 능력으로 행해지는 예언이 사람을 구원하게 하는 유일한 능력이기 때문입니다. 하나님의 말씀은 예언을 통해 제시된 복음에 사람들에게 죽지 아니함과 빛을 가져다주는 능력이 있다고 말하고 있습니다(딤후 1:10). 죽지 아니함이란 영원히 사는 것을 말합니다. 빛이란 우리의 마음 문이 열려져 이해가 된다는 뜻입니다. 죽지 아니함과 빛은 복음을 통해 우리에게 주어집니다.

우리는 그 어떤 것보다 예언을 사모해야 합니다. 그리고 모든 사람들이 예언을 할 수 있어야 합니다. 은사를 갖고 있는 사람들은 많아도, 갖고 있는 은사들을 사용하는 사람들은 그리 많지 않습니다. 그러나 구원받은 모든 사람들은 증거의 예언을 갖고 있습니다. 요한계시록 19장 10절을 통해 증거의 예언이 무엇이고, 그것이 어떻게 나오게 되는지 봅시다.

먼저 "내가 그의 발 앞에 엎드렸다"는 표현부터 살펴봅시다. 천국에는 누가 거주하고 있습니까? 요한에게 말하였던 존재는 과거에 세상에서 산 적이 있는 존재였습니다. 마귀에게 속아 넘어간 사람들은 자신들이 죽으면 무덤 속에서 영원히 잠을 잔다고 생각합니다. 그러나 하나님의 말씀은 반대로 말하고 있습니다.

만일 여러분이 살아 있는 동안 주님이 재림하신다면, 여러분은 현재 입고 있는 몸을 벗고 다른 것을 입게 됩니다. 여러분은 하나님의 말씀을 믿어야지 다른 것을 믿어서는 안 됩니다. 만일 여러분이 바보가 되고 싶으면 성경을 던져버리십시오. 그러면 여러분은 바보들만의 파라다이스에 던져지게 될 것입니다.

이 땅에 산 적이 있었던 사람은 지금은 영으로 천국에서 살고 있습니다. 그 사람은 이렇게 말하였습니다. "나도 예수의 증언을 간직하고 있는 네 형제자매들 가운데 하나요, 너와 같은 종이다. 경배는 하나님께 드려라. 예수의 증언은 곧 예언의 영이다"(계 19:10, 표준새번역).

예수의 증언(증거)란 무엇입니까? 예수의 증거란 "예수님이 나를 구원하셨다"라고 말하는 증거입니다. 오늘날 세상 사람들은 우리가 어떻게 구원받았는지를 알기 원합니다.

여러분이 구원받았다는 사실을 사람들에게 증거하십시오. 사람들에게 자신이 어떻게 구원을 받았는지에 대해 말하려고 하면, 겁이 나서 다리가 떨리기도 할 것입니다. 그러나 일단 간증을 시작하면 예언이 나오게 됩니다. 이때, 여러분은 자신이 말하고 있는 것이 아니라 성령께서 말씀하고 계시다는 사실을 감지하기 전에 그분이 말하시고자 하는 것들을 말하게 됩니다.

그리스도인들 중에는 성령세례를 받지 않은 사람들이 매우 많이 있습니다. 그러나 예수님을 증거하는 예언의 영을 받지 않은 사람들은 거의 없습니다. 오늘날 많은 사람들이 곳곳에서 이러한 그리스도인들의 증거를 통해 구원을 받고 있습니다.

요한 웨슬리는 하나님의 능력을 받아 전 세계적인 부흥을 일으켰습니다. 그리고 그에 의해 구원을 받은 사람들은 곳곳에서 예수님을 증거하였습니다.

만일 여러분이 예수님에 대해 증거하기를 중지한다면, 하나님 앞에서 어떻게 살았는지에 대해 보고하게 될 때 부끄러움을 느끼게 될 것입니다(롬 14:12). 여러분이 예수님에 대해 증거하게 되면, 여러분을 통하여 하나님의 능력이 나타나게 되어 사람들이 구원을 받게 됩니다(1:16). 여러분이 어디에 있건 예수님을 증거하는 삶을 살아야 합니다.

> **방언 통역)** "너희들이 나를 선택한 것이 아니다. 내가 너희들을 선택하였고 너희들이 평화의 복음을 갖고 나가도록 내가 너희들을 임명하였다." 복음을 전하는 자들의 발은 아름다운 발입니다. 그들이 갖고 있는 소망은 아름답습니다. 여러분이 구원받았기에 여러분의 마음은 세상 사람들 모두가 구원받기를 원하는 마음으로 가득합니다. 그 이유는 여러분이 예언의 영을 갖고 있기 때문입니다.

지금부터 여러분 모두가 계속해서 복음을 전해야 합니다. 여러분 모두가 복음을 전하는 설교자들이 되어야 합니다. 여러분은 예언을 갖고 있습니다. 이로 인해 여러분 속에 내재하는 악이 제거되고, 부패한 마음이 없어지며, 인간의 죄된 속성과 악한 속성대로 사는 삶을 떠나게 되고, 예수 증거의 영으로 옷 입게 됩니다. 과거에 여러분은 죽은 자들이었으나 보십시오. 이제 여러분은 살아났습니다(눅 15:24).

> **방언 통역)** 여러분의 주 하나님께서 인도하시는 대로 사십시오. 이집 저집 무작정 문을 두드리지 말고, 이 사람 저 사람 아무에게나 말하지 말고, 주님이 지시하시는 집과 사람을 방문하십시오. 하나님께서는 어느 집의 누가 여러분을 통해 생명수를 공급받아야 되는지를 정확히 알고 계십니다.

주님께서는 오늘 여러분을 세워주시기를 강하게 원하십니다. 여러분은 자신이 그리스도의 대사(고후 5:20)라는 사실을 잊어서는 안 됩니다. 예언자들이 가진 기회를 여러분 모두가 갖고 있다는 사실을 자각하십시오.

주님께서는 여러분을 하나님의 영광을 발할 장소로 인도하십니다. 어디서 무엇을 하건 거룩함을 사모하고 정결해지도록 노력하십시오. 그렇게 될 때, 여러분은 여러분의 몸에 예수님의 죽으심뿐만 아니라 부활하심도 안고 살아갈 수 있게 되는 것입니다(고후 4:10).

방언 통역) 여러분의 손을 드십시오. 연약해지지 마십시오. 주님께서는 "거룩한 손을 들라"고 말씀하십니다. 손을 깨끗하게 하는 것을 주저하지 마십시오. 이는 귀한 것입니다. 오직 주님을 위해서만 사용되는 그릇이 되십시오. 주님께서는 여러분을 주님의 귀한 궁전으로 인도하시고, 여러분에게 성령으로 옷 입혀 주시며, 마르지 않는 물을 공급해주십니다. 주님께서는 여러분에게 물을 주시고, 여러분의 사역을 위한 씨를 주십니다. 여러분이 받으신 물과 씨는 주님이 갖고 계신 것과 동일한 것입니다. 따라서 여러분은 주님과 함께 사역하는 동역자들입니다. 여러분의 사역은 주님과 함께하는 주님의 사역이므로, 결코 실패하지 않습니다. 여러분이 심은 씨가 말라 죽지 않도록 물을 잘 주십시오.

이것은 예언의 한 종류입니다. 구세군을 창시한 부스 사령관은 이러한 것에 대해 잘 알고 있었습니다. 그는 요한 웨슬리가 보았던 것처럼 환상을 분명하게 보았습니다. 우리가 기억하고 있는 한, 이 세상에 부어졌던 부흥들 중 역사상 가장 강력한 부흥은 구세군에 의해 일어났던 부흥입니다.

하나님께서는 부스에게 계시하셨습니다. 그리고 이때 구원받은 많은 자들이 예수님을 증거하였습니다. 하나님께서는 술주정뱅이들과 창녀들을 구원하셔서 거리에서 예수의 영 안에서 예언하게 하셨습니다. 여러분도 구원을 받게 되면 그렇게 예언하게 됩니다. 예언의 영은 구원받은 자로 하여금 자신이 어떻게 해서 어린 양의 보혈로 구원을 받게 되었는지를 간증하게 합니다.

기름부음 받은 예언

두 번째 종류의 예언은 설교자가 기름부음 받은 상태에서 설교할 때 나오는 예언입니다. 여러분도 잘 아시다시피 저는 대부분의 경우 예언으로 설교합니다. 왜냐고 물으시는 분들이 계시네요. 하나님께서는 제가 생각하기도 전에 저의 입에서 말이 나오게 하심으로 예언하게 하시는데, 그렇게 하는 것을 주님께서 기뻐하십니다.

제가 생각하는 바를 말하는 것이 아님을 여러분이 아셔야 합니다. 만일 어떤 사람이 자신이 사람들에게 말해야겠다고 생각하는 것을 말한다면, 그 사람은 절대로 예언자가 아닙니다. 예언자는 자신의 생각을 말하는 자가 아니라 하나님이 알려주시는 것을 말하는 자입니다. 성령께서는 예수님의 생각을 갖고 계시며, 예언자가 하나님의 것을 말할 수 있도록 거룩한 생명으로 채우십니다.

때로 저는 많은 것을 말합니다. 그럴 때 저는 제가 무엇을 말할지에 대해 전혀 모르는 상태에서 말합니다. 그런데 저의 입에서 마치 강물이 흘러가듯이 하나님의 능력 있는 예언이 흘러나옵니다. 저의 육신적인 면은 온전하지 못하다 할지라도, 영적인 것은 온전하게 흘러나옵니다. 저는 저를 통해 흘러나오는 예언의 영에 저를 온전히 맡깁니다. 그리고 그 결과 여러분은 저의 예언을 통해 어떤 혜택을 입게 됩니다. 즉 여러분도 저처럼 예언으로 가득하게 됩니다.

설교하는 사람은 예언을 하는 것을 가장 중요하게 생각해야 합니다. 설교자는 자신이 하나님의 예언을 하는 설교자가 된 것에 대해 마땅히 기쁘게 생각해야 합니다. 설교자는 하나님의 택함을 받은 자로, 사람들 앞에 서서 하나님이 주시는 말씀을 전하는 사람입니다. 설교자는 오직 하나님의 말씀만 전해야 하고, 구원의 옷과 같은 거룩한 옷을 입은 사람이어야 합니다.

지금 주님의 영이 제 위에 임해 있습니다. 저는 그것을 느낄 수 있으며, 또한 그러한 사실을 알 수 있습니다. 제 위에 임한 주님의 영이 지금 저를 움직이고 있고, 여러분이 귀를 기울여 저의 말을 경청하도록 하고 있습니다. 지금 주님의 축복이 여러분에게 임하고 있는데, 이는 저를 통해 성령께서 여러분에게 말씀하고 계시기 때문입니다.

성령께서 말씀하시기 때문에 우리의 입에서 예언이 나가게 됩니다. 그리고 이를 통해 생명의 말씀의 진리가 밝히 드러나게 되는 것입니다. 성령님이 주도권을 잡으십니다. 즉 성령님에 의해 예언을 발하는 장소와 예언의 말과 행동들 그리고 예언과 관계되는 모든 것이 결정되고 온전해집니다. 즉 예언은 주님께서 하시는 말씀인 것입니다.

지금까지 말한 두 종류의 예언은 거룩한 영감이요, 성령의 말씀이라고 할 수 있습니다. 성령에 의해 각각의 사람들이 다 뜨거움을 느끼거나 성령의 운행하심을 자각하게 되고, 순화되는 느낌이나 스릴과 같은 것을 느낄 수 있습니다. 이것은 매우 놀라운 것이라 할 수 있습니다. 가장 중요한 것은 일단 예언을 시작하면 중간에 중지할 수 없게 된다는 사실입니다.

십자가 위에서 놀라운 일이 성취되었습니다. 십자가를 통해 여러분 모두가 온전하게 되었다는 사실을 모르신단 말입니까? 여러분은 거룩하게 되었습니다. 여러분은 십자가를 통해 성도가 되었고, 모든 불의에서 씻김을 받게 되었습니다. 새로 태어났다는 것은 여러분의 영혼에 하나님이 계시되었다는 것입니다. 여러분은 하나님의 능력으로 구원받았기에 이제 영원토록 그분의 소유가 된 것입니다. 이 세상 그 어느 누구도 구원의 가치를 측량할 수 없습니다. 구원의 소중함에 대해 인간이 알 재간은 없습니다. 거듭남은 인간의 능력으로는 불가능합니다. 하나님께 감사합시다. 우리는 그분을 만짐으로 불을 받게 됩니다.

예언의 은사

이제 세 가지 종류의 예언 중 마지막 세 번째인 은사로서의 예언에 대해 공부해보겠습니다. 저는 여러분 중에서 많은 분들이 이 은사를 갖고 있다고 믿습니다.

예언의 은사는 세 가지 예언 중에서 가장 멋진 예언이긴 하지만, 가장 위험하기도 합니다. 이 예언의 은사를 사용할 때, 많은 문제가 발생합니다. 저는 여러분이 예언의 은사를 사용할 경우, 특별한 주의를 기울이길 원합니다. 방언과 치유의 은사를 사용함에 있어서도 주의를 요하듯 예언의 은사도 주의를 기울여야 합니다.

예언의 은사를 사용함으로 사람들이 축복을 받게 됩니다. 그런데 성령께서 예언에 대한 갈급함을 주시지 않는 상태에서는 예언의 은사를 사용해서는 안 됩니다. 이는 성령의 기름부음이 없는 상태에서 아무 때나 임의로 방언을 하면 안 되는 것과 마찬가지입니다. 기름부음이 없이 예언을 하는 것은 아무런 유익을 주지 못합니다.

만일 은사를 주시는 분의 뜻대로 은사를 사용하지 않는다면, 그것은 아무 소용이 없습니다. 고린도전서 12장에 나와 있는 은사들은 성령 하나님이 주시는 은사들입니다. 성령께서는 기름부음, 불, 확신, 방언을 주심으로 사람들을 변화시키십니다. 주님께서 말씀하시면, 그 말씀을 듣는 사람들이 변화되어 육적인 것이 달아나게 됩니다. 그 이유는 하나님과 그분의 말씀이 초자연적이기 때문입니다. 초자연적인 것은 항상 자연적인 것 즉 육적인 것을 변화시킵니다.

예언은 사람의 몸에 기쁨을 가득 부어주기에 좋은 것입니다. 그리고 예언은 사람들이 듣기에도 사랑스럽게 들리는 말들로 구성되어 있습니다. 더군다나 예언은 성령께서 주시는 말씀이기에 더욱 아름다운 말씀이라고 할 수 있습니다.

　사람들이 여러분의 예언을 듣고 싶어 하는 것에 대해 특별히 조심해야 합니다. 예언은 방언과 비슷한 점이 있습니다. 집회를 인도할 때, 계속해서 방언으로만 집회를 이끌어나가서는 안 됩니다. 방언으로 집회를 장악하거나 그것을 통해 이득을 보려고 해서는 안 됩니다. 성령께서 방언을 하게 하시면 시작하고, 중지시키시면 중지해야 합니다. 그렇게 하지 않고 계속 방언으로만 집회를 이끌어나가면 사람들이 싫증을 느끼게 됩니다. 사람들이 싫증을 느끼는 이유는 그들이 하나님의 새로운 것을 보기 원하기 때문입니다.

　방언이나 기도들을 동원하여 되도록 말을 많이 해야만 사람들이 들을 것이라고 생각하지 마십시오(마 6:7). 말을 많이 하면, 오히려 사람들이 귀를 닫습니다. 그러나 확실하고 간단명료하게 말하면, 사람들이 듣습니다. 집회를 이끌어갈 경우, 여러분이 성령에 순종하여 나아갈 때에만 여러분의 영적인 능력이 의미를 갖게 됩니다. 따라서 집회에서 은사만을 의지하고 은사만으로 집회를 이끌어나가려고 해서는 안 됩니다.

　이제 여러분이 조심해야 할 것이 있습니다. 사람들이 법석을 떨면서 여러분에게 "이렇게 하십시오! 뛰십시오! 저렇게 하십시오! 이것도 하고 저것도 하십시오!"라고 할 것입니다. 만일 어떤 사람이 그렇게 예언하거든 그 사람의 말을 믿지 마십시오. 그 사람의 예언은 진짜가 아닙니다. 사람들이란 예언의 영이 아닌 자신의 육신에 따라서 말하기 쉬운 존재입니다. 그러므로 어떤 사람들이 여러분에게 예언한다고 하면서 이것저것 하라고 하며 야단법석을 떤다면, 그 사람의 말을 믿지 마십시오.

성령께서 나타나시는 이유는 분명합니다. 성령께서는 사람들을 위로하고, 교정하고, 세워주시기 위하여 나타나십니다(고전 14:3).

만일 제가 성령을 따르지 않거나 하나님의 말씀을 왜곡해서 가르친다면, 저에게 따끔하게 충고해주십시오. 저는 제가 살아 있는 한 항상 성령을 따라 행하고, 하나님의 말씀을 바르게 가르치고 싶습니다. 저는 반드시 그렇게 살 것입니다. 저는 지금 과장하고 있는 것이 아닙니다. 저는 과장을 싫어합니다. 하나님의 모든 사람들은 진실해야 합니다. 여러분이 예언을 하면, 사람들이 그 예언을 믿습니다. 이처럼 여러분이 예언하는 삶을 살기 원하면, 그에 준하는 진실한 삶을 살아야 합니다.

하나님의 기름부음이 임하여 하나님의 능력이 여러분을 통해 나타나면 예언을 하게 되는데, 예언의 주된 목적은 사람들을 위로하는 것입니다. 성령께서 우리로 예언하게 하시는 이유는 예언을 받는 사람들이 위로를 받도록 하기 위함입니다.

그러나 만일 여러분이 정도를 벗어나 잘못된 예언을 하게 되면, (예언을 받는 사람들은 잠시는 기뻐할지 몰라도) 그런 예언은 여러분의 입에서만 나오는 예언이기에 사람들을 그릇된 길로 인도하게 됩니다. 사람들이 하나님께 순종하지 않고 인간적인 예언을 청종하게 되면, 집을 잘못 구매한다든지 하는 실수를 범하게 됩니다.

만일 어떤 사람이 여러분에게 와서 인간적인 예언을 한다면, 설사 그 사람이 "나는 하나님을 잘 압니다. 나는 하나님이 말씀하시지 않으면, 절대로 움직이지 않는 사람입니다"라고 말하더라도 믿지 마십시오.

그런 잘못된 사람들의 말에 속지 마십시오. 여러분은 어떤 사람의 말이 주님으로부터 온 것인지, 아닌지를 분별할 수 있어야 합니다. 하나님의 말씀은 우리에게 "예언을 멸시하지 말라"(살전 5:20)라고 분명히 가르치고 있습니다. 그러므로 어떤 일이 있더라도 결코 하나님의 예언을 멸시하지 마십시오. 그러나 우리는 또한 그 다음 21절에 "모든 것을 시험하라"라는 말씀이 있다는 것도 숙지하고 있어야 합니다. 따라서 여러분은 "이 예언이 하나님의 말씀인 성경에 비추어 올바른 예언인지, 아닌지 시험해 보자"라고 말할 수 있어야 합니다. 하나님의 말씀에 비추어보면, 그 예언이 하나님으로부터 온 것인지, 아닌지를 알 수 있게 됩니다.

지금은 위로가 필요한 시대입니다. 성령의 능력이 임하면, 우리가 위로를 받습니다. 그리고 하나님의 임재가 있고 하나님의 말씀이 제대로 전해지는 집회에 참석할 때, 성령께서 주시는 위로를 받게 됩니다.

이사야 선지자처럼 예언의 은사를 갖고 있는 사람들이 있습니다. 이사야 선지자는 예언의 영으로 가득 차서 "한 아들을 우리에게 주신 바 되었다"(사 9:6)라고 예언하였습니다. 이 예언은 분명 진리로 가득 차 있는 올바른 예언입니다. 그리고 이 예언이 있은 지 500년 후에 정말로 예언대로 이루어졌습니다. 그런데 이 예언이 이루어지기 500년 전에 이사야 선지자는 다음과 같이 예언하였습니다.

이는 한 아기가 우리에게 났고 한 아들을 우리에게 주신 바 되었는데 그의 어깨에는 정사를 메었고 그 이름은 기묘자라, 모사라, 전능하신 하나님이라, 영존하시는 아버지라, 평강의 왕이라 할 것임이라 (사 9:6)

오, 할렐루야! 성경 전체를 통해 여러분은 이러한 놀라운 예언들을 자주 접하게 됩니다. 특히 이사야서에는 놀라운 예언들이 많이 들어 있습니다. 창세기로 시작하는 성경은 예언이라는 금실과 자주실로 엮여 있는데, 이 예언들은 "그분이 오실 것이다! 그분이 오시고 계시다. 그분은 확실히 오신다!"라고 말하고 있습니다.

그리스도께서 탄생하셨을 때, 천사들은 다음과 같이 노래하였습니다.

아들을 낳으리니 이름을 예수라 하라 이는 그가 자기 백성을 그들의 죄에서 구원할 자이심이라 하니라 (마 1:21)

너희가 가서 강보에 싸여 구유에 뉘어 있는 아기를 보리니 이것이 너희에게 표적이니라 (눅 2:12)

그리고 예수님께서 십자가에 못 박혀 죽으시고 부활하심으로써 예언이 성취되었습니다.

너희의 아는 바와 같이 이틀이 지나면 유월절이라 인자가 십자가에 못 박히기 위하여 팔리리라 하시더라 (마 26:2)

모세가 광야에서 뱀을 든 것 같이 인자도 들려야 하리니 (요 3:14)

사랑하는 여러분, 하나님께서 반드시 이루어질 예언들을 성경을 통해 우리에게 주신 것입니다. 또한 성경의 수많은 장들과 절들이 이것이 사실임을 증명해주고 있습니다.

그분은 분명 다시 오십니다. 하나님께 영광을 올려드립시다! 무덤에서 잠자던 성도들은 잠에서 깨어 일어날 것입니다. 성경의 예언은 다 이루어집니다. 사람들은 "그렇습니다. 그분은 오실 것입니다. 그분이 오고 계시다는 사실을 우리는 잘 알고 있습니다!"라고 소리치게 될 것입니다.

예, 그분은 분명 다시 오실 것입니다!

10장

영 분별

어떤 사람에게는 영을 분별하는 은사를 주십니다. (고전 12:10, 표준새번역)

제대로 이해하기 위해서 가장 필요한 은사는 바로 분별하는 은사입니다. 이 점에 있어서 여러분이 바른 균형을 유지하기를 바랍니다. 우리는 진리의 말씀을 옳게 분별하여야 합니다(딤후 2:15). 그래서 무엇이 어떻게 돌아가는지를 잘 알고 있어야 합니다.

분별과 판단

고린도전서 12장 10절에는 영들을 분별한다는 표현이 나옵니다. 그런데 사람들이 이것을 사람들을 분별한다는 표현으로 이해하고 있기도 한 것이 사실입니다. 저는 많은 사람들을 만나고 있는데, 제가 만난 대부분의 사람들은 자신들이 만난 사람을 분별하고 있었습니다. 만일 여러분도 다른 사람들처럼 자신이 만나는 사람들을 분별하는 일을 열두 달만 지속한다면, 여러분의 분별이 대부분 틀렸다는 사실을 발견하고 다시는 분별하지 말아야겠다고 생각하게 될 것입니다. 뿐만 아니라, 상대방보다 자신 속에 잘못된 것이 더 많다는 것을 발견하게 되어 "오, 하나님, 저를 바른 사람으로 만들어주십시오!"라고 외치게 될 것입니다.

인간의 능력으로 분별하는 것과 영적인 능력으로 영을 분별하는 것에는 큰 차이가 있습니다. 예수님께서는 다음과 같이 놀라운 말씀을 하셨습니다.

> 네 눈 속에는 들보가 있는데, 어떻게 남에게 "네 눈에서 티를 빼내 줄테니 가만히 있거라" 하고 말할 수 있겠느냐? 위선자야, 먼저 네 눈에서 들보를 빼내어라. 그래야 그 때에 눈이 잘 보여서, 남의 눈에서 티를 빼 줄 수 있을 것이다. (마 7:4-5, 표준새번역)

만일 여러분이 사람들을 비판하면, 여러분도 비판을 받게 된다는 사실을 꼭 기억하십시오(마 7:1-2). 만일 여러분이 자신이 설정한 기준으로 사람들을 판단하려고 하면, 그것은 인간의 힘으로 분별하는 것입니다. 그렇게 하는 것은 결국 남을 비판하는 것입니다. 하나님께서 한번은 저에게 다음과 같은 말씀의 의미를 정확히 보여주셔서, 이후로 저는 사람들을 비판하기 전에 먼저 저 자신을 살펴보게 되었습니다.

그러므로 남을 심판하는 사람은, 그가 누구이든지, 죄가 없다고 변명할 수 없습니다. 남을 심판하면서 똑같은 일을 하고 있으니, 결국 남을 심판하는 것은 바로 자기 스스로를 정죄하는 것입니다. "우리는 하나님의 심판이 이런 일을 하는 사람들에게 공정하게 내린다는 것을 알고 있습니다." 이런 일을 하는 사람들을 심판하면서, 스스로 그런 일을 하는 사람이 있는데, 그런 사람이 하나님의 심판을 피할 수 있을 줄로 생각합니까? (롬 2:1-3, 표준새번역)

마음의 균형을 잘 유지하십시오. 그래야 비판하지 않는 삶을 살 수 있게 됩니다.

저는 세상에 꽤나 이름이 알려진 사람들을 제법 많이 알고 있습니다. 그런데 그 사람들 중에는 다른 사람들을 얕잡아보고 함부로 비판하는 사람들이 적지 않습니다. 그런 사람들은 항상 남의 잘못을 찾기에 바쁘며, 기회만 있으면 사람들을 비판합니다. 그런 사람들은 수렁에서 빠져나오지 못하는 사람들이라고 할 수 있습니다. 그 사람들이 누구인지 제가 이름을 대기만 한다면, 여러분은 제 말이 거짓이 아니라는 사실을 금방 알게 될 것입니다.

하나님께서는 비판의 수렁에서 우리를 건져주십니다! 만일 우리의 마음이 깨끗하다면, 우리는 깨끗한 것만을 생각할 것입니다. 그러나 우리의 마음이 더럽다면, 우리는 우리의 더러움을 생각과 행동을 통해 나타낼 수밖에 없게 됩니다. 마음이 깨끗한 사람은 깨끗한 것을 봅니다. 저는 하나님께서 우리 모두에게 정결을 사모하는 마음을 주셔서, 그 결과 우리 모두가 남들을 비판하지 않게 되기를 간절히 바랍니다.

이사야 6장에서 이사야 선지자는 하나님의 임재를 경험하게 됩니다. 그러자 그는 자신의 입술이 정결하지 못하다는 사실을 깨닫게 되었을 뿐 아니라, 또한 모든 것들이 깨끗하지 못함을 깨닫게 되었습니다(사 6:5). 그 당시와 마찬가지로 지금도 하나님께서는 우리의 불결한 삶을 정결케 하시기 위해 숯불을 준비해 놓으셨습니다. 그것은 바로 불세례라는 숯불입니다. 그 숯불이 우리의 마음을 깨끗하게 하고, 온전하게 하며, 우리의 영을 소생하게 합니다. 하나님의 숯불이 우리의 혀에 닿는다는 것이 얼마나 중요한지요!

영 분별

저는 지금 영들을 분별하는 것과 아울러, 여러분에게 영들을 분별하는 분별력이 결여되어 있다면 어떻게 되는지에 대해 말씀드리고자 합니다.

요한일서 4장 1절은 우리에게 "사랑하는 여러분, 어느 영이든지 다 믿지 말고, 그 영들이 하나님께로부터 왔는가를 시험해 보십시오"(표준새번역)라고 말하고 있습니다. 그리고 그 후에 또한 다음과 같이 말하고 있습니다.

그러나 예수를 시인하지 않는 영은 다 하나님께로부터 오지 않은 영입니다. 그것은 적그리스도의 영입니다. 여러분은 그 영이 올 것이라는 말을 들었습니다. 그런데 그 영이 세상에 벌써 왔습니다. (요일 4:3, 표준새번역)

저는 종종 귀신에게 잡혀 있는 사람들이나 귀신에 의해 발작을 일으키는 사람들을 대면하곤 합니다. 그럴 때면 저는 그들 속에 있는 귀신에게 "예수 그리스도께서 육체로 오셨는가?"라고 물어봅니다. 그러면 귀신들은 대답을 곧바로 하지 못합니다. 어떤 경우 귀신들린 사람은 입을 꼭 다물고 대답을 회피합니다. 그렇게 하는 이유는 귀신들이 우리 주 예수 그리스도께서 육체를 입고 오셨다는 사실을 인정하지 않으려고 안간힘을 쓰기 때문입니다.

이때 저는 귀신들에게 "너희들 안에 있는 그분이 이 세상에 있는 존재보다 크다"(요일 4:4)라고 말한 후, 예수 그리스도의 이름으로 귀신들을 대적하여 그들에게 나오라고 소리칩니다. 우리는 악한 것들의 책략을 알고 있어야 합니다. 그래야 사람들에게서 악한 것들을 내쫓을 수가 있습니다.

영들을 잘 분별하기 위해서는 거룩하신 하나님과 함께 살아야 합니다. 그러면 그분께서 우리에게 귀신의 종류와 능력이 어느 정도인지를 알려주십니다.

한번은 호주의 한 가정을 방문한 적이 있었습니다. 그 가정은 혼잡하게 쪼개진 가정이었습니다. 오늘날 많은 가정들이 마귀에게 속아 남편이 아내를 떠나고, 아내들이 남편들을 떠나고 있습니다. 이것은 그들이 속아서 악한 영들과 짝한 결과입니다. 가정을 파괴하는 것은 바로 마귀입니다

다! 하나님께서 오늘날 많은 가정들이 쪼개지는 것을 막아주시기를 간절히 바랍니다. 이런 일들이 일어나지 않도록 하기 위해 우리가 취할 수 있는 방법은 하나님이 주신 배필과 평생토록 해로하는 것뿐입니다.

저는 그동안 너무도 많은 가정이 이혼으로 파괴되고, 이로 인해 가족원 모두가 아픔을 겪는 것을 지켜보았습니다. 이러한 때에 우리는 정신을 차리고 가정을 파괴하는 마귀의 궤계를 직시하여야 합니다. 마귀는 항상 눈에 보이는 것을 통해 우리를 유혹함으로 삶을 파괴로 몰아가고, 그 결과 하나님의 사역들이 제대로 이루어지지 못하게 합니다. 마귀는 항상 육신의 정욕을 앞세웁니다. 마귀는 절대로 깨끗할 수가 없으며, 더럽고 추합니다. 그리고 그 뒤에는 지옥이 있습니다.

여러분이 이러한 마귀의 공격을 당하게 된다면, 지체하지 말고 그 즉시 주 예수님을 바라보십시오. 그러면 그분께서 여러분을 마귀의 세력으로부터 구해주십니다. 만일 믿음생활을 지속하기 원한다면, 그 어떤 모양으로라도 마귀와의 접촉점들을 차단하십시오.

우리를 멸하려고 궤계를 펼치고 있는 마귀의 세력들을 간파하여 물리치기 위해 영들을 분별하는 은사 받기를 간절히 사모하면, 성령 하나님께서 우리에게 영들을 분별하는 은사를 주십니다. 그래서 우리는 성령의 기름부음 아래 이 은사를 사용함으로 마귀의 궤계를 찾아낼 수 있게 됩니다.

종종 집회에 악령을 부리는 사람들이 참석하곤 합니다. 그럴 때 여러분은 그런 사람들을 분별해낼 수 있어야 합니다. 그래야 그들로 인해 집회가 영적으로 방해받지 않게 됩니다. 만일 여러분의 집회에 심령술사나

크리스천 사이언티스트라 불리는 이단들이 참석한다면, 영 분별의 은사를 사용하여 그들을 찾아내어 내쫓으십시오. 그들과 절대로 한편이 되지 마십시오. 그들을 쫓아버리십시오.

그 사람들은 자신이 악령들에게 속고 있다는 사실을 깨달아야 합니다. 그들이 그러한 것을 깨닫기 전에는 자신들의 세력을 확장하기 위해 여러 명이 합세하여 집회에 참석하곤 합니다. 예수님께서 "도적들이 오는 것은 죽이고 멸망시키려고 오는 것이다"(요 10:10)라고 하신 말씀을 꼭 기억하십시오.

주님을 구하십시오. 그러면 그분께서 여러분의 모든 생각과 행위들을 정결하게 하셔서 결국 여러분이라는 존재는 거룩한 정결함으로 빛나게 되고, 거룩함을 위하여 여러분을 창조하신 그분만을 바라는 삶을 살 수 있게 됩니다. 오직 거룩함만을 바라십시오.

우리가 정말로 정결하게 될 수 있을까요? 예, 될 수 있습니다. 결코 끊지 못할 것 같던 끈질긴 죄들도 끊어질 수 있습니다. 하나님께서는 우리의 생각으로 짓는 죄까지도 사하실 수 있습니다. 우리가 진정으로 죄를 증오하고 의를 사랑할 수 있을까요? 예, 가능합니다. 하나님께서는 여러분 안에 정결한 마음을 창조하실 수 있습니다. 하나님께서는 여러분으로부터 굳은 마음을 제하여 버리시고, 그 대신 부드러운 마음을 주실 수 있습니다. 그분께서는 여러분에게 정결한 물을 뿌려주십니다. 그러면 여러분은 모든 더러움에서 깨끗하게 됩니다(겔 36:25-26).

하나님께서는 언제 여러분을 정결한 물로 씻겨주실까요? 바로 여러분이 마음으로 정결함을 사모하여 오직 그분만을 구할 때 그러한 일들이 일어납니다.

축사

이제 여러분에게 언뜻 들으면 무섭게 들릴 수도 있는 이야기를 해드리겠습니다. 이 이야기를 통해 영 분별의 은사가 어떻게 사용되었는지를 알아보십시오. 이러한 일들은 드물지 않게 일어나고 있습니다. 저는 이런 일을 경험케 하신 하나님께 감사드립니다. 왜냐하면 제가 이런 일들을 경험하게 됨으로, 주님 안에서 어떻게 사역을 해야 하는지에 대해 배울 수 있었기 때문입니다.

런던에 있는 어떤 사람으로부터 여러 차례의 전보와 편지 그리고 여러 방법들을 통해 저에게 제발 한 번만 와달라는 연락을 받았습니다. 제가 갈 수 없다고 여러 차례 회신을 보냈지만, 꼭 한 번 와달라는 요청은 수그러들지 않았습니다. 저는 여러 차례 숙고를 해보았으나 제가 그곳에 꼭 가야 할 이유가 없는 듯 보였습니다. 그러나 그는 자신이 매우 심각하고 어려운 문제에 직면해 있으니 꼭 와달라고 하였습니다.

제가 그곳에 도착하자 도움이 절실히 요구되는 자녀의 어머니와 아버지가 저의 손을 붙잡고 울면서 자신들의 사정을 하소연하였습니다. 그래서 저는 그분들에게 "정말 마음이 아프셨겠습니다"라며 위로의 말을 해주었습니다.

그 부모들은 저를 데리고 발코니 쪽으로 갔습니다. 거기서 그들은 약간 열려 있는 문 쪽을 손으로 가리킨 후, 바로 자리를 피했습니다. 저는 그들이 손으로 가리켰던 문안으로 들어가 보았습니다. 그곳에서 저는 그때까지 한 번도 본 적이 없는 광경을 목격했습니다. 저는 겉으로 보기에는 아름다운 용모를 가진 젊은 여자가 몸집이 큰 네 명의 신체 건장한 남자들에게 꼭 붙잡혀 마룻바닥에 누워 있는 장면을 보았습니다. 그녀가 입은 옷은 여기저기 찢어져 있었습니다.

저는 방으로 들어가 그 여자의 눈을 쳐다보았습니다. 그녀의 눈은 돌아가 있었고, 말은 하지 않고 있었습니다. 그 여자는 귀신들려 무덤 주위에서 살다가 예수님을 만나자마자 그분께 달려들었던 사람과 동일한 상태 같아 보였습니다.

예수님께서 무덤 주위에 살던 귀신들린 남자에게 다가가셨을 때, 그 사람 속에 있던 귀신이 귀신들린 사람의 입을 빌어 예수님께 말하였습니다(막 5:1-13). 이와 마찬가지로, 그 여자 속에 있는 귀신들이 그 여자의 입을 빌어 저에게 "나는 네가 누구인지 잘 안다. 그렇지만 너는 우리들을 내쫓을 수 없다. 왜냐하면 우리의 숫자가 매우 많기 때문이다"라고 말했습니다.

저는 귀신에게 "너희의 숫자가 아무리 많다고 해도, 나의 주님이신 예수님은 너희들을 다 내쫓을 수 있으시다"라고 말하였습니다. 귀신을 내쫓는 순간은 참으로 멋진 순간입니다. 왜냐하면 귀신을 내쫓는 것은 오직 주님만이 하실 수 있기 때문입니다. 사탄의 세력은 너무도 컸습니다. 그래서 귀신들린 이 소녀는 몸을 뒤틀어 네 명의 건장한 남자들의 손에서 빠져나왔습니다.

이때 제 속에 계신 주님께서 놀라운 일을 행하셨습니다. 저는 그 즉시 그 여자에게로 다가가서 그녀의 눈을 주시하였는데, 그 속에서 악한 세력들이 역사하고 있음을 볼 수 있었습니다. 그녀의 눈은 악귀가 주는 힘으로 불타고 있었습니다.

저는 그 순간 "예수의 이름으로 명하노니, 악귀들아 떠날지어다. 너희들의 숫자가 아무리 많을지라도 예수의 이름으로 명하노니 다 떠나라!"라고 그녀 속에 있는 악귀들에게 소리를 질렀습니다. 그러자 그녀는 마치 병자들이 그러듯 토하기 시작했습니다. 그녀는 서른일곱 귀신들을 토해내었습니다. 그녀의 입은 한 번 토할 때마다 빠져 나가는 귀신의 이름을 하나씩 말하였습니다. 그날 그녀는 정상인으로 돌아왔습니다.

그 다음날 아침 10시에 저는 그녀와 함께 아침식사를 했습니다. 주님을 찬양합니다!

영 분별의 은사를 잘 사용하려면, 지속적으로 거룩한 생각을 하십시오. 그리고 하나님의 거룩한 성품을 소유한 자가 되기를 힘쓰십시오. 또한 영적으로 깊이 있어지고 민감해지십시오. 그래야 여러분이 무엇을 해야 할지를 알게 됩니다. 만유의 주이신 주님께서 여러분 속에 계시고, 여러분과 함께하십니다. 그분은 여러분이 어떤 행위를 해야 마땅한지를 알려주시고자 하는 마음으로 가득하신 분입니다.

영국의 돈케스터에서 믿음을 주제로 말씀을 전할 때, 당시 여러 명이 축사사역을 받았습니다. 그때 그곳에 잭이라는 이름을 가진 사람이 참석하고 있었습니다. 당시 통증으로 인해 무릎을 천으로 칭칭 감고 있었던 그는 저의 축사사역을 목격하고 매우 큰 흥미를 보였습니다.

잭은 집으로 가서 아내에게 이렇게 말했습니다. "나는 위글스워스의 설교에 큰 감동을 받았어요. 이제 내가 믿음으로 해볼 테니, 어떤 일이 일어나는지 잘 봐요." 그리고 그는 아픈 무릎을 향해 "예수의 이름으로 명하노니, 귀신아 나와라"라고 명령하였습니다. 그러고 나서 그는 아내에게 "여보, 무릎이 괜찮아졌어요"라고 말한 후, 오랫동안 무릎을 칭칭 감고 있던 긴 붕대를 풀렀습니다. 붕대를 풀고 보니 무릎의 상처들은 온데 간데 없었습니다.

그 다음날 아침이 되자 그는 작은 감리교회에 가서 예배를 드렸습니다. 그때 그곳에 여러 명의 젊은 사람들이 있었는데, 그들은 거의 다 병을 심하게 앓고 있었던 사람들이었습니다. 그래서 잭은 예수의 이름으로 그들을 대상으로 축사사역을 하였습니다. 그러자 귀신으로 인해 육체의 질병을 앓고 있던 많은 환자들이 나음을 받았습니다. 잭은 믿음으로 가득 차서 예수님의 이름을 담대하게 사용하였던 것입니다. 그 결과 마귀의 힘보다 예수님의 능력이 더 큼을 확인할 수 있었습니다.

한번은 스웨덴의 고텐버그에서 집회를 열어달라는 요청을 받았습니다. 그래서 저는 그곳에 가서 집회를 인도하게 되었습니다. 그때 어떤 사람이 집회 장소의 문 앞에 쓰러졌습니다. 귀신이 그 사람을 쓰러뜨린 것입니다. 그 사람 속에 있던 귀신이 드러나자 집회가 방해를 받았습니다. 그래서 저는 문 쪽으로 달려가 그의 손을 잡은 후 그 사람 속에 있는 악한 영들에게 "너 귀신아 당장 나와!"라고 명령하였습니다. 그런 후 저는 그 사람을 다시 일으켜 세운 후, 그에게 "예수님의 이름으로 명합니다. 똑바로 선 후 걸으십시오"라고 말했습니다.

당시 저의 그 말을 몇 사람이나 이해했을지 모르겠습니다. 아마도 통역하는 사람은 이해했을 것입니다. 그러나 귀신은 저의 말을 알아들었습니다. 저는 영으로 명령했고, 그 귀신들은 (스웨덴 말에 익숙한 귀신들이었지만) 쫓겨나갔습니다. 이와 비슷한 일이 노르웨이의 오슬로에서도 일어났습니다.

마귀는 사람들로 하여금 눈에 보이는 것에 푹 빠져 정신을 차리지 못하게 합니다. 한번은 한 아름다운 여인이 사람들의 팔에 이끌려 제 앞에 서게 되었습니다. 그 여인은 어떤 설교자를 본 후 그 남자에게 푹 빠져 그에게 온갖 추파를 보내며 결혼할 것을 종용하였지만, 뜻을 이루지 못하자 안절부절하지 못하고 있었던 상태였습니다. 마귀가 이러한 상황을 이용하여 그 여인이 거의 광란 상태에 빠지게 만든 것입니다. 그런데 놀라운 사실은 그 여인이 과거에 성령세례를 받았던 적이 있었다는 것입니다.

여러분 중에는 "성령세례까지 받은 경험이 있는 사람 속에도 마귀가 거할 수 있나요?"라고 질문하시는 분들이 계실 것입니다. 우리가 계속해서 하나님과 함께 동행하지 않거나 성령으로 충만한 상태가 유지되지 않으면, 완전히 안전한 상태라고 할 수 없습니다. 여러분도 잘 알다시피 성경에 데마라는 사람이 나옵니다. 그 사람은 과거에 성령세례를 받은 적이 있는 사람이었고, 더군다나 바울의 오른팔 역할을 한 적도 있었습니다. 그러나 마귀가 그를 붙잡자 그는 세상을 사랑하여 결국 바울의 곁을 떠나게 되었습니다(딤후 4:10).

이제 사람들이 그 여인을 제 앞에 데리고 왔습니다. 제가 그 여인을 보니 악한 영들에 붙잡혀 있었습니다. 그래서 저는 즉시 예수님의 이름으로 그 악한 영들을 쫓았습니다. 그러자 그 여자는 정상으로 돌아왔습니다. 많은 사람들이 보는 앞에서 그 여자가 다시 정상으로 돌아오자 저는 매우 기뻤습니다.

마귀로부터 온전히 자유케 되는 것은 얼마든지 가능합니다. 하나님은 여러분이 그런 삶을 살기 원하십니다. 만일 여러분이 평강이 깨어진 상태에서 살고 있다면, 그것은 마귀가 여러분의 평강을 깨뜨렸기 때문입니다. 제가 그것을 어떻게 아냐고요? 그 이유는 주님께서 오직 그분께만 집중하며 살면, 마음에 온전한 평화가 이루어진다고 말씀하셨기 때문입니다(사 26:3).

바울은 우리에게 "여러분의 몸을 하나님께서 기뻐하실 거룩한 산 제물로 드리십시오. 이것이 여러분이 드릴 합당한 예배입니다"(롬 12:1, 표준새번역)라고 말하였습니다. 그뿐 아니라 성령 하나님께서는 사도 바울을 통하여 "여러분은 이 시대의 풍조를 본받지 말고, 마음을 새롭게 함으로 변화를 받아서, 하나님의 선하시고 기뻐하시고 온전하신 뜻이 무엇인지를 분별하도록 하십시오"(롬 12:2, 표준새번역)라고 권면하셨습니다.

여기서 한 걸음 더 나아가 빌립보서에서 바울은 다음과 같이 말하였습니다.

> 마지막으로 형제자매 여러분, 무엇이든지 참된 것과, 무엇이든지 경건한 것과, 무엇이든지 옳은 것과, 무엇이든지 순결한 것과, 무엇이든지 사랑스러운 것과, 무엇이든지 명예로운 것과 또 덕이 되고 칭찬할 만한 것을, 이 모든 것을 여러분은 골똘히 생각하십시오. (빌 4:8, 표준새번역)

만일 우리가 순결한 것을 생각하면, 순결해집니다. 만일 우리가 거룩한 것을 생각하면, 거룩해집니다. 이와 마찬가지로 우리가 우리의 주님이신 예수 그리스도에 대해 생각하면, 우리는 그분과 같아집니다. 우리는 우리가 바라보는 것과 같은 존재로 변화됩니다.

하나님의 마음을 알 수 있는 방법

이제 영의 성질에 대해 공부해봅시다. 이것은 매우 중요합니다. 만일 여러분이 인간적인 지식만 가지고 어떤 일을 하고자 한다면, 그것은 매우 위험합니다. 오늘날 성령께서 어떤 일들을 하고 계신데, 그 일은 바로 여러분에게 새 마음을 주시는 것입니다. 우리가 새 마음을 가지게 되면, 예수 그리스도의 마음으로 생각하게 됩니다.

예수 그리스도의 마음과 생각을 갖고 있는 사람은 자신의 영광을 위하여서는 그 어떤 일도 하지 않습니다. 여러분보다 크신 이가 여러분을 장악하시도록 허락하십시오. 그러면 그분께서 여러분을 예수님의 자리로 인도하십니다. 그렇게 되면, 여러분은 주님으로부터 악한 영들을 분별할 힘을 받게 되는 것입니다.

여러분은 이제 가장 거룩한 줄을 만지셨습니다. 저는 여러분이 참석한 이 모임이 하나님의 뜻 안에서 진행되는 모임이라고 믿습니다. 지금 하나님께서는 여러분에게 말씀을 전하고 있는 저에게 힘을 주고 계십니다.

영들을 분별하는 데 방해가 되는 것들

만일 여러분 속에 마귀가 기웃거릴 만한 그 어떤 것이라도 있다면, 여러분은 악한 영들을 분별하거나 그들을 대적할 힘을 잃게 됩니다. 만일 하나님께서 여러분의 삶을 통해 나타내시고자 하는 일을 행하고자 한다면, 여러분은 자신에 대해서는 죽음의 자리에까지 이르러야 합니다. 그렇게 되면 그제야 여러분을 통해 그리스도의 초자연적인 능력이 나타나 그 능력이 귀신들을 무력하게 만듭니다.

우리가 귀신들에게 문을 열어주지 않으면, 사탄은 악한 영들을 데리고 들어오지 못합니다. 성경은 이에 대해 "악한 자가 그를 만지지도 못한다"(요일 5:18)라고 하였고, "주님께서 너를 모든 악들에서 지켜주실 것이며, 그분께서 너의 영혼을 보호해 줄 것이다"(시 121:7)라고 하였습니다.

그렇다면 사탄은 어떻게 우리를 공격할 빌미를 얻게 됩니까? 그리스도인들이 거룩함과 순결함, 의와 진리를 추구하는 것을 중지하거나 기도와 말씀 읽기를 중지하거나 육신의 소욕에 자신을 내어맡기게 되면, 사탄이 우리를 공격하게 됩니다. 이것은 하나님의 명령에 불순종하는 것이며, 그 결과 병에 걸리는 일이 일어나게 됩니다. 이와 관련하여 다윗은 "내가 고난을 당할 때까지 나는 잘못된 길을 걸어왔습니다"(시 119:67)라고 고백하였습니다.

만일 여러분 속에 인간적인 욕심이나 죄가 조금이라도 있다면, 여러분은 절대로 마귀의 힘을 무력화시는 그 어떤 사역도 할 수가 없습니다. 육신의 죄와 욕망이 완전히 죽지 않으면, 하늘의 생명과 능력 안에 거할 수 없습니다. 그러니 절대로 자신을 어리석은 자로 만들지 마십시오. 자신을 잘못된 길로 인도하는 삶을 살지 마십시오. 하나님은 절대로 죄를 간과하지 않으십니다. 죄는 반드시 멸해져야 합니다. 하나님만이 우리의 죄를 완전히 멸할 수 있는 힘을 갖고 계십니다.

만일 여러분이 온전히 깨끗하다면, 마귀가 오더라도 여러분을 공격할 만한 그 어떤 것도 발견할 수 없게 됩니다(요 14:30). 여러분이 마귀가 트집을 잡을 수 없을 정도로 깨끗하다면, 여러분 속에 거하시는 하나님의 능력으로 얼마든지 마귀의 능력을 제어할 수 있게 됩니다.

분별은 생각이나 눈으로 하는 것이 아니라 직관으로 하는 것입니다. 마음으로 우리가 무엇을 물리쳐야 할지를 알 수 있는 것은 우리 안에 악과 더러움을 없앨 순결함이 있다는 것을 우리 자신이 잘 알기 때문입니다.

하나님께서는 현재 집회 때마다 저를 순결하게 만들고 계십니다. 하나님의 순결한 성령이 저를 매번 깨끗하게 하시지 않는다면, 저는 절대로 여러분을 도와드릴 수가 없습니다. 제가 여러분에게 생명을 줄 수 있기 위해서는 무엇보다 먼저 제 안에 생명이 있어야 합니다. 이 점에 있어서 성경은 죽음이 우리 속에서 역사하고, 그 결과 생명이 너희 속에서 역사하게 된다고 말하고 있습니다(고후 4:12).

우리 속에서 역사하고 있는 죽음은 모두가 육적이고, 악하며, 우리의 육신을 자극하는 것들입니다. 이 점에 있어서 성경이 말하고 있는 바들을 기억하십시오. 성경에는 우리의 육을 자극하는 것 66가지가 기록되어 있습니다. 그 중에는 살인, 탐욕, 악으로 기울고자 하는 경향도 들어 있습니다. 그러나 저는 그 어떤 악한 경향들도 다음의 단 한 가지의 열매로 인해 다 파멸될 수 있다는 사실을 자신 있게 말씀드릴 수가 있습니다. 먼저 하나님의 나라와 그의 의를 구하십시오. 그러면 모든 것들이 여러분에게 더하여집니다(마 6:33).

11장
음성 분별, 어떻게 하나?

이 세상에는 많은 소리들이 있습니다. 저는 여러분이 소리들에 대해 잘 이해하여 많은 소리 가운데 영적인 소리를 분별해낼 수 있기를 원합니다. 그렇게 되기 위해 우리는 먼저 성경이 이것들에 대해 어떻게 말하는지를 알아야 합니다.

오늘날 많은 사람들이 신비주의에 빠진 아서 코난 도일 경에게 많은 경의를 표하고 있습니다. 그러나 우리가 행하는 것들에는 그 어떤 신비한 것도 없습니다. 만일 여러분이 심령술에 심취하기 위해 이 자리에 참석하셨다면, 번지수를 잘못 찾아오신 것입니다. 심령술은 마귀가 주는 것입니다. 우리는 그런 이유로 이 자리에 오신 분들과 그 어떤 교제도 하지 않을 것입니다. 만일 여러분이 주님과 마귀를 겸하여 섬긴다면, 결국은 마귀가 여러분을 잡고 말 것입니다.

불순종의 영(엡 2:2)과 불법의 영(살후 2:7-8)이 어떻게 다릅니까? 사실 이 두 영은 동일한 영입니다. 이 영들은 적그리스도의 영이며, 그 어디에나 있습니다. 심령술, 여호와의 증인, 크리스천 사이언스, 이 모두가 적그리스도의 영과 관련이 있습니다. 이들에게는 예수 그리스도의 보혈이 없습니다. 우리는 오직 주님의 보혈에 의해서만 하나님 앞에 갈 수 있습니다. 하나님의 나라에 들어갈 수 있는 길은 단 한 가지만 존재하는데, 그 길은 바로 예수님의 보혈입니다.

영들을 시험하기

사랑하는 여러분, 어느 영이든지 다 믿지 말고, 그 영들이 하나님께로부터 왔는가를 시험해 보십시오. 거짓 예언자가 세상에 많이 나타났기 때문입니다. 여러분은 하나님의 영을 이것으로 알 수 있으니, 곧 예수 그리스도께서 육신을 입고 오셨음을 시인하는 영은 다 하나님께로부터 온 영입니다. 그러나 예수를 시인하지 않는 영은 다 하나님께로부터 오지 않은 영입니다. 그것은 적그리스도의 영입니다. 여러분은 그 영이 올 것이라는 말을 들었습니다. 그런데 그 영이 세상에 벌써 왔습니다. 자녀 여러분, 여러분은 하나님에게서 났고, 그들을 이겼습니다. 여러분 안에 계신 분이 세상에 있는 자보다 크시기 때문입니다. 그들은 세상에서 생겨났습니다. 그런 까닭에 그들은 세상에 속한 말을 하고, 세상은 그들의 말을 듣습니다. (요일 4:1-5, 표준새번역)

사랑하는 여러분, 저는 여러분이 어떤 영들이 하나님으로부터 온 것인지, 아닌지를 알 수 있는 사람들이 되기를 원합니다. 성도들은 왜 영들을 시험하여 분별해낼 수 있어야 합니까? 여러분이 영들을 분별할 수 있을 정도가 되면, 계시라고 일컬어지는 것들이 참 계시인지, 아닌지를 알 수 있게 됩니다.

참 계시는 항상 여러분을 거룩하게 만듭니다. 참 계시는 절대로 여러분에게 '만일'이라는 단서를 붙이지 않습니다. 마귀가 예수님께 와서 그분을 시험했을 때 '만일'이라는 단서를 붙였습니다. 마귀는 예수님에게 "만일, 네가 하나님의 아들이라면"(마 4:3)이라고 말했습니다. 그리고 또한 "네가 만일 나에게 엎드려 나에게 절하면"(마 4:9)이라고 말했습니다. 그러나 성령님은 절대로 우리에게 '만일'이라는 단서를 붙여서 말씀하시지 않습니다. 성령님은 놀라운 하나님의 말씀을 하시는 분입니다. 그러므로 심령술을 추구하는 코난 도일이나 그와 같은 자들은 사탄의 지시를 받는 자들임이 분명합니다.

저는 악한 영들에게 조정을 받는 사람들을 자주 접하곤 합니다. 종종 악한 영들이 사람들을 강력하게 조정하는데, 그 경우 그 사람들이 내뱉는 말은 악한 영들의 말입니다. 그런데 그것은 매우 심각한 경우입니다. 즉 마귀에게 사로잡힌 경우라고 말할 수 있습니다.

여러분은 성경에 귀신들로 인해 삶이 엉망이 된 사람의 이야기가 기록되어 있다는 사실을 알고 계십니까?(막 5:2-15) 그 어떤 강한 줄이나 쇠사슬로도 그를 제어할 수가 없었습니다. 그는 밤낮 무덤 사이에 거하면서 소리를 지르고 돌로 자신의 몸을 상하게 하였습니다(막 5:5).

그런데 그가 있는 곳에 예수님께서 나타나셨습니다. 그러자 그 사람 속에 있는 귀신들이 예수님에게 "당신은 때가 이르기 전에 우리를 멸하려고 이곳에 나타나셨습니까?"라고 하며 소리를 질렀습니다(마 8:29). 어떤 방법으로도 이 사람을 제어할 수는 없었습니다. 그러나 예수님이 나타나시자 그 사람 속에 있던 악한 영들이 두려워 떨며 소리쳤습니다.

오, 예수님을 우리에게 주신 하나님께 감사드립니다. 사랑하는 여러분, 그분의 능력 안에 거하십시오. 성령으로 채워지는 삶을 사십시오. 그래서 여러분 안에 거하시는 하나님의 능력으로 인해 모든 악한 것들을 물리치는 삶을 사십시오.

성령 충만한 삶을 사는 것은 매우 중요합니다. 오늘날 많은 사람들이 성령 충만하지 못하기 때문에, 자신조차도 지키지 못하며 살아가고 있습니다. 만일 우리가 성령으로 충만한 삶을 산다면, 하나님이 원하시는 것만을 하기를 간절히 원하게 됩니다. 성령으로 충만하여 성령님이 원하시는 것을 하는 것이 여러분의 소원이 되는 삶을 살아가십시오. 성령으로 충만하게 되면, 여러분은 하나님의 일들을 힘차게 수행할 수 있게 됩니다.

방언 통역) 주님은 정사를 다스리실 수 있는 권세를 가지신 분입니다. 성경은 "그분의 어깨 위에 정사가 있다"고 말하고 있습니다. 이제 그분께서 자신의 어깨 위에 우리를 올려놓으셨습니다. 그러므로 그분께서는 여러분을 그분이 원하시는 곳으로 데리고 가실 것입니다.

여러분이 예수님을 이끌 생각은 아예 하지 마십시오. 그 대신 주님께서 여러분을 이끌어 가시도록 허락하십시오. 그분은 단지 여러분을 아무것도 아닌 것으로 이끄십니다. 여러분이 아무것도 아닌 것이 될 때, 비로소 능력의 사람이 됩니다. 그분은 또한 여러분을 연약함으로 인도하십니다. 여러분이 연약할 때, 여러분과 함께하시는 하나님이 비로소 강해지십니다. 인간의 눈으로 보면 약해 보이는 것들도 하나님이 잡으시면 강해집니다.

올바른 감동

제가 지금 여러분에게 매우 중요한 것 한 가지를 말씀드리고자 합니다. 저는 그동안 문제점들을 해결하거나 자신들의 거룩한 소망들을 이루어보고자 찾아온 수많은 사람들을 만나 보았습니다. 그 사람들 중 많은 사람들이 삶의 갈림길에서 어떤 길을 택해야 할지 몰랐습니다. 그들 중 어떤 사람들은 어떤 길을 택해야 할지에 대해 하나님이 주시는 감동을 받았던 사람들이 적지 않았습니다. 이제 저는 이 부분에 대해 제가 경험했던 것을 여러분에게 말씀드리고자 합니다.

한번은 어떤 사람이 저를 찾아와서 "성령께서 오늘 아침에 저에게 강하게 임하셨습니다"라고 말했습니다.

그래서 제가 그 사람에게 "좋은 일입니다!"라고 대답했습니다.

그러자 그 사람이 "이 근처에 혹시 인게로(Ingerow)라고 불리는 장소가 있습니까?"라고 물어보았습니다.

"예, 있습니다"라고 제가 대답했습니다.

"그렇군요. 바로 그 장소가 제 생각에 떠올랐습니다. 그래서 저는 그곳에 가서 전해야 합니다."

그 사람이 그곳에 가서 설교하는 것이 절대로 잘못된 것은 아닙니다. 그래서 그 사람에게 제가 "무엇에 대해 전하려고 합니까?"라고 물어보았습니다.

"무엇을 전해야 될지 모릅니다. 아마도 거기서 만나는 사람에게 그 사람의 영혼에 관한 것을 말해야 되지 않을까요?"라고 그 사람이 말했습니다.

"그런데 그곳이 어디 있는지도 모른단 말입니까? 그곳은 스킵톤 쪽으로 가면 나오는 곳입니다"라고 제가 말해 주었습니다.

"어쨌거나 저는 그곳에 가야 합니다"라고 그 사람이 대답하였습니다.

그래서 제가 그 사람에게 이렇게 말했습니다. "제 말을 한 번 들어보십시오. 당신도 일하는 곳이 있지요? 당신의 상사가 당신에게 당신도 모르는 곳에 가서 일하라고 시킬 수 있을까요? 그리고 당신도 모르는 사람을 만나 어떤 것에 대해 전하라고 할 수 있을까요?"

여러분, 이 사람이 정말로 하나님의 지시를 제대로 받은 것이라고 생각하십니까? 이 사람의 경우, 특별한 존재가 되고 싶어 자신의 욕망을 하나님의 음성으로 잘못 인식한 것입니다. 그날 제 딸이 그 사람을 말렸지만, 그는 순종하지 않고 그곳에 갔습니다. 그러나 그곳에서 그는 한 사람도 만나지 못했습니다. 결국 그는 정신병자 수용소에 보내졌습니다.

왜 이런 경우가 생길까요? 우리가 하나님의 감동을 제대로 받았는지, 아닌지를 어떻게 알 수 있을까요?

어제 어떤 여인이 저에게 와서 "주님의 성령이 임하셔서 저에게 복음을 전하라는 감동을 주셨습니다"라고 말했습니다.

그래서 저는 그 여인에게 "그것 참 좋은 일이군요"라고 대답하였습니다.

그러자 그 여인이 "저는 무조건 복음을 전해야 합니다. 그런데 어디에 가서 복음을 전해야 할지는 잘 모르겠습니다. 그러니 당신이 제가 어디로 가야 할지 말씀해주세요"라고 말하였습니다.

저는 그 여인에게 "집에서부터 복음을 전하십시오. 예루살렘에서부터 시작하십시오. 그래서 예루살렘에서 복음을 전하는 것이 성공하면, 그 다음엔 유대로 나가서 전하십시오. 그리고 유대에서 복음을 전하는 것이 성공하면, 하나님께서는 비로소 당신을 온 세상으로 보내십니다"라고 말해주었습니다.

하나님은 여러분이 예루살렘에서 복음을 전하지 못했는데도 불구하고, 세상 끝에 가서 복음을 전하라고 내보내시는 분이 절대로 아니십니다. 우리는 주님을 위하여 큰일을 수행해야 합니다. 그러나 그러기 전에 무엇이 하나님의 뜻이고, 무엇이 하나님의 음성인지를 잘 분별할 수 있어야 합니다.

여러분은 성경을 갖고 있으며, 또한 성령님을 모시고 있습니다. 성령님은 지혜를 갖고 계신 분입니다. 그분은 여러분이 어리석은 자가 되지 않기를 원하십니다. 성령 하나님은 지식과 지혜, 진리에 관한 완전한 직관을 갖고 계신 분이고, 여러분이 균형 잡힌 삶을 살도록 도우시는 분입니다.

여러분 모두가 반드시 제거해야 할 것이 있습니다. 그것은 바로 두려움입니다. 두려움이 떠나면, 그 자리에 능력과 확신이 자리잡게 됩니다. 그리고 여러분이 반드시 갖고 있어야 할 한 가지가 있습니다. 그것은 바로 사랑입니다. 사랑이 필요한 이유는, 사랑으로 인해 사람들이 알아주는 존재가 되기 때문이 아니라 하나님께 순종하기 위해서입니다. 물론 하나님께서 여러분을 사람들로부터 존경을 받는 사람으로 만들기 원하시면 어쩔 수 없는 노릇이기는 하지만 말입니다.

제 아내는 저를 설교자로 세우기 위해 최선을 다했습니다. 그러나 그녀의 시도는 성공하지는 못했습니다. 그녀의 마음은 곧았습니다. 그녀의 사랑도 옳았습니다. 그녀는 자주 저에게 "여보, 당신은 할 수 있어요. 저는 당신이 이번 주에 설교하기를 간절히 원해요"라고 이야기하곤 하였습니다.

저도 그렇게 하려고 무진 애를 썼습니다. 할 수 있는 방법은 다 동원해보았습니다. 제가 설교를 하기 위해 시도하지 않은 방법은 거의 없다고 해도 과언이 아닙니다. 저는 심지어 목사님들이 하신 설교들을 일주일 내내 적은 적도 있습니다.

저에 대한 아내의 바람, 저를 향한 그녀의 사랑, 그녀의 소망이 틀렸다고 할 순 없습니다. 그러나 제가 일단 설교단에 올라서면 저는 그동안 적어놓은 설교를 읽지 않고 "저는 설교를 못하겠습니다. 저 대신 다른 분들이 하셨으면 좋겠습니다"라고 말하였습니다. 이런 일은 한 번이 아니라 여러 차례 일어났습니다.

　아내는 제가 설교를 할 수 있게 되기를 간절히 원했고, 저도 설교를 잘 해보려고 갖은 애를 썼습니다. 어떤 사람이 예수님을 영접하겠다고 설교단 앞으로 나오는 경우, 저는 그런 사람들에게 예수님을 영접시키는 것은 참 잘합니다. 그리고 아내가 설교하는 동안 어린 아기들을 돌보는 것도 잘합니다. 실상 저는 그런 것들을 참 좋아합니다. 그러나 설교만은 할 수 없었습니다.

　그런데 성령님이 임하시자 저는 설교를 할 수 있게 되었습니다. 그러므로 제가 설교할 수 있는 능력은 저의 것의 아니라 주님의 것입니다. 성령으로 채움 받는다는 것은 하나님이 주시는 능력으로 그분의 일을 한다는 것을 뜻합니다. 그 일은 반드시 주님을 위한 일이어야 합니다.

　여러분이 어떻게 생각하든 상관없이, 예수님 없이는 이 세상 그 어떤 것도 선할 수가 없습니다. 어떤 사람이 무대 위에 뛰어올라가서 사람들에게 "내가 옳습니다"라고 소리 칠 수는 있습니다. 그러나 그렇다고 그 사람의 말이 맞는 것은 아닙니다. 여러분이 옳다는 것을 증명해줄 분은 주님 한 분뿐이십니다.

　하나님께서는 사람들이 하나님의 일을 하기 위해 성령의 불을 받기 원하십니다. 하나님께서는 성령의 기름을 부어주신 후에 여러분을 파송하십니다. 그러면 여러분이 전하는 것을 듣고 사람들이 자신들이 죄인이라는 사실을 깨닫게 됩니다. 그러나 여러분이 스스로 대단한 사람이라고 생각한다면, 하나님의 일을 조금도 이룰 수 없게 됩니다. 세례란 우리의 육이 죽는 것입니다. 우리가 죽어야만 하나님에 대해 다시 살아날 수 있습니다.

성령의 음성과 속이는 음성

많은 사람들이 음성을 잘못 듣기 때문에 어려운 일들을 당합니다. 어떤 사람들은 소리를 잘못 들어 결국 우울증 증상을 보이기까지 합니다. 어떤 사람들은 하나님의 음성을 잘 듣는다고 자랑하기도 합니다. 그래서 자신이 하나님의 음성을 들을 수 있다는 것을 떠벌리며 다니기도 합니다.

그러나 많은 사람들이 잘못된 예언으로 인해 잘못된 삶을 살았습니다. 많은 사람들이 자신이 방언을 하고 방언 통역을 할 수 있다고 믿다가 바보 같은 사람이 되었습니다. 그런 사람들 중에는 하나님이 자신들에게 어떠어떠한 일들을 하라고 말씀하셨다며 잘못된 주장을 하기도 합니다. 그런데 이런 것들 대부분이 하나님으로부터 온 것이 아니기 때문에 결국 하나님을 모독하는 것으로 귀결되기 쉽습니다.

저는 저의 생각을 설교하지 않습니다. 저는 저의 생각이 어떠한지를 표현하는 식의 설교는 절대로 하지 않습니다. 왜냐하면 생각은 모든 사람들이 다 하는 것이기 때문입니다. 저는 여러분에게 제가 아는 것을 전합니다. 그러므로 여러분은 제가 말하는 것을 잘 들어야 합니다. 그래야 여러분이 배울 수 있습니다. 그리고 저에게서 배운 것들을 다른 사람들에게 말해주십시오. 그래서 여러분이 저를 통해 배운 것을 그들도 알게 하십시오.

제가 어떻게 사탄의 능력을 무력화시키는지에 대해 알고 싶으십니까? 제가 어떻게 사탄을 다룰까요? 어떤 소리가 하나님의 소리인지, 아닌지를 제가 어떻게 알까요? 하나님의 소리가 아닌 소리가 있습니까? 예, 있습니다.

제가 여기 이 자리에 서 있는 이유가 하나님의 말씀의 권위 위에 서서 여러분을 올바로 세워주기 위함이라는 사실을 믿어주셨으면 좋겠습니다. 그런 사실을 믿어준다면, 저는 제가 지금 말하고 있는 것들을 잘 말할 수 있게 됩니다. 저는 소리에 관한 것들을 어떻게 다루어야 할지에 대해 과거의 경험들을 통해 이미 잘 알고 있습니다.

> 여러분은 하나님의 영을 이것으로 알 수 있으니, 곧 예수 그리스도께서 육신을 입고 오셨음을 시인하는 영은 다 하나님께로부터 온 영입니다. 그러나 예수를 시인하지 않는 영은 다 하나님께로부터 오지 않은 영입니다. 그것은 적그리스도의 영입니다. 여러분은 그 영이 올 것이라는 말을 들었습니다. 그런데 그 영이 세상에 벌써 왔습니다. (요일 4:2-3, 표준새번역)

> 주 예수 그리스도의 은혜와 하나님의 사랑과 성령의 사귐이 여러분에게 있기를 빕니다. (고후 13:13, 표준새번역)

위에 인용된 두 개의 성경구절 중 앞에 인용된 것은 사탄으로부터 온 영들을 어떻게 알아내는지에 대해 말하였습니다. 뒤에 인용된 말씀은 하나님 안에서 안전한 위치를 확보한 우리가 성령과 교제할 수 있다는 것을 나타내는 구절입니다.

성령님은 천국의 계획과 생각, 언어들을 갖고 계신 분입니다. 회사의 모든 사업을 총괄·지휘하는 사장은 각 부서의 장들에게 명령하고 지시할 권한을 갖고 있습니다. 성령 하나님은 세상을 총괄하는 사장과 같은 분이십니다. 그분은 지금도 이 세상에 계셔서 우리의 생각, 뜻 그리고 마음과 소통하심으로 우리에게 하나님이 무엇을 원하시는지에 대해 알려주십니다. 따라서 그분은 우리 속에 계셔서 우리에게 거룩한 말씀을 해주시는 거룩한 사장님이시라고 할 수 있습니다. 지금 제가 하는 설교도 대부분 거룩하신 성령께서 하시는 말씀입니다.

여러분이 성령으로 충만한 상태에 있을 때, 무엇을 알 수 있게 되는지에 대해 말씀드리겠습니다. 성령님은 가르침을 주시는 분입니다. 그분은 모든 것에 대해 기억나게 해주시는 분입니다(요 14:26). 그러므로 여러분은 가르치는 사람들을 필요로 하지 않습니다. 왜냐하면 성령께서 직접 모든 것을 여러분에게 가르쳐주시기 때문입니다. 그것이 바로 성령님의 역할입니다. 그렇기 때문에 우리는 성령님을 교통하시는 분이라고 말합니다. 그리고 바로 그런 이유 때문에 요한은 "하나님은 사랑이시다"(요일 4:8)라고 말하였습니다.

은혜로우신 예수님은 우리와 함께 계십니다. 그러나 말씀하시는 분은 성령님이십니다. 성령님은 우리에게 예수님에 관한 모든 것을 알려주십니다.

여기에 계신 분들 중 어떤 사람들은 하나님의 음성을 듣고 순종한다며, 이곳저곳으로 자주 이사를 다니시는 분이 있습니다. 그런데 하나님의 음성을 잘못 들으면, 삶에 어려운 일들이 생깁니다. 마음 아픈 일들과 혼돈스런 일들과 우울증 증상이 나타나기도 합니다. 왜 이런 일들이 생길까요? 그것은 바로 여러분이 잘못된 소리를 듣고 따라갔기 때문입니다.

만일 여러분이 어떤 소리를 듣는다면, 만일 어떤 예언자가 여러분에게 와서 하나님이 여러분에 대해 이런저런 말씀을 하셨다고 말한다면, 그 말을 신뢰하기 전에 그 예언이 정말 하나님으로부터 온 소리인지 아닌지에 대해 여러분이 직접 하나님께 물어보십시오. 그리고 여러분 스스로가 그 예언에 대해 또는 여러분이 들은 소리에 대해 성경말씀을 놓고 판단해보십시오.

점검의 과정이 없이, 자신이 듣는 예언과 소리를 다 하나님의 것이라고 믿고 따랐다가 삶이 엉망이 되어버린 사람들이 너무도 많습니다. 그 이유는 그들이 거짓 예언을 진짜 예언이라고 믿었기 때문입니다. 그것은 사실 하나님의 소리가 아니라 마귀의 소리였던 것입니다. 이것은 매우 중요한 문제입니다. 저는 잘못된 음성을 듣고 따랐다가 어려움을 당한 사람들을 많이 알고 있습니다. 그렇다면 우리는 하나님의 음성과 사탄의 음성을 어떻게 분별할 수 있을까요? 성경은 이 점에 대해 잘 이야기해주고 있습니다.

방언 통역) 하나님이 주시는 것들은 자유의 열매, 거룩한 열매, 내적 경건, 거룩, 온전함, 세상과 구별됨, 주님에 의해 훈련을 받음, 빛으로 채움 받음, 예수님을 찬미함 등이 있습니다. 무엇보다 그분을 뵈옵는 것이 우리의 소망입니다. 그분은 빛과 진리로 가득하신 분이고, 여러분의 마음에 평화와 기쁨이 충만하도록 해주시는 분입니다. 하나님은 여러분 모두가 평강을 소유하고, 또한 주님이 주시는 기쁨으로 충만하게 되길 원하십니다.

성령님은 환희와 기쁨을 주신다

어떤 사람이 성령으로 인도함을 받는지, 사탄의 인도함을 받는지를 구별하려면 그 사람에게 환희와 기쁨이 있는지를 보면 됩니다. 환희와 기쁨이 있는지는 얼굴을 보면 쉽게 알 수가 있습니다. 마귀의 인도함을 받는 사람은 얼굴에 수심이 가득하고 억눌린 듯한 표정을 짓습니다. 그러나 예수님이 우리 마음에 들어오시면, 우리는 기쁨으로 가득하게 됩니다. 성령님은 우리에게 빛을 주십니다.

반면 사탄이 우리를 장악하면, 우리는 쉽게 짜증을 내게 되고 불행한 사람의 얼굴이 됩니다. 그리고 눈은 마치 어려운 일을 당한 사람처럼 힘을 잃게 됩니다.

우리는 항상 말씀대로 영들이 하나님으로부터 왔는지를 분별해야 합니다(요일 4:1). 만일 영들을 하나님의 말씀대로 시험해보지 않으면, 여러분이 방심한 틈을 타서 악한 영들이 공격합니다.

잘못된 음성에 속음

이것에 대한 이해를 돕기 위해 여러분에게 실제로 일어난 일들을 이야기해드리겠습니다. 두 자매가 제가 인도하는 집회에 참석하였다가 구원을 받았습니다. 그리고 그 두 자매는 성령 충만함을 받았습니다. 그들은 아름다운 여인들이었고, 순결과 진리와 의로 가득 차게 되었습니다. 그들은 표현도 잘했습니다. 그녀들을 보고 찬사를 아낄 사람이 아무도 없을 정도였습니다.

그 두 자매는 전보 치는 곳에서 일하고 있었는데, 둘 다 선교사가 되기를 원했습니다. 선교사가 되고 싶은 열망이 컸던 그들은 선교지로 나가기 위해 아낌없이 투자하였습니다. 하나님을 향한 그들의 열심은 지극하였습니다. 그것은 그들이 가는 곳마다 잘 나타났습니다. 그들은 하나님에 대한 열심으로 그분을 위한 일이라면 그 어떤 일도 할 사람들이었습니다.

그 자매들 중 한 명이 전보를 치고 있을 때, 그녀의 머릿속에서 어떤 음성이 들려왔습니다. 그 음성은 그녀에게 "너 나에게 순종할 수 있니? 만일 순종한다면, 내가 너를 이 세상에 존재했던 그 어떤 선교사들보다 더 멋있는 선교사가 되게 해주겠다"라고 말했습니다. 사랑하는 여러분, 모든 음성과 영을 다 믿지 말고, 음성과 영들이 하나님으로부터 왔는지 여부를 시험해보십시오.

그녀가 들은 것은 마귀의 음성이었습니다. 마귀만이 그런 식의 약속을 합니다. 그러나 그녀는 그런 사실을 몰랐습니다. 그녀가 최고의 선교사가 되기 원하고 있었기 때문에 속은 것입니다. 그래서 이런 잘못된 음성에 완전히 속아 넘어간 것입니다. 그런데 그 소리는 그녀에게 "네가 필요로 하는 돈을 다 주겠다"라고 덧붙여 말했습니다.

이런 식으로 잘못된 소리에 이끌리는 삶을 살면 안 됩니다. 한번은 어떤 사람이 저에게 와서 "제가 병자용 음식을 발명했습니다. 이것으로 수백만 달러를 벌어서 선교 사업에 쓸 수 있으니 같이 사업합시다"라고 말했습니다.

그러나 저는 그 사람에게 "저는 그런 일은 하지 않습니다"라고 잘라 말했습니다. 하나님은 개인의 욕심을 채워주시는 분이 아니십니다. 하나님은 전능하시기에 여러분이 집을 비운 사이 여러분의 집에 금비가 내리게도 하실 수 있는 분입니다. 그분은 모든 금의 소유주이십니다. 푸른 초장에서 풀을 뜯는 수많은 가축들도 그분의 것입니다(시 50:10).

사랑하는 여러분, 예수님은 이 세상에서 가장 온유한 분으로 사셨습니다. 그분은 자신을 위해 빵이나 금을 만들 수 있는 능력을 소유하신 분이었지만, 오직 남을 위해서만 그 능력을 사용하셨습니다.

만일 우리가 하나님 나라의 복음만을 전하는 삶을 산다면, 하나님께서 반드시 우리의 의식주를 책임져 주십니다. 우리가 성령 충만해야 하는 이유는 우리 자신을 위해서가 아니라 남을 위해서입니다. 오직 하나님만을 구하십시오. 그러면 하나님께서 금비를 내려주십니다. 만일 여러분이 온전히 성령 충만한 상태에 있다면, 여러분의 육신에 하나님의 능력의 옷이 입혀집니다.

이제 마귀의 음성은 들은 여자의 이야기를 계속하겠습니다. 그 여자는 그것이 하나님의 소리라고 여겨 매우 흥분했습니다. 그러자 그녀의 동생이 무슨 일이 있었느냐고 물어보았습니다. 그녀는 "오! 하나님이 방금 나에게 말씀하셨어. 아주 멋진 말씀을 나에게 하셨어"라고 대답했습니다.

언니의 이야기를 들은 동생은 매우 흥분해서 자신이 하나님의 음성을 들은 언니를 보호해주어야 한다고 생각했습니다. 그래서 회사의 상사에게 사정을 하여 휴가를 내었습니다. 그리고 그들은 방안으로 들어갔습니다. 거기서 언니는 자신이 받은 메시지에 흥분하여 손톱으로 자신의 몸에 상처를 내었습니다. 그래서 그녀가 입고 있던 흰 블라우스가 피로 빨갛게 물들었습니다.

사랑하는 여러분, 그것이 하나님으로부터 온 것이라면 절대로 이런 식으로 일이 진행되지 않습니다. 하나님으로부터 온 지혜는 어떤 것입니까? 성경은 하나님으로부터 온 지혜는 평화가 가득하고 온유하며, 권위에 순종하고, 한쪽으로 치우침이 없고, 선함과 진리로 가득하다고 하였습니다(약 3:17). 만일 여러분이 하나님에 대해 아는 단 한 가지가 있다면, 그것은 바로 그분이 평강의 하나님이시란 사실입니다. 그리고 여러분이 이 세상에 대해 아는 단 한 가지가 있다면, 그것은 이 세상이 무질서한 곳이라는 사실입니다.

하나님의 평강은 모든 이해를 뛰어넘습니다(빌 4:7). 이러한 평강은 구원받은 사람들에게 주어지는 평강입니다. 우리는 믿음으로 의롭다 함을 받았습니다. 또한 우리는 우리의 주 예수 그리스도로 인하여 하나님과 평화로운 관계를 갖게 되었습니다(롬 5:1). 평강이 지속되면, 우리는 결국 하나님의 영광에 대한 희망을 갖게 됩니다(롬 5:2).

얼마 전에 하나님께서는 제 안에 편안함이 없고 매우 곤고한 가운데 있으면, 하나님의 계획을 놓치고 만다고 말씀해주셨습니다. 이런 가르침은 저의 생각에서 나온 것이 아닙니다. 그렇다면 하나님의 계획을 어떻게 놓치게 됩니까? 다음의 세 가지 이유로 놓치게 됩니다.

먼저 여러분이 남의 짐을 질 때 놓치게 됩니다. 우리의 짐은 오직 예수님께 드려야 합니다(벧전 5:7). 많은 사람들이 남의 짐을 대신 지려 하다가 어려움을 당하는데, 이것은 잘못된 것입니다. 그러므로 여러분은 남들에게 그들의 짐을 예수님께 맡기라고 가르칠 뿐 아니라, 여러분의 짐도 예수님이 지시도록 해야 합니다.

둘째, 여러분이 평강 가운데 있지 않다면 하나님의 뜻 안에 있다고 말할 수 없습니다. 죄는 짓지 않을지 몰라도 마음에 평강이 없으면, 하나님의 뜻 밖에 거하게 됩니다. 삶에 진보가 없는 것은 하나님의 뜻이 아닙니다. 만일 어제 아침 이후로 그 어떤 삶의 진보도 없었다면, 여러분은 퇴보하는 중입니다. 매일매일 하나님과 동행하는 삶을 살지 않으면, 삶이 퇴보합니다. 그리스도를 닮아가는 삶, 그리스도의 성품이 매일의 삶에 나타나지 않는다면, 결국 여러분은 퇴보자가 됩니다. 매일의 삶이 더 나은 상태로 나아가야 합니다. 주님의 성령으로 인해 "영광에서 더 나은 영광으로"(고후 3:18) 나아가는 삶을 삽시다.

방언 통역) 성령님은 여러분을 살아나게 하고, 활력 있게 하고, 단련시키고, 세워주고, 그리고 여러분을 자유하게 하십니다.

이렇게 사는 것이 저에게는 천국과 같은 삶입니다

이런 식으로 사는 것이 저에게는 천국입니다

저는 요단강을 건너서 가나안 복지에 들어왔습니다

이렇게 사는 것이 저에게는 천국입니다

가나안 복지에 들어가면, 더 이상 쓰레기 더미에 빠지는 일은 없습니다. 여러분, 요단강이 무엇을 상징하는지 아십니까? 요단강은 죽음을 상징합니다. 만일 여러분이 죽음을 건넜다면, 다시는 이전과 같은 삶을 살지 마십시오.

우리가 하나님의 뜻을 놓치게 되면, 평강을 잃어버립니다. 세상적인 것에 마음을 쓰면, 마음의 평강을 잃어버립니다. 성경은 우리에게 육적인 것이 하나님의 법에 굴복하지 않을 뿐 아니라 굴복할 수 없기 때문에 육적인 삶을 떠나야 된다고 말합니다(롬 8:7). 우리의 모든 육적인 삶은 파멸되어야 합니다.

그렇게 하지 않으면, 우리는 하나님의 계획을 놓칩니다. 하나님의 계획은 무엇입니까? "주님, 주님께 의지하는 사람들은 늘 한결같은 마음을 가진 사람들이니, 그들에게 완전한 평화를 주시기 바랍니다"(사 26:3, 표준새번역). 현재 여러분이 어디에 있는지 자신을 점검해보십시오. 만일 완전한 평화 가운데 있지 않다면, 여러분은 하나님의 뜻 밖에 있는 것입니다.

만일 여러분이 들은 소리로 인해 평강이 사라진다면, 그 소리가 하나님으로부터 온 소리가 아니라는 사실을 알아야 합니다. 그러나 만일 성령 하나님께서 말씀하신 소리가 맞다면, 그 소리로 인해 여러분의 삶에 기쁨과 조화가 찾아오게 됩니다. 성령께서 우리에게 주시는 것은 위로와 권면과 세워줌입니다. 그분은 우리로 하여금 밤에라도 찬양하게 하십니다(욥 35:10). 성령이 임하면 여러분은 매우 활동적이 되어 높은 곳에 올라 주님이 이루신 일을 선포하게 되고, 갈수록 힘을 얻어(시 84:7) 주님을 찬미하게 됩니다.

저는 아내와 함께 하나님의 음성을 들었다고 주장하는 자매들이 살고 있는 집을 방문하였습니다. 두 자매 모두 직장에 다니고 있었는데, 그들은 극심한 우울증 증상을 보이고 있었습니다. 상태는 매우 심각하였습니다. 이것은 분명 마귀의 짓입니다. 여러분이 거짓 음성에 대한 성경의 가르침을 잘 조사해본다면, 이것이 분명 마귀의 짓임을 알게 될 것입니다. 하나님의 말씀은 우리에게 빛을 가져다줍니다. 이 빛은 모든 빛들 중 가장 뛰어난 빛입니다. 저는 이 빛을 가지고 있습니다. 따라서 저는 몽둥이질을 피하기 위해 이리저리 쫓겨 다니는 삶을 살지 않게 됩니다.

우리는 지혜로워야 합니다. 만일 어떤 사람이 성령세례를 받았다고 주장하거나 하나님이 자신과 함께하신다고 주장한다면, 그 주장에 합당한 삶, 즉 하나님이 동행하신다는 사실을 입증할 만한 수준의 삶을 살아야 합니다(행 4:13). 사도 바울은 우리에게 이렇게 경고하였습니다. "그러므로 여러분이 좋다고 여기는 일이 도리어 비방거리가 되지 않게 하십시오"(롬 14:16, 표준새번역).

여러분, 지금 누가 말씀하고 계신 줄 아십니까? 성령께서 지금 우리에게 말씀하고 계십니다. 그분께서는 지금 우리에게 가장 필요한 것이 방언, 방언 통역, 예언, 영 분별과 같은 것이 아니라고 말씀하십니다. 그러면서 지금 우리에게 가장 필요한 것이 진리 되시고 빛이 되셔서 이 땅에 오신 예수님만이 우리의 지혜가 되신다는 사실을 깨닫는 것이라고 말씀하십니다.

만일 어떤 사람이 여러분에게 예언을 해주는데, 그가 자신이 한 예언을 다른 사람들이 분별하는 것을 허락하지 않는다면, 그 예언은 분명 잘못된 것입니다. 바른 예언을 한다고 자처하는 사람들은 자신의 예언이 올바른지에 대해 하나님의 말씀에 비추어 분별될 수 있도록 허락해야 합니다. 우리는 예언자들의 예언이 정말로 하나님으로부터 온 것인지에 대해 판단할 수 있어야 합니다.

다시 두 자매 이야기로 돌아가겠습니다. 그들이 어떻게 되었을까요? 그들은 자신들이 들은 소리에 묶여 헤어나올 수 없을 정도의 상태가 되었습니다. 하나님은 절대로 그렇게 하시는 분이 아닙니다. 모든 영들을 분별하고 시험하십시오. 하나님은 절대로 여러분에게 비이성적이거나 여러분이 감당할 수 없을 정도의 메시지를 주시는 분이 아닙니다.

그 여자가 자신이 들은 음성에 묶임을 당하자 마귀가 그녀에게 뭐라고 말했는지 아십니까? 마귀는 "내가 너에게 한 말을 절대로 다른 사람에게 말하지 마라. 그러나 너의 여동생은 너의 상황을 잘 이해할 것이니 여동생에게는 말해도 괜찮아"라고 말했습니다. 그래서 그녀는 자신이 들은 소리를 동생에게 말해주었습니다.

만일 여러분이 이런 식의 소리를 듣는다면, 그 소리가 사탄의 소리라는 사실을 알아채야 합니다. 성령님이 말씀하시는 것은 거룩한 것이고,

진리이며, 비밀로 하거나 숨길 필요가 없는 것입니다. 거룩한 진리는 지붕 위에 올라가서 사람들에게 외쳐져야 합니다. 하나님은 여러분이 깨달은 하나님의 진리가 모든 사람들에게 알려지기를 원하십니다.

저와 제 아내는 그 자매들을 도와주려고 애를 썼습니다. 그러나 그녀는 "저는 분명히 하나님으로부터 들었어요!"라며 우리의 충고를 받아들이려 하지 않았습니다. 그날, 날이 어두워지자 마귀는 그녀에게 "너의 여동생 외에는 아무에게도 말하지 마. 오늘밤에 역으로 나가면 7시 32분에 기차가 도착할 거야. 그러면 글래스고로 가는 차표 두 장을 사. 차표를 사고 나면, 너의 수중에는 6펜스만 남을 거야"라고 말했습니다.

그녀는 자신이 들은 소리가 맞는지 확인하고 싶었습니다. 그래서 아무에게도 알리지 않고 동생과 함께 역으로 나갔습니다. 그런데 정말로 정확히 그 시간에 기차가 도착했습니다. 그들이 차표 두 장을 사고 나니 수중에 딱 6펜스가 남았습니다. 너무도 놀라왔습니다. 정말로 그들이 들은 소리는 정확한 듯 보였습니다.

그녀는 동생에게 "거봐, 내가 들은 목소리가 맞아. 기차표를 사고 나니 정말로 꼭 그 액수만큼만 남았잖아!"라며 뛸 듯이 기뻐하였습니다. 기차도 제시간에 들어왔습니다. 그런데 그녀는 또한 어떤 신사가 그 기차에 탈 것이고, 그 신사는 간호사 모자를 쓴 여자의 맞은편에 앉게 될 것이라는 음성을 이미 들었습니다. 그뿐 아니라 그 신사가 그녀에게 필요한 돈을 후원할 사람으로, 그녀를 만나게 되면 같이 글래스고의 거리 모퉁이에 있는 은행으로 갈 것이라는 음성도 들었습니다.

그런데 그녀에게는 분별력이 없었습니다. 그 당시 저녁 7시 반이 지난 시각에 글래스고에서 문을 연 은행은 하나도 없었던 것입니다. 그녀는 나중에야 이 사실을 알게 되었습니다. 그런데도 왜 그녀는 그 음성을 하나님의 음성으로 받아들였을까요? 그것은 그녀의 귀가 얇았기 때문입니다.

이제 저는 하나님의 음성을 잘못 듣는 것의 위험성에 대해 말씀드리겠습니다. 5분이면 됩니다. 만일 저의 말에 귀기울이지 않는다면, 여러분도 같은 위험에 빠지게 될 것입니다. 여러분이 들은 음성의 진위 여부를 제대로 조사하지 않으면, 잘못된 음성을 따르게 됩니다. 잘못된 음성을 따르는 것은 진리이시고 빛이신 주님을 따르는 것이 아닙니다. 잘 생각해 보면, 제대로 음성을 들었는지의 여부를 어렵지 않게 알 수 있게 됩니다.

여러분 중 어떤 분은 "내가 옳다는 사실을 나 스스로 확실히 안다"라고 주장할 수도 있습니다. 그러나 그렇게 주장하는 것만큼 위험한 것은 없습니다. 다른 사람들도 여러분이 들은 것이 정말로 하나님의 음성이라는 사실을 인정할 수 있어야 잘못될 위험성이 줄어듭니다. 하나님은 여러분의 잘못된 견해가 바로잡히기를 원하십니다. 여러분은 자신만의 특별함을 주장할 수는 있습니다만, 그렇게 할수록 여러분이 실수할 확률이 높아진다는 사실 또한 알아야만 합니다.

기차가 도착하자 두 여자는 기차 안으로 뛰어올라 자신이 들은 대로 신사가 타고 있는지 확인하기 위해 기차의 앞칸에서 끝까지 샅샅이 살펴보았습니다. 그러나 그런 신사는 그 기차에 타고 있지 않았습니다. 그녀가 실망에 차 있을 때, 그녀의 귀에 "옆 승강장에 도착한 다른 기차를 살펴보아라"라는 음성이 들려왔습니다. 그래서 그들은 방금 도착한 다른 기차를 뒤져보았습니다. 그렇게 하기를 밤 9시 반까지 했지만, 그녀는 자신이 들은 것과 같은 신사를 한 명도 찾아내지 못했습니다.

그녀가 들은 것은 귀신의 소리였습니다. 여러분이 들은 음성이 하나님의 음성인지, 아닌지를 어떻게 알 수 있습니까? 하나님의 음성에는 그분의 지혜가 담겨 있습니다. 한번은 마귀가 예수님께 나타나서 "만일 네가 하나님의 아들이면"(마 4:3)이라며 말을 꺼냈습니다. 마귀는 예수님이 하나님의 아들이라는 사실을 이미 알고 있었습니다. 예수님은 마귀의 음성에 속아 넘어가지 않으시고 "주 너의 하나님께 경배하고, 그분만을 섬겨라"(마 4:10, 표준새번역)라고 단호하게 대답하심으로 마귀를 쫓아버리셨습니다.

그렇다면 이 여자의 경우 무엇이 잘못된 것입니까? 이 여자에게는 자신이 들은 음성이 하나님의 음성인지를 구분하는 분별력이 매우 부족했습니다. 만일 그녀가 그 음성에게 "예수가 육체로 오셨다는 사실을 시인하는가?"라는 질문만 했어도 낭패를 보지 않았을 것입니다. 그런 질문을 했더라면 마귀는 "시인하지 못한다"라고 대답했을 것입니다. 세상에 있는 사탄의 소리를 위시한 그 어떤 악한 영매의 음성도 예수님이 육체를 입고 이 세상에 오셨다는 사실을 시인하지 않습니다. 마귀는 악한 영매들의 아비이기 때문에, 절대로 그런 사실을 시인하지 않습니다.

그런데 보십시오. 그 악한 음성은 이어서 그녀에게 "나는 네가 그 어떤 일이 있더라도 나에게 순종하는 줄을 이제야 알았다. 따라서 나는 네가 이 세상에서 가장 훌륭한 선교사가 되게 해주겠다"라고 말했습니다.

우리는 그들을 만나 잘못된 것을 시정해주려고 하였습니다. 그러나 그들은 자신들이 들은 음성이 하나님의 음성이 분명하다며, 우리의 충고를 한사코 받아들이지 않았습니다. 이 세상에는 두 가지의 역사가 있습니다. 그것은 바로 성령의 역사와 육의 역사입니다. 이 둘은 항상 대적 관계에 있습니다.

이 자매들이 그런 음성을 들었을 때, 그 음성이 하나님으로부터 온 음성이 아니라는 사실을 어떻게 알 수 있었을까요? 만일 그들이 성경말씀을 잘 알고 있어서 자신들이 들은 음성을 성경에 잘 비추어 보았더라면, 속지 않았을 것입니다. 성경은 어떻게 말합니까? "많은 거짓 선지자들이 이 세상에 나타날 것이다"라고 말하고 있지 않습니까?(요일 4:1) 성경은 수많은 거짓 음성들이 난무할 것이라고 말합니다.

그렇다면 거짓 선지자들은 누구를 겨냥하고 있습니까? 그들은 신실하고, 정직하며, 하나님에 대해 열심이 있는 정결한 사람들을 쓰러뜨리려고 하고 있습니다. 그렇다면 거짓 선지자들은 신실한 교인들을 어떻게 구별해낼 수 있을까요? 마귀가 알려주기 때문에 구별해낼 수 있습니다.

우리는 항상 '누구를 위해서 사는가'라는 질문에 대한 답을 자각하고, 삶의 소망이 우리가 아니라 예수 그리스도께 있다는 사실을 항상 인식하고 있어야 합니다. 만일 우리의 소원이 이 세상에서 가장 훌륭한 선교사가 되는 것이라거나 사람들이 존경해주는 그리스도인이 되는 것이라면, 여러분은 잘못 살아가고 있는 것입니다. 우리의 삶의 소원과 목적은 우리의 삶과 사역을 통해 오직 예수 그리스도만이 영광을 받으시는 것이어야 합니다. 그래야 마귀에게 속지 않습니다.

옛말에 익은 벼는 고개를 숙인다는 말이 있습니다. 우리가 참으로 성숙한 자가 되면 자신을 낮추게 됩니다. 만일 우리가 "너는 정말로 멋지고 훌륭한 사람이야!"라는 마귀에 음성에 속아 넘어간다면, 우리는 결코 익은 벗가 아닐 뿐 아니라 그런 사람은 하나님의 자녀로서 그분의 임재 안으로 들어가기를 거부한 사람이라고 해도 과언이 아닙니다.

사탄은 우리가 다른 사람들과는 다른 특별한 사람이기에 우리에게만 특별한 메시지를 준다고 하며 이기심과 교만을 부추기는 일을 합니다. 그러나 하나님께서는 그 반대로 우리를 겸손의 자리, 마음이 깨어지는 자리, 항복의 자리로 인도하십니다. 하나님께서 그렇게 하시는 것은 그렇게 되어야 비로소 우리가 하나님께 쓰임을 받을 수 있기 때문입니다. 우리가 잘난 체하고, 그 어떤 훌륭한 존재가 되고 싶어 하는 한, 하나님은 우리에게 그분의 영광을 나타내지 않으십니다.

이 두 여자는 그로부터 두 달이 지나서야 자신들이 잘못된 음성에 속았다는 사실을 깨닫게 되었습니다. 그래서 그들은 수개월 동안 울며 탄식하고 회개했습니다. 결국 하나님께서 그들을 바로잡아주셔서 그들은 지금 중국에서 하나님을 위한 선교사역을 훌륭하게 해내고 있습니다. 그들을 바로잡아주신 하나님을 찬양합니다. 그들을 향한 마귀의 궤계는 실패로 돌아갔습니다. 그러나 그들은 잘못된 음성을 따름으로 많은 대가를 치러야 했습니다.

그렇다면 여러분은 여러분이 들은 음성이 하나님의 음성이 아니라는 사실을 어떻게 알 수 있습니까? 여러분이 들은 음성이 아무리 하나님의 음성처럼 느껴지더라도 일단은 확인 과정을 거쳐야 합니다. 만일 여러분이 들은 음성이 이상하다고 느껴지거나 여러분으로 하여금 어떤 일들을 하도록 계속 요구하거나 계속적으로 억압의 상태에 놓이게 한다면, 일단 의심해야 합니다.

만일 의심이 들면, 그 악한 영에게 "너는 예수가 육신으로 온 것을 시인하는가?"(요일 4:2)라고 질문해보십시오. 사탄은 이런 질문에 절대로 "예"라고 하지 않습니다. 그 어떤 무당도, 그 어떤 마귀 신봉자도 이제껏 예수님이 육신을 입고 오신 구원자라는 사실을 시인한 경우는 한 번도 없습니다. 마귀로부터 온 음성은 절대로 그런 사실을 받아들이지 않습니다. 이에 반해 살아계신 하나님의 영이신 성령께서는 이런 질문에 언제나 "그렇다"라고 대답하십니다.

이처럼 여러분이 음성을 듣거든 잘 분별하십시오. 음성을 분별하는 것에 대해 성경은 이렇듯 확실한 답을 주고 있습니다. 이렇게 음성을 분별하는 방법을 잘 알고 있으면, 음성을 잘못 듣고 낭패를 당하는 일에서 건짐 받음으로 영적으로 강건한 삶을 지속해나갈 수 있게 됩니다.

예수님께서 육체로 오셨습니까? 예, 그렇습니다. 현재 여러분 속에는 예수님께서 살아계십니다. 여러분이 예수님을 영접하는 순간 그분께서 여러분 안으로 들어오셨습니다. 그러니 이제는 여러분 속에 계신, 여러분보다 크신 분이 나타나는 삶을 사십시오. 여러분이 하는 모든 말과 태도와 행동에서 그리스도가 나타나도록 하십시오.

사람들은 베드로와 요한의 말과 행동을 통해 예수님이 함께하신다는 사실을 알았습니다. 여러분도 "이제는 내가 사는 것이 아니라 내 안에 그리스도께서 사신다"(갈 2:20)라고 고백했던 사도 바울과 같은 삶을 사십시오.

예수님의 생명, 예수님의 능력 그리고 그분의 임재가 여러분의 삶을 통해 온전히 나타난다면, 여러분은 하나님의 말씀을 전적으로 받아들이

지 않을 수 없게 됩니다. 그렇게 된다면 여러분의 기도는 온전한 믿음의 기도가 되고, 여러분의 설교는 온전한 믿음의 설교가 됩니다. 이렇게 사는 것이 바로 하나님의 아들을 믿는 믿음으로 사는 삶입니다(갈 2:20). 하나님에 대한 믿음으로 불타오르는 삶을 사십시오. 그래야 우리의 삶으로 인해 이 세상이 예수님의 통치로 뒤덮이게 할 수 있습니다.

저는 지금 중요한 말을 하고자 합니다. 이것은 하나님이 주시는 계시이며, 또한 하나님의 은혜로 가득 찬 말입니다. 마귀에 대해서는 극히 조심하십시오. 그러나 하나님의 기름부음 아래 여러분이 하나님의 능력으로 가득 차 있을 때에는 담대하십시오. 그래야 여러분의 삶에 하나님이 나타나십니다. 나타나는 것은 여러분이 아니라 하나님이어야 합니다.

황폐해진 삶

많은 그리스도인들이, 그 중에서도 특히 젊은 그리스도인들이 같은 경로를 밟아 잘못에 빠지고 있습니다. 주님께서는 제가 세례를 받고 나서 수년이 지난 후에 저에게 은혜롭게 역사하셨습니다. 그래서 제가 사람들 위에 손을 얹으면 그들이 성령을 받는 일들이 일어났습니다. 이러한 능력은 아직까지도 사라지지 않고 일어나고 있습니다. 그렇게 하신 하나님을 찬양합니다. 저는 제가 손을 들어 "아버지, 제가 손을 얹은 즉 성령이 임하게 하여주십시오"라고 기도하면, 항상 하나님께서 들어주신다는 믿음을 갖고 있습니다.

사람들은 그들이 생각하기에 성령을 받아야 할 필요가 있는 사람이 있다고 판단되면 저에게 찾아와서 성령을 받게 해달라고 요청하는데, 지금 여러 곳에서 그런 요청들이 들어오고 있습니다. 한번은 영국의 요크에서 14명의 사람이 성령을 받기 위해 기다리고 있으니 와줄 수 있느냐고 저에게 요청하였습니다. 제가 그러한 요청을 받기 전에 그곳에 간 적이 있었습니다. 그때 그 사람들은 모두 다 저로 인하여 구원을 받았었습니다.

저는 그곳으로 갔습니다. 저는 그곳에서 일단의 무리들이 전에 본 적이 없을 만큼의 열광적인 상태에 있는 것을 보았습니다. 이런 일은 제가 그곳에 처음 들렀을 때는 일어나지 않았었습니다. 당시 제가 옥외에서 설교를 하였는데, 그때 하나님의 능력이 모인 사람들에게 임했습니다. 그러자 여기저기서 많은 사람들이 몰려왔습니다.

분위기가 고조되자, 한 젊은이를 많은 사람들 가운데 세웠습니다. 사람들은 그 젊은이에게 "당신은 가르치는 은사가 강하게 나타나는 사람이고, 영국 역사상 당신처럼 성령의 능력을 강하게 나타내는 사람은 없었다"며 부추겼습니다. 거기에 모인 모든 사람들은 흥분된 상태에 있었습니다. 그들은 마치 술 취한 것과 같은 상태에 있었던 것입니다.

여러분은 제가 그 광경을 보고 기뻐하였는지 궁금하십니까? 물론입니다. 저도 매우 기뻤습니다. 저는 젊은이들을 매우 좋아합니다. 예수님께서 공생애 사역을 처음 시작하셨을 때 열두 명을 제자 삼으셨는데, 그들은 대부분 훌륭한 젊은이들이었습니다. 바울이 진리를 알게 되었을 때, 그 또한 젊은 나이였습니다. 예수님께서는 젊은이들과 동역함으로 이 세상에 하나님의 부흥의 불이 붙기를 원하십니다.

제1차 세계대전이 끝난 후 사람들은 40세 이상의 사람이 전쟁을 수행하기가 힘들다는 사실을 깨닫게 되었습니다. 전쟁에 나가는 사람은 피가 뜨거운 젊은 사람이어야 합니다. 그 이유는 젊은이들만이 강추위와 찌는 듯한 더위 그리고 온갖 역경으로 인한 스트레스를 견뎌낼 수 있기 때문입니다.

하나님께서는 젊은이들을 사용하셔서 그들을 성령으로 충만케 하신 후 대추수의 장소로 보내십니다. 왜냐하면 젊은 그리스도인들은 온갖 역경들을 잘 견뎌낼 수 있기 때문입니다. 예수님께서 이러한 사실을 잘 아셨기 때문에 젊은 제자들을 옆에 두셨던 것입니다.

주님의 제자들은 아름다운 사람들이었습니까? 예, 그렇습니다. 보통 사람이었던 제자들이 예수님과 같이 지내게 되자 아름다운 사람들로 변화되었습니다. 만일 여러분의 모임 가운데 주님이 계시다면, 여러분도 아름답고 사랑스런 사람들로 변화될 것입니다. 그리고 주님이 여러분의 모임 가운데 오래 계실수록 여러분은 더욱 아름다운 사람들로 변화됩니다. 주님 없이 한순간도 살 수 없는 상태가 되면, 여러분은 최고로 아름다운 사람들이 됩니다.

모세는 하나님께 "주께서 친히 우리와 함께 가지 않으시려면, 우리를 이곳에서 떠나 올려 보내지 마십시오"(출 33:15, 표준새번역)라고 간구하였습니다. 오늘 우리는 과거에 모세가 그랬던 것처럼, 성령의 능력 없이는 하루도 살 수 없다고 고백할 수 있어야 합니다.

제가 요크에 도착하자 사람들이 저에게 몰려들어 "우리가 그 청년을 모셨습니다. 그 청년이 성령을 받으면, 다 된 것이나 다름없습니다. 그 청년이 성령을 받으면, 우리도 성령을 받게 되는 것이 확실하기 때문입니다"라고 소리쳤습니다.

성령 받는 것이 잘못된 것입니까? 아닙니다. 그것은 기뻐하고 즐거워해야 할 일입니다. 저도 그 사실에 대해 그들과 같이 기뻐하였습니다.

우리가 모였을 때, 정말로 하나님의 능력이 우리에게 떨어졌습니다. 성령을 받으면, 그 어떤 일도 일어날 수 있습니다. 성령을 받아 그 어떤 일어나더라도 우리는 수용할 수 있어야 합니다. 그날 모임에서 사람들이 성령을 받자 마룻바닥에 쓰러져 굴렀습니다.

육이 성령께 주도권을 내어드릴 때는 온갖 일들이 일어날 수 있습니다. 그러나 일단 성령이 임하고 나면, 그 후에는 또다시 바닥에 구르는 일은 없습니다. 사람들이 바닥에 구르는 일은 육이 떠나고 그 자리에 성령이 들어가시는 때에만 일어나는 현상입니다. 그리고 그 후에는 다시 정상적으로 서 있을 수 있게 됩니다. 그래서 구르지 않고 일어서서 설교를 할 수 있게 됩니다.

그날 새로 예수님을 영접한 사람들이 모두 바닥에 누워 있었습니다. 이런 놀라운 광경을 목도하는 것은 참으로 기쁜 일입니다. 이에 사람들이 저에게 와서 소리쳤습니다. "오, 우리는 그 청년을 모실 수 있게 되었습니다." 그 청년이 사람들 가운데 서서 방언을 하기 시작하자 사람들이 흥분하기 시작하였습니다. 어떤 사람들은 소리를 질러댔고, 또 다른 사람들은 울거나 기도하였습니다. 그들은 매우 흥분해 있었습니다!

그리고 얼마 지나지 않아 그 청년은 성령 안으로 들어갔고, 이때 모든 사람들이 기뻐하며 그에게 찬사를 보냈습니다. 이 점에 있어서 사람들은 자신도 모르게 잘못을 저질렀습니다.

여러분은 절대로 이러한 잘못을 저지르지 않기를 간절히 기도합니다. 저는 여러분이 저에게 "오늘 설교를 아주 훌륭하게 잘하셨습니다"라며 찬사를 보내는 것을 정말로 원하지 않습니다. 인간에게 이런 식의 찬사를 보내는 것은 분명히 마귀의 일입니다. 하나님께서는 절대로 그분이 받으셔야 할 찬사를 인간이 받는 것을 원치 않으십니다.

이 청년은 성령의 능력 안에 있게 되었는데, 그렇게 되는 것은 참 좋은 일입니다. 그런데 문제는 사람들이 그 청년에게 몰려와서 그에게 손을 흔들고 환호하며 "이제 우리는 역사상 가장 위대한 교사를 갖게 되었습니다"라고 찬사를 보냈다는 점입니다.

무엇이 잘못되었습니까? 잘못된 것이 없어 보이지만, 그들은 잘못되어가고 있는 것이 확실했습니다. 단지 마음으로만 감사를 표현하였더라면 좋았을 것입니다. 마귀는 여러분의 마음의 생각까지 읽을 수는 없습니다. 만일 여러분의 생각을 입으로 표현하지 않는다면, 여러분은 마귀의 공격으로부터 자유합니다.

마귀는 우리에게 나쁜 생각을 하도록 부추길 수 있습니다. 그러나 마귀가 우리에게 생각으로 공격하는 것 자체는 죄가 아닙니다. 왜냐하면, 이러한 악한 생각은 우리의 생각이 아니라 마귀가 넣어준 것이며, 우리 속으로 들어올 수 없기 때문입니다. 이것은 마치 오리의 등에 물을 부어도 몸속으로는 물이 한 방울도 들어가지 않고 깃털에서 굴러 흘러내리는 것과 같은 이치입니다.

한 여자가 저에게 다가와서는 "세례 요한을 방불케 하는 청년이 우리 가운데 있습니다"라고 말했습니다. 사람들은 그 청년을 둘러싸고 손을 흔들어대며 "그 청년 참 대단한 사람입니다. 우리는 오순절 이후로 그와 같이 훌륭한 교사를 만나 본 적이 한 번도 없었습니다"라고 소리를 질렀습니다. 그러나 청년은 이들의 찬사를 받아들이지 않았습니다. 이것은 매우 바람직한 일입니다. 그는 사람들의 찬사를 멀리하고, 다시 하나님의 임재 안으로 들어갔습니다.

이제 그곳을 떠나려고 하자 청년을 극도로 칭찬했던 그 여인이 다시 다가와서 "내가 지금 당신에게 예언합니다. 당신은 세례 요한입니다"라고 말했습니다. 그러나 다행히도 그 청년은 그 여자의 말을 받아들이지 않았습니다. 그러나 그 후 사탄적이고 올바르지 못하며 비진리적인 일이 일어나고야 말았습니다.

그날 밤, 그 청년이 혼자 한적한 길을 걸어가고 있었습니다. 그런데 그는 그날 낮에 한 여인이 한 말보다 더 큰 소리로 그에게 말하는 음성을 듣게 되었습니다. 그 음성은 그에게 "너는 세례 요한이다"라고 말하였습니다. 이번에도 그는 그 소리를 받아들이지 않았습니다. 그날 밤 그 청년은 잠을 자다가 "일어나라. 너는 세례 요한이다. 그 사실을 사람들에게 외쳐라!"라는 소리를 듣고 깨어났습니다. 그는 이번에는 그 소리에 아무 저항도 할 수 없었습니다. 결국 그는 그 소리에 묶임을 당했습니다.

왜 이런 일이 일어납니까? 왜 사람들이 거짓 소리에 속임을 당합니까? 만일 어떤 사람이 저에게 다가와서 "당신은 정말로 대단한 사람입니다"라고 말한다면, 그 소리는 사탄의 소리입니다. 여러분은 수천수만의 귀신들의 도움을 받지 않고도 사탄적인 말을 할 수 있습니다. 또한 여러분이 상식선의 양심만 가지고 있어도 사탄의 소리를 쉽게 분별해낼 수 있습니다.

그 청년은 그 소리에 어떻게 반응했어야 그것에 묶이지 않았을까요? 만일 그가 그 소리에 대해 "너는 예수가 육신으로 온 것을 인정하는가?"라고 물었더라면, 그 소리에 속아 넘어가지 않았을 것입니다. 그랬더라면 그 질문에 마귀는 "인정하지 못한다"라고 대답했을 것이고, 그 대답에 이어 위로자이신 성령님이 그 청년에게 들어와 지켜주셨을 것입니다.

사랑하는 여러분, 마귀가 흉측한 괴물처럼 생겼다고 생각하지 마십시오. 그것은 착각입니다. 성경은 마귀가 빛의 천사로 가장하고 우리에게 다가온다고 말하고 있습니다(고후 11:14). 우리가 위대한 일을 행하면, 마귀가 다가와 잘했다고 말하며 교만을 부추기고, 우리가 마치 대단한 사람인 것처럼 느끼게 합니다. 마귀는 우리를 부풀리고, 우리에게 거짓으로 찬미하는 존재입니다.

마귀의 음성을 뿌리치고 우리의 주인이신 주님을 보십시오. 제가 주님을 보았듯이 여러분도 주님을 보았으면 합니다. 그분은 부자이셨으나 스스로 가난하게 되셨습니다(고후 8:9). 그분은 영광스러운 존재이셨지만, 스스로 종의 형체로 이 땅에 오셨습니다(빌 2:6-7). 그렇습니다. 우리의 주인이신 주님은 우리의 종으로 오셨습니다. 주님께서는 산상수훈을 통해 우리의 마음이 깨어지고 진흙 가운데 있을 때, 우리를 일으키셔서 높은 곳에 세워주겠다고 말씀하셨습니다(마 5:3-12).

하나님께서 여러분을 세워나가십니다. 그분께서는 여러분에게서 영광을 빼앗아가지 않으십니다. 하나님은 오히려 여러분을 높여주기 원하십니다. 예수님께서는 이 땅에 오셔서 하나님께 기도하실 때 "나는 아버지께서 내게 주신 영광을 그들에게 주었습니다"(요 17:22, 표준새번역)라고 하셨습니다.

그렇다면 여기서 말하는 영광은 누굴 위한 영광이겠습니까? 그 영광은 주님에게만 돌아가야 할 영광입니다. 그분에게만 영광을 돌려야 합니다. 그분만이 영광을 받으셔야 합니다. 그분은 영광을 받으시기에 합당하신 분입니다. 왜냐하면 주님은 만왕의 왕이고, 만주의 주이시기 때문입니다. 그분은 또한 우리의 구원이시고, 우리를 구원하시고자 우리를 대신하여 죽으신 분이기 때문입니다. 그분만이 영광의 면류관을 쓰셔야 합니다.

12장
영들을 시험함

    하나님께서는 자신이 하신 약속을 절대로 깨지 않으십니다. 그러므로 하나님께서 우리에게 하신 약속에 대해, 우리는 그 약속이 반드시 이뤄질 것을 믿고 "예" 또는 "아멘"이라고 말해야 합니다(고후 1:20). 하나님은 어제나 오늘이나 영원토록 동일하십니다(히 13:8).

    하나님께서 하신 약속의 말씀에 대해 의심을 품는 것은 죄입니다. 왜냐하면 하나님에 대한 불신이 바로 죄이기 때문입니다. 우리는 그분이 고치실 수 있고, 구원하실 수 있고, 우리를 성령으로 채워주실 수 있고, 우리 모두를 변화시켜주실 수 있다는 사실을 믿어야 합니다.

    사랑하는 여러분, 준비되셨습니까? 무엇이 준비되었느냐고 묻는 분이 계시는군요. 주님의 훈련을 받을 준비, 주님의 교정을 받을 준비, 그분의 불같은 시련을 통과할 준비가 되었느냐는 말입니다. 그래야 결국 마귀의 시험을 이기게 됩니다. 이는 예수님께서 광야의 극심한 고난을 이기시고 나오셨을 때 성령으로 충만하셔서 마귀의 시험을 이기신 것과 같은 이치입니다.

사랑하는 여러분, 준비가 다 되셨습니까? 무슨 준비가 되었느냐고요? 하나님의 뜻이 무엇인지를 알고 그분의 뜻대로 구하면, 여러분은 하나님께 무엇을 구하든지 다 받게 됩니다(마 21:22). 구한 바대로 받는 것이 우리를 향한 하나님의 약속입니다. 이 약속을 받을 준비가 되셨습니까? 하나님은 우리에게 약속을 실현시켜주시는 분입니다.

사랑하는 여러분, 준비가 다 되셨지요? 무슨 준비가 되었느냐고 묻는 분이 또 계십니다. 더 이상 육체를 따라 구하지 않고, 육체를 따라 살지 않고, 성령을 따라 살 준비가 되셨습니까? 성령을 따라 살면, 더 이상 저주 가운데 있지 않습니다. 성령을 따라 살면, 주님을 증거하는 삶, 즐거워하는 삶, 생명이 가득한 삶을 살게 됩니다. 그렇게 사실 준비가 되셨습니까? 이러한 삶은 하나님께서 지금 여러분에게 주시는 천국의 삶입니다.

모든 영을 다 믿지 말라

이 시간, 주님께서는 제가 여러분에게 요한일서 4장에 대해 이야기하길 원하십니다. 우리는 하나님의 말씀이 없는 모임을 가져서는 안 됩니다. 오늘날 우리에게 가장 시급하게 필요한 것이 있다면, 바로 하나님의 말씀입니다. 하나님의 말씀 없이는 인생의 그 어떤 기초도 세워질 수 없습니다. 하나님의 말씀은 우리 삶에 기초를 제공해줍니다. 우리의 삶은 하나님의 말씀이라는 반석 위에 설 때에야 비로소 굳건해집니다.

살면서 우리가 난관에 처하게 될 때, 우리를 굳건히 세워줄 수 있는 것은 하나님의 말씀밖에 없습니다. 그 외의 것들은 무익할 뿐입니다. 만일 하나님의 말씀이 여러분의 심령 속에 박혀 있다면, 그 말씀으로 인해 죄를 저지르지 않게 됩니다. 우리가 세상을 이기며 살 수 있도록 해주는 힘은 우리 속에 새겨진 하나님의 말씀을 통해 역사하는 하나님의 힘입니다. 여러분 속에 하나님의 말씀이 살아 있다면, 여러분은 그로 인해 세상을 이기며 살 수 있게 되는 것입니다.

> 사랑하는 여러분, 어느 영이든지 다 믿지 말고, 그 영들이 하나님께로부터 왔는가를 시험해 보십시오. 거짓 예언자가 세상에 많이 나타났기 때문입니다. 여러분은 하나님의 영을 이것으로 알 수 있으니, 곧 예수 그리스도께서 육신을 입고 오셨음을 시인하는 영은 다 하나님께로부터 온 영입니다. 그러나 예수를 시인하지 않는 영은 다 하나님께로부터 오지 않은 영입니다. 그것은 적그리스도의 영입니다. 여러분은 그 영이 올 것이라는 말을 들었습니다. 그런데 그 영이 세상에 벌써 왔습니다. (요일 4:1-3, 표준새번역)

만일 이 말씀이 여러분의 심령 속에 침투해 있다면, 여러분은 그 어떤 상황을 만나더라도 두려워할 필요가 없습니다. 지금 우리는 마귀를 대적하는 것에 대해 다루고 있습니다. 마귀를 대적하기 위해서는 제일 먼저 마귀의 영을 분별해낼 수 있어야 합니다.

우리는 매일 그리스도와 거룩한 교제를 하며 살아가야 합니다. 그렇게 되면, 우리는 이 세상에 있는 악한 존재들을 쉽게 분별해낼 수 있게 됩니다. 우리가 살아가고 있는 이 세상은 악한 것들로 가득 차 있습니다. 그러나 하나님 안에서 살아가는 자는 그러한 것을 두려워할 필요가 없습니다. 우리를 향한 하나님의 계획은 우리가 하나님 안에서 살아가기만 하면 그 어떤 경우에라도 넉넉히 승리자가 되도록 해주시는 것입니다.

"사랑하는 여러분"(요일 4:1)이라는 말은 아주 좋은 뜻입니다. 이 말은 여러분이 지금 하나님의 사랑을 받고 있는 중이라는 뜻입니다. 만일 여러분이 여러분을 사랑하시는 존재이신 하나님의 말씀을 경청한다면, 여러분을 향한 하나님의 계획에 민감해지게 됩니다.

하나님의 말씀은 다음과 같이 계속됩니다.

자녀 여러분, 여러분은 하나님에게서 났고, 그들을 이겼습니다. 여러분 안에 계신 분이 세상에 있는 자보다 크시기 때문입니다. 그들은 세상에서 생겨났습니다. 그런 까닭에 그들은 세상에 속한 말을 하고, 세상은 그들의 말을 듣습니다. 우리는 하나님에게서 났습니다. 하나님을 아는 사람은 우리의 말을 듣고, 하나님에게서 나지 않은 사람은 우리의 말을 듣지 않습니다. 이것으로 우리는 진리의 영과 미혹의 영을 알아봅니다. 사랑하는 여러분, 서로 사랑합시다. 사랑은 하나님께로부터 오는 것입니다. 사랑하는 사람은 다 하나님에게서 났고, 하나님을 압니다. 사랑하지 않는 사람은 하나님을 알지 못합니다. 하나님은 사랑이시기 때문입니다. 하나님의 사랑이 우리에게 이렇게 드러났으니 곧 하나님께서 당신의 독생자를 세상에 보내 주셔서, 우리로 하여금 그로 말미암아 살게 해주신 것입니다. 사랑은 여기 있으니, 곧 우리가 하나님을 사랑한 것이 아니라, 하나님께서 우리를 사랑하셔서 당신의 아들을 보내 주시고, 우리의 죄를 속하여 주시려고 속죄제물이 되게 해주신 것입니다. 사랑하는 여러분, 하나님께서 이렇게까지 우리를 사랑하셨으니, 우리도 서로 사랑해야 합니다. 지금까지 하나님을 본 사람은 없습니다. 그러나 우리가 서로 사랑하면, 하나님께서 우리 가운데 계시고, 또 하나님의 사랑이 우리 가운데서 완성되는 것입니다. 하나님께서 우리에게 당신의 영을 나누어 주셨습니다. 이것으로 우리는 우리가 하나님 안에 있고, 또 하나님께서 우리 가운데 계신다는 것을 압니다. 우리는 아버지께서 아들을 세상의 구주로 보내 주신 것을 보았고, 또 그것을 증언합니다. 누구든지 예수를 하나님의 아들로 시인하면 하나님께서 그 사람 안에 계시고, 그 사람은 하나님 안에 있습니다. 우리는, 하나님께서 우리에게 주시는 사랑을 알고 믿었습니다. 하나님은 사랑이십니다. 사랑 안에 있는 사람은 하나님 안에 있고, 하나님도 그 사람 안에 계십니다. 이것으로써 사랑은 우리에게서 완성된 것이니, 곧 심판 날에 우리가 담대함을 가지는 것입니다. 우리가 이렇게 담대해지는 것은 그리스도께서 사신 대로 우리도 이 세상에서 그대로 살기 때문입니다. 사랑에는 두려움이 없습니다. 완전한 사랑은 두려움을 내쫓습니다. 두려움은 형벌과 맞물려 있습니다. 두려워하는 사람은 아직 사랑을 완성하지 못한 것입니다. 우리가 하나님을 사랑함은, 하나님께서 우리를 먼저 사랑하여 주셨기 때문입니다. (요일 4:4-19, 표준새번역)

이것은 아무리 이야기해도 지나치지 않는 주제입니다. 오늘날과 같이 죄가 넘치고 유혹들이 난무하는 이 시대에 우리는 영들을 바로 분별하는 것에 대해 강조하지 않을 수가 없습니다.

하나님은 우리를 그분의 자녀로 보십니다. 그리고 우리에게 "사랑한다"고 말씀하십니다. 우리는 진리 안에 있습니다. 우리가 진리를 안다면, 그 진리가 우리를 자유롭게 합니다(요 8:32). 저는 환경과 거짓 음성에 너무도 많이 속아왔습니다. 또한 극심한 혼동 가운데 빠져 더 이상 어쩌지 못하는 많은 사람들을 보아왔습니다. 인생의 각 분야에서 악한 영들에 묶여 신음하는 많은 사람들을 도와 그들을 자유롭게 해주고 싶은 것이 저의 소원입니다. 지금 하나님께서는 저로 하여금 이 세상을 살아가는 여러분에게 가장 중요한 부분들을 다루도록 하십니다.

요한일서 4장에서 요한은 우리에게 특별히 악한 영들이 하는 소리들에 대해 이야기하고 있습니다. 즉 우리가 앞으로 어떻게 해야 악한 것들의 궤계를 물리칠 수 있고, 그들의 속임수에 빠지지 않을 수 있는지에 대해 말해주고 있습니다. 이뿐 아니라 우리가 어떻게 해야 마귀가 주는 두려움에 빠지지 않게 되고, 마귀가 파놓은 함정에 빠지지 않게 되는지에 대해, 그리고 어떻게 해야 마귀를 무찌르고 그리스도의 생명으로 승리하며 살아갈 수 있는지, 그 방법을 제시해주고 있습니다.

앞에 인용된 말씀의 핵심은 예수님께서 마귀의 모든 능력과 궤계들을 무력화시키셨고, 심지어 마귀가 주는 사망까지도 무효화시키셨다는 사실입니다. 우리가 이러한 사실을 믿든, 말든 그것과 상관없이 이것은 사실입니다. 예수님이 마귀의 권세를 무력화시키신 것은 모두 우리를 위한 것입니다. 이제 주님께서는 "너희가 이 사실을 믿고 받아들이면, 이러한 일들이 너희에게 일어난다"라고 우리에게 말씀하고 계십니다.

그러나 그 무엇이 우리로 하여금 이러한 주님의 말씀을 믿지 못하게 만들었을까요? 그것은 바로 인간의 죄성입니다. 인간의 죄된 본성은 하나님의 것을 방해합니다. 인간의 본성은 하나님께 완전히 항복하지 않으려고 합니다. 그 이유는 우리 속에 영적인 것과 육적인 것이 섞여 있기 때문입니다. 즉 우리에게 두 마음이 있기 때문입니다.

한 집안에 두 자녀가 있습니다. 한 자녀는 부모에게 순종합니다. 그리고 부모가 주는 사랑을 다 받아들입니다. 그리고 부모는 그 순종하는 자녀를 잘 돌보아줍니다. 그러나 다른 자녀는 부모의 사랑을 동일하게 받지만, 그들에게 순종하지 않고 자기 마음대로 하여 부모의 마음을 아프게 합니다. 그래서 부모는 그 자녀에게 채찍을 듭니다. 같은 집안의 자녀지만 한 자녀는 부모로부터 채찍을 맞고, 다른 자녀는 축복을 받습니다.

이처럼 하나님의 자녀들 중 많은 사람들이 현재 하나님의 채찍을 맞고 있습니다. 그런 사람들은 왜 자신들이 징벌을 받고 있는지 알아야 합니다. 하나님의 말씀에 순종하지 않으면, 그분의 채찍이 우리를 기다리고 있습니다. 용모를 그럴 듯하게 꾸민다고, 기도를 잘한다고, 눈물을 흘린다고 죄가 사해지는 것은 아닙니다. 회개를 해야 저지른 죄가 없어집니다. 여러분이 죄를 깊이 회개할수록 죄는 여러분에게서 영원히 멀리 떠나버립니다. 죄를 덮어버리려고 하지 마십시오. 죄는 반드시 심판받아야 합니다. 죄는 반드시 그리스도의 피의 자리로 가져가야 합니다.

하나님에 대한 여러분의 신뢰가 굳건하다면, 하나님께서 여러분의 기도를 들어주십니다. 하나님의 불을 잡으십시오. 하나님에 대한 열심으로 충만하십시오. 하나님이 주시는 계시는 대단합니다. 성령으로 기도하십시오. 그러면 여러분은 하나님의 축복 안에 살게 됩니다.

악한 세력들을 대적함

오늘날 많은 사람들이 악한 영들을 불러들이는 일들을 하며 살고 있습니다. 우리는 그런 사람들을 '마귀 신봉주의자'라고 부릅니다. 저는 그런 사람들과 전혀 관계하지 않고 살아가고 있습니다. 만일 여러분이 그런 사람들의 모임을 알리는 광고를 보게 되면, 그런 모임은 전부 '귀신에 사로잡힌 자들의 모임'이라고 보시면 됩니다.

저는 귀신의 어두운 영향력 아래 놓여 있지 않은 크리스천 사이언티스트(Christian Scientist)들을 본 적이 한 번도 없습니다. 그들은 귀신을 위해 살아가는 사람들입니다. 저는 하나님의 말씀을 곡해하지 않는 여호와의 증인들을 본 적이 한 번도 없습니다. 하나님은 그런 사람들을 축복하지 않으십니다.

방언 통역) 지붕 위에서 모든 것이 다 외쳐질 것입니다. 하나님께서는 어둠 속에 감춰져 있던 모든 것들을 다 빛으로 드러내십니다. 모든 것이 하나님의 심판을 받을 것입니다. 모든 그리스도인은 마귀를 심판할 위치에 서 있습니다. 이 세상의 왕 마귀는 심판받아야 할 존재입니다. 하나님께서는 성령의 권능으로 우리를 바로잡아주십니다. 그 결과 우리는 하나님의 말씀을 능력 있게 외칠 수 있고, 마귀의 영향력을 무력화시킬 수 있습니다. 우리는 그리스도께서 우리를 통치하시도록 허락해드림으로, 마귀의 모든 세력들을 타파할 수 있습니다. 이는 하나님께서 우리에게 마귀의 모든 세력을 궤멸할 권세와 능력을 주셨기 때문입니다.

하나님께서는 그리스도 안에서 우리가 하나님의 아들이 되게 하셨습니다. 우리는 성령이 주시는 계시를 통해 이러한 사실을 깨달을 수 있습니다. 이 세상에 일어나고 있는 그 어떤 마귀의 궤계도 하나님이 주시는 능력으로 궤멸될 수 있고, 궤멸되어야 합니다. 하나님께서는 자신의 아들 예수 그리스도를 통해 마귀의 힘을 무력화시키셨습니다. 그러나 하나님의 말씀을 왜곡시키는 자는 하나님께서 그리스도인들에게 주신 사탄의 능력을 무력화시키는 능력을 사용할 수 없습니다.

그리스도께서는 분명히 다음과 같이 말씀하셨습니다.

네 손이 너를 죄짓게 하거든, 그것을 찍어 버려라. 네가 두 손을 가지고 지옥으로, 그 꺼지지 않는 불 속에 들어가는 것보다, 차라리 지체장애인으로 생명에 들어가는 것이 낫다. 네 발이 너를 죄짓게 하거든, 그것을 찍어 버려라. 네가 두 발을 가지고 지옥에 들어가는 것보다, 차라리 저는 발로 생명에 들어가는 것이 낫다. 또 네 눈이 너를 죄짓게 하거든, 그것을 빼어 버려라. 네가 두 눈을 가지고 지옥에 들어가는 것보다, 차라리 한 눈으로 하나님의 나라에 들어가는 것이 낫다. 지옥에서는 그

들을 파먹을 구더기도 죽지 않고, 불도 꺼지지 않는다. (막 9:43-48, 표준새번역)

사지가 없는 채로 하나님의 임재 가운데로 들어가는 것이 사지가 멀쩡한 채로 지옥에 들어가는 것보다 낫습니다. 예수님은 지옥이 존재한다고 말씀하셨습니다. 이것에 대해 주님께서는 일체의 양보도 하지 않으셨습니다. 주님께서는 귀신들을 대적하셨을 때, 이들을 '더러운 영들'(막 9:25)이라고 지칭하셨습니다. 주님의 말씀처럼 귀신들에게 깨끗한 영이란 있을 수 없습니다. 모든 귀신들은 더럽습니다.

하나님은 깨끗한 사람들을 원하십니다. 그분께서 우리 육의 모든 더러운 것을 깨끗하게 해주시는데, 그렇게 되면 마귀가 우리를 공격하려 해도 우리 속에 더러운 것이 하나도 없기에 우리와 관계할 것이 아무것도 없게 됩니다(요 14:30).

하나님의 말씀으로 자신을 점검하라

하나님의 계획 속에 거하는 방법에는 두 가지가 있습니다. 첫 번째 방법은 하나님의 말씀에 순종하며 사는 것입니다. 두 번째 방법은 여러분 자신이 믿음 속에 있는지를 점검하는 것입니다(고후 13:5).

만일 여러분 스스로 이 두 가지 방법으로 자신을 점검하지 않는다면, 여러분은 하나님의 심판을 받게 됩니다(고전 11:31). 그러나 하나님의 말씀으로 여러분 스스로 자신의 삶을 점검(심판)한다면, 여러분은 이 악한 세상에서 심판을 면하게 됩니다(고전 11:32).

쫓겨난 심령술사들

한번은 집회 중에 성령이 임하셔서 그곳에 참석한 많은 사람들이 성령세례를 받았고, 어떤 사람들은 방언을 하였습니다. 그러나 일단의 사람들은 우리가 귀신들린 것이고, 우리가 하는 방언이 귀신의 능력을 힘입어 하는 말이라며 비난하였습니다. 그런 소문이 퍼져나가자 도시가 혼란에 빠지게 되었습니다.

그러던 어느 날 집회 장소 출구 가까운 쪽에 심령술사들이 두 줄로 앉아 있었습니다. 이 사람들은 귀신에게 사로잡힌 사람들이었습니다. 당시 저는 성령의 능력으로 가득 차 있었습니다. 그래서 방언으로 말하면서 그 귀신에게 사로잡힌 심령술사들이 앉아 있는 쪽으로 다가갔습니다. 그러자 그들은 불평의 말들을 내뱉고 떨고 구르는 등 각종 행태를 보이기 시작했습니다.

저는 그들에게 다가가 "예수의 이름으로 명하노니, 귀신들아 나갈지어다!"라고 거침없이 소리를 질렀습니다. 그러자 두 줄 가득 앉아 있던 그들이 자리에서 일어나 밖으로 나갔습니다. 그들은 바깥에 나가서 우리를 향하여 저주의 말을 내뱉고 하나님을 모독하는 말을 하였습니다. 우리는 그들을 교회 밖으로 몰아내신 하나님을 찬양하였습니다!

뜻을 이루지 못한 영매술사들

하루는 길을 걷다가 친구를 만났습니다. 저는 그 친구에게 "프레드, 어디 가고 있는 중인가?" 하며 말을 건넸습니다.

"내가 어디 가고 있는지 말해주기가 곤란하네. 그건 하나님과 나만 알고 있는 사실이거든" 하고 그 친구가 대답했습니다.

"그래? 그렇지만 우리는 같이 기도해온 사이이고, 여러 번 밤 늦게까지 대화도 나누지 않았나? 그리고 우린 함께 성령 안에서 지내왔어. 그러니 우리 사이에 비밀은 없어야 한다고 생각하네"라고 제가 그 친구에게 말했습니다.

"그렇군. 그렇다면 말해주겠네. 난 지금 심령술사들의 모임에 가고 있는 중이네."

그 말을 듣고 놀란 저는 친구에게 이렇게 말했습니다. "그런 모임에 참석하는 것이 참으로 위험하다는 사실을 모르는가? 나는 하나님을 믿는 사람들이 그런 데 참석한다는 것은 현명한 일이 아니라고 생각하네."

그러자 그 친구는 저에게 "나는 그 모임에 참석해서 하나님의 말씀을 놓고 그들을 시험해보려고 하는 걸세. 오늘 모임에는 런던의 특별한 영매술사들이 참석한다고 하더군"이라고 말하였습니다.

그 친구의 말인즉슨 우리가 그 당시 살고 있었던 도시인 브래드포드에서 활동하고 있는 심령술사보다 더 강한 귀신에 사로잡힌, 영력이 특별히 센 영매술사들이 런던에서 온다는 것이었습니다.

친구는 이어서 "나는 그 모임에 참석하긴 하지만, 예수의 피를 바르고 정신을 바짝 차리고 참석할 것이니 걱정하지 말게"라고 저에게 말했습니다.

"그렇다면, 참석하고 나서 그 모임이 어땠는지 그 결과를 나에게 말해줄 수 있겠나?" 제가 친구에게 물었습니다.

"그래 알았어. 말해줄게." 친구는 흔쾌히 약속하였습니다.

사랑하는 여러분, 여러분은 그런 모임에 절대로 참석하지 말 것을 신신당부합니다.

제 친구는 그 강신술 모임에 참석하였습니다. 그날 영매술사들은 귀신을 불러들이려고 애를 썼습니다. 조명은 점점 어두워졌고, 분위기는 점점 암울해져갔습니다. 그 모임에 몰래 잠입한 저의 친구는 말은 한마디도 하지 않고 속으로 계속 예수의 보혈을 외치며 자신을 예수님의 피로 덮는 기도를 하였습니다.

시간이 무르익어갈수록 무대 중앙에 더 많은 영매술사들이 올라왔습니다. 한 시간여 동안 그들은 더 많은 귀신을 불러들이려고 안간힘을 썼습니다. 그러나 그 일이 그리 쉽진 않았습니다. 갑자기 불이 나가자 그 모임의 지도자인 듯 보이는 사람이 앞으로 나와 "오늘밤에는 강신술이 잘 되고 있지 않습니다. 아마도 여기에 예수의 피를 의지하는 사람이 참석하고 있는 것 같습니다"라고 말했습니다.

할렐루야! 사랑하는 여러분, 여러분은 모두 주님의 보혈의 능력을 믿고 있습니다. 그렇지요?

방언 통역) 예수의 피로 여러분을 덮으십시오. 그러면 악한 것들이 여러분을 만지지도 못할 것입니다. 하나님께서는 여러분의 삶의 모든 분야에서 여러분을 지켜주십니다. 그분께서는 천사들을 보내 여러분의 발이 돌에 부딪쳐서 다치지 않도록 막아주십니다. 여러분의 하나님이신 주님께서는 여러분의 그늘이 되어주시는 분이고, 여러분을 지켜주시기 위해 주무시지도 않는 분입니다. 하나님께서는 여러분이 안전한 장소에 있게 하시고, 여러분 모두를 눈동자처럼 지켜주십니다.

세상보다 더 크신 분

"그 영들이 하나님께로부터 왔는가를 시험해 보십시오"(요일 4:1, 표준새번역). 마귀를 대적하십시오. 두려워하지 마십시오. 여러분에게 믿음이 있다면, 두려움은 달아납니다. 들을 귀 있는 사람들도 있고(마 11:15), 들을 귀가 없는 사람들도 있습니다. 들을 귀는 믿음의 귀입니다. 들을 귀란 영적인 것에 귀를 쫑긋하여 들을 준비가 된 귀를 말합니다.

하나님의 말씀이 육신을 입고 생명이 되어 이 땅에 오셨습니다. 그 말씀을 접하면 여러분은 생명을 얻게 되고, 여러분 자신이 그리스도의 편지가 됩니다(고후 3:3). 그리스도는 말씀이십니다. 여러분이 열매 맺는 삶을 살 때, 사람들은 그 열매를 보고 그리스도를 알게 됩니다(마 7:16-20). 그분은 생명이시고, 우리와 마찬가지로 육신을 입고 사셨습니다. 그러나 그분은 우리와는 다른 새로운 성질, 새로운 생명, 새로운 호흡, 새로운 영적 분위기를 갖고 사신 분입니다. 그분에게는 제한이 없었지만, 우리에게는 제한이 있습니다.

여러분 속에 계신 분이 세상에 있는 이보다 크십니다(요일 4:4). 하나님의 생명의 말씀이신 분이 여러분 속에 살고 계시면, 여러분은 하나님이 하시고자 하는 일을 하고 싶어 하게 됩니다. 우리가 성경말씀을 인용하여 사람들에게 그대로 살라고 말했다면, 우리도 우리가 인용한 말씀대로 살아야 합니다. 하나님의 말씀이 우리 속에서 살아 역사하면, 그 말씀 우리에게 생명을 주고, 그로 인해 여러분은 죄와 죽음에서부터 자유하게 됩니다(롬 8:2).

영들을 테스트하는 법

악한 생각이 있고, 악한 영들이 주는 생각이 있습니다. 악한 생각이 있다는 것은 악한 존재가 있다는 것을 뜻합니다. 따라서 우리는 악한 것이 무엇이고, 그들을 어떻게 대적해야 하는지에 대해 알고 있어야 합니다. 우리는 하나님의 말씀을 통해 강해질 수 있습니다. 모든 악한 세력들은 하나님의 힘보다 강할 수 없습니다. 마귀에게 강한 것이란 없습니다. 이 세상에서 가장 약해 보이는 사람이라도 주님의 이름을 의지하여 마귀를 이길 수 있습니다. 여러분은 말씀을 알고 있기에 강합니다(요일 2:14).

악한 생각이 있고, 악한 영들이 주는 생각이 있습니다. 악한 생각들이 어디에서 옵니까? 악한 생각들은 믿음 없이 살거나 불의한 삶을 사는 사람들이 하는 생각입니다. 온전히 성화되지 못한 사람들에게서 나오는 생각입니다. 마귀는 여러분이 하는 생각을 읽어낼 수 없습니다. 그러나 하나님께서는 여러분이 무슨 생각을 하고 있는지 잘 아십니다. 하나님은 모든 것을 다 아시는 분입니다. 사탄은 여러분이 육적인 생각을 하도록 부추깁니다.

만일 여러분이 악한 생각으로 인해 힘들어하고, 자신의 육신이 연약하다고 인정하고, 그로 인해 어려움을 느낀다면, 여러분에게 가능성이 있습니다. 그러나 만일 여러분이 하고 있는 악한 생각에 대해 전혀 힘들어하지도 않고 오히려 당연한 것으로 여긴다면, 여러분에게 있는 악한 생각은 결코 궤멸되지 않을 것입니다.

만일 자신이 악한 생각을 하고 있는 존재라는 것을 다른 사람들에게 고백한다면, 여러분은 정결하게 될 수 있습니다. 여러분이 눈물을 흘린다는 것은 정화되고 있다는 것을 뜻합니다. 그러나 악한 생각을 해도 아무렇지도 않게 느낀다면, 그것 자체가 여러분의 마음이 정결하지 못하다는 것을 말해주는 것입니다. 그런 분들은 죄가 들어오는 것을 허락하고 있는 것이라고 할 수 있습니다.

악한 세력 이기기

믿는 자들이 어떻게 해야 악한 세력들에게 노략질당하지 않을까요?

즉 이 질문을 다시 풀어 말하면, '어떻게 해야 우리가 상황을 주도할 수 있겠는가'입니다. 우리는 먼저 이 질문에 바른 답을 하기 위해 "예수 그리스도께서 육체로 오셨다는 것을 시인하는 모든 영들은 모두 하나님으로부터 온 영이다"(요일 4:2)라는 말씀을 잘 알고 있어야 합니다.

예수님께서 육체로 오셨습니까? 마리아는 하나님의 형상을 가지신 아들을 낳았습니다. 이와 마찬가지로, 우리가 믿을 때에 우리 속에 영원한 씨가 들어와 그 씨가 우리 속에 생명을 낳습니다. 그 생명은 바로 우리 속에 계신 그리스도이십니다(골 1:27).

우리 속에 계신 그리스도께서 우리가 행하는 모든 행위를 통해 온전히 나타나실 수 있습니다. 마리아가 구속의 주님이신 하나님의 아들을 낳았습니다. 우리 속에 있는 하나님의 씨가 구속된 아들을 낳습니다. 우리는 그분 안에서 살고, 그분에 의해 움직입니다. 우리의 모든 표현에 하나님의 아들 예수 그리스도가 나타납니다(행 17:28). 예수님의 이름으로 우리 자신을 벗어던지면, 우리는 즉각 자유함을 누리게 됩니다.

성령님은 모든 능력과 언어들을 갖고 계십니다. 만일 여러분이 그 누구에게도 자신 속에 있는 악한 세력들이 언제 들어왔는지에 대해 말하지 않았다면, 여러분은 아직도 온전한 성화에 이르지 못한 것입니다. 심령술사들은 예수님이 육체로 오셨다는 사실을 시인하지 않습니다. 주님께서는 심령술사적인 것들이 마귀에게서 온 것이라는 사실을 우리가 정확히 이해하길 원하십니다.

분별의 자리

우리는 악한 것과 악한 영들을 분별할 수 있는 자리에 있어야 합니다. 또한 사람들에게 역사하는 악한 세력들을 묶고 쫓아낼 수 있는 자리에 있어야 합니다. 마가복음 9장을 읽어보십시오. 이제 여러분의 능력과 생명을 내어드리고, 여러분 안에 계신 주님의 능력과 생명으로 사십시오. 여러분 안에 계신 분이 세상에 있는 자보다 더 크십니다(요일 4:4). 하나님께서는 여러분이 아무것도 두려워하지 않게 될 때까지 여러분을 변화시키실 수 있는 분입니다.

성령으로 가득 찬 삶을 살면, 여러분의 삶을 통해 생명이 나타납니다. 무릎을 꿇고 능력을 달라고 기도하십시오. 여러분 중에는 "제가 기도하긴 하는데, 삶은 변화되지 않습니다. 무엇이 문제입니까?"라고 질문하는 분들이 가끔 있습니다. 이것에 대해 두 가지로 설명을 드리겠습니다. 첫째, 여러분이 골방에 들어가 문을 닫고 기도할 때 조용하게 기도하십니까? 그러지 마십시오. 큰 소리로 기도하십시오. 마귀는 큰 소리로 기도하는 사람은 건들지 못합니다. 큰 소리로 기도하면 성령의 능력이 나타납니다.

둘째, 사탄을 꾸짖으십시오. 만일 여러분이 사탄의 세력들을 꾸짖으면, 사탄의 세력들이 쫓겨갑니다. 귀신을 쫓아낼 때, 절대로 두 번 명령하지 마십시오. 그러면 귀신이 쫓겨나더라도 여러분을 비웃습니다. 왜냐하면 마귀가 여러분이 첫 번째 꾸짖을 때, 이미 믿음이 없었다고 보기 때문입니다. "구하여라, 그러면 받을 것이다"(요 16:24, 표준새번역). 여러분이 한 번만 구해도 믿음으로 구하면 받게 됩니다.

제가 지금 기도합니다. "아버지, 예수님의 이름으로 기도하오니, 저에게 긍휼의 마음을 증가시켜주십시오." 주님, 감사합니다. 저는 지금 하나님으로부터 긍휼을 받았습니다. 제가 긍휼을 받았다는 사실을 제가 잘 알고 있습니다.

13장
영들을 시험함에 관한 Q & A

• 성령세례를 받으면 몸이 떠는 현상이 나타나나요?

저는 이미 성령세례를 받은 사람에서 몸을 떨거나 바닥에 쓰러지는 현상이 나타나지 않는다고 생각합니다. 몸을 떨거나 바닥에 쓰러지는 것은 매우 제한적으로만 나타나는 현상입니다. 이런 현상들은 사람들에게 유익을 주지 않습니다. 그러나 성경은 성령의 나타남은 유익하게 하기 위함이라고 말하고 있습니다(고전 14:12).

만일 어떤 사람이 몸을 너무 심하게 떨어 그 결과 머리가 다 풀어져서 엉망이 된다면, 그 광경을 보고 있는 사람이 그것으로 인해 세움을 받을 리가 만무합니다. 저는 교회에 온 사람이 교회에서 경험하는 일들을 통해 세움 받게 되길 원합니다. 심하게 떠는 것으로 사람들에게 유익을 끼칠 수는 없습니다. 우리는 떠는 현상보다 더 나은 것을 사모해야 합니다. 즉 은사를 사모해야 하는 것입니다.

몸을 떨면서 동시에 방언이나 방언 통역을 할 수는 없습니다. 성령은 그렇게 행하시지 않습니다. 방언 통역을 하면서 몸을 떨거나 바닥에 누워서는 안 됩니다. 성령은 그렇게 행하시지 않습니다. 이상한 몸짓으로 인해 여러분이 하나님의 일을 수행하는 것을 방해하도록 해서는 안 됩니다.

• 방언과 방언 통역이 개인의 앞길을 인도하는 데에는 별 소용이 없나요?

방언과 방언 통역이 개인의 앞길을 인도해주지는 않습니다. 방언과 방언 통역은 예언과 매우 흡사합니다. 그래서 예언이 그렇듯이 방언과 방언 통역도 단지 교회를 세워주고 교회에 유익을 끼치는 데에만 사용되어야 합니다.

• 마귀는 우리로 하여금 나쁜 생각을 하게도 하지만, 우리가 귀로도 마귀의 소리를 들을 수 있나요?

많은 사람들이 나쁜 생각으로 인해 고통을 받고 있습니다. 나쁜 생각에는 두 가지 종류가 있습니다. 그 하나는 인간이 하는 나쁜 생각이고, 다른 하나는 마귀가 하는 생각입니다. 인간이 하는 나쁜 생각은 마귀가 여러분이 육신에 매여 살도록 하기 위해 여러분의 생각에 영향력을 줄 때 하는 생각입니다.

만일 마귀가 여러분에게 나쁜 생각을 하도록 영향을 끼칠 때 굴복한다면, 여러분은 죄와 부패로부터 빠져나올 수가 없습니다. 그러나 그 반대로 마귀가 여러분에게 악한 생각을 하도록 영향을 미칠 때 굴복하지 않는다면, 여러분은 깨끗합니다. 예수의 피가 여러분을 깨끗하게 하였기 때문에 그렇게 될 수 있습니다. 즉 육신의 욕망이 패배당한 것입니다. 예수님은 이런 상태에 대해 마귀가 어떤 사람을 공격하러 왔지만, 그에게서 공격할 것을 찾지 못한 것과 같다고 말씀하셨습니다(요 14:30).

마귀는 여러분이 어떤 생각을 하고 있는지 알지 못합니다. 또한 여러분이 속으로 무엇을 원하고 있는지도 모릅니다. 그렇기 때문에 마귀는 여러분이 나쁜 생각을 하도록 영향력만 행사할 뿐입니다. 그래서 여러분을 무너뜨리려고 합니다. 우리가 이런 집회에 참석하는 이유는 하나님이 주신 권세를 사용하여 사탄을 묶어 우리에게 나쁜 영향을 미치지 못하도록 하기 위함입니다.

예수님께서는 "내가 너희에게 모든 대적의 세력을 장악할 권세를 주었다"라고 말씀하셨습니다(눅 10:19). 그러므로 우리는 악한 세력을 묶을 권세를 갖고 있습니다. 만일 어떤 사람이 나쁜 생각으로 인해 힘들어한다면, 하나님께서 주신 권세를 사용하면 됩니다. 그러나 악한 생각이 나도 별로 힘들어하지 않는 사람이 있다면, 그 사람은 참으로 위험한 지경에 빠져 있는 사람임이 분명합니다.

만일 여러분이 악한 생각으로 인해 괴롭힘을 당하고 있다면, 마귀에게 "너는 예수가 육신으로 오신 것을 인정하는가?"라고 물어보십시오. 그러면 마귀는 도망을 갈 것입니다. 삶에서 항상 승리하기 위해서는 이런 사실과 방법을 숙지하고 있어야 합니다. 만일 여러분이 악한 생각이 나는데도 그것을 아무렇지도 않게 즐기고 있다면, 하나님께 회개하고 자신의 마음을 정결하게 해달라고 간구하십시오.

마귀는 여러분이 입으로 말하는 것만 알 수 있습니다. 만일 여러분 속에 누구를 전도하고 싶거나 주님과 동행하는 시간을 따로 갖고 싶다는 생각을 할 때, 마귀는 여러분이 그런 생각을 하고 있다는 사실을 알 재간이 없습니다. 그러나 그런 사실에 대해 입으로 말하고 나면 마귀는 알아차리고, 그런 일을 하지 못하도록 악한 영향력을 행사하기 시작합니다. 그러므로 일단 말하고 나면 마귀와의 치열한 싸움이 있을 것이라는 사실을 미리 알고 있어야 합니다. 그런 일들이 일어나는 것은 여러분의 말을 듣고 마귀가 파리떼처럼 달려들기 때문입니다. 말하지 않으면 마귀는 달려들지 않습니다.

- 골방에서 혼자 조용한 소리로 기도하면 마귀가 공격하지 않나요?

공격합니다. 그러므로 마귀를 쫓아내기 위해서는 골방에서라도 큰 소리로 기도하십시오. 성경에 따르면, 예수님께서 한적한 곳에서 홀로 기도하셨습니다(마 6:6). 그러나 그 말이 예수님께서 조용히 기도하셨다는 말은 아닙니다.

골방에서 기도하더라도 큰 소리로 기도하십시오. 큰 소리로 기도해야 마귀가 공격하지 못합니다. 그렇지 않으면, 마귀의 공격을 받아 졸거나 기도에 집중하지 못하게 됩니다. 그러니 큰 소리로 기도하십시오.

- 어떤 사람들은 자신이 어떤 존재인지를 마귀에게 선포하지 않아서 마귀의 공격을 받고, 그로 인해 힘든 삶을 살고 있습니다. 그런 경우, 마귀의 공격을 무너뜨리기 위해 취할 수 있는 방법은 무엇인가요?

마귀를 향해 자신이 어떤 존재인지를 선포하는 것은 잘하는 것이고, 반드시 그렇게 해야 합니다. 여기서 우리는 지금 두 가지를 이야기하고 있습니다. 만일 여러분이 "우리는 이제 곧 훌륭한 기독교 집회를 열 것이다. 우리는 부흥을 맞이할 것이다. 금식할 것이다"라고 말한다면, 마귀는 그 말에 근거하여 그런 사실이 있을 것을 알고 공격을 가하기 시작합니다. 그러나 그렇다고 해서 마귀가 그리스도 안에서의 여러분의 지위까지 박탈할 수는 없습니다. 그러나 마귀는 최대한의 공격을 가합니다. 그래서 될 수 있는 한, 여러분이 하나님의 축복을 받지 못하게 합니다.

마귀와의 전쟁 가운데로 들어가면, 여러분은 마귀와의 전쟁이 없을 때보다 훨씬 힘든 기간을 맞게 됩니다. 그러나 마귀와 영적 전쟁을 하는 것은 좋은 것입니다. 마귀를 두려워하지 마십시오. 마귀가 주는 시험조차도 두려워하지 마십시오. 여러분이 환난을 당하는 것은 좋은 것입니다(고후 1:4-5).

예를 들어, 제가 이 집회에서 "주님, 당신의 이름으로 어두움의 세력을 다 묶습니다"라고 했다면, 마귀는 묶인 것입니다. 그래서 사탄이 이 집회에 들어오지 못합니다. 그러나 이렇게 우리를 보호하는 기도를 하지 않은 채 그 어떤 것들을 발설하거나 말한다면, 마귀는 그로 인해 우리와 우리의 집회를 공격하여 마귀와 싸워야 하는 영적 전쟁의 기간으로 돌입하게 됩니다.

14장

방언과 방언 통역

> 어떤 사람에게는 여러 가지 방언을 말하는 은사를 주시고, 어떤 사람에게는 그 방언을 통역하는 은사를 주십니다. (고전 12:10, 표준새번역)

방언을 하는 것과 방언을 통역하는 것은 매우 밀접한 관련이 있습니다. 그렇기 때문에 방언과 방언 통역을 분리하여 생각하기는 어렵습니다. 이것들로 인한 유익은 매우 많습니다. 저는 이 두 가지에 대해 여러분에게 설명드리고자 합니다.

방언은 왜 존재합니까? 왜 하나님은 우리에게 방언이라는 은사를 주셨습니까? 분명히 그 이유가 있을 것입니다. 만일 하나님께서 우리에게 방언을 주셔야 할 이유가 없다면, 절대로 그것을 주지 않으셨을 것입니다.

저는 "하나님께서는 만유 위에 계시고, 만유를 통해 계시고, 만유 안에 계신다"(엡 4:6)는 말씀을 매우 좋아합니다. 하나님께서는 모든 것을 장악할 수 있는 힘을 가지고 계십니다. 저는 하나님께서 하늘에 있는 마귀나 땅 위에 있는 마귀나 땅 속에 있는 마귀들의 세력을 제어할 권세를 갖고 계시다는 사실이 너무도 좋습니다. 우리가 어디를 가든, 하나님께서는 거기에 계십니다(시 139:7-12).

우리가 성령을 받기 전에는 절대로 방언으로 말할 수가 없습니다. 그렇다면 하나님께서는 왜 방언이란 것을 만드셨을까요?

> **방언 통역)** 성령께서는 우리의 모든 생각을 주관하시고, 그 결과 우리 마음의 모든 생각들이 우리의 삶에서 열매를 맺어 우리의 삶을 통해 우리 안에 계신 하나님이 온전히 나타나게 되기를 원하십니다.

주님께서는 우리의 삶을 통해 나타나길 원하시고, 우리가 성령으로 열매 맺는 삶을 살아가기를 간절히 바라십니다. 이 말씀은 매우 중요한 말씀입니다.

옛날에는 예언이 아주 중요한 역할을 하였습니다. 성령을 받은 사람들은 누구나 성령 안에서 하나님의 예언적인 언어로 말할 수 있습니다. 또한 그런 사람의 입에서는 초자연적인 언어들이 나옵니다. 그러한 일들이 일어나는 현장을 목격한 사람들은 그런 현상이 성령에 의한 것임을 알게 됩니다.

그러므로 우리 모두는 성령으로 충만해지기를 사모해야 합니다. 우리 모두는 예언을 할 수 있어야 합니다. 예언을 한다는 것은 하나님께서 그분의 말씀을 하신다는 것을 뜻합니다. 그리고 하나님의 예언은 적절한 때에 이루어집니다.

하나님께서는 성령을 보내주겠다고 약속하셨고, 하나님의 약속대로 성령이 강림하여 사도들을 성령으로 채우셨습니다. 즉 오순절 날 다락방에 성령이 임하셨던 것입니다. 역사상 그전에는 그런 일이 없었습니다. 역사상 처음으로 거기에 모인 남녀들이 새로운 차원의 말을 하기 시작하였습니다. 그 언어는 옛 언어가 아니었습니다. 그들이 말한 언어는 해석을 통해서만 알아들을 수 있는 언어였습니다.

이것은 매우 놀라운 일입니다. 왜냐하면 이 언어는 바로 하나님께서 말씀하고 계신 언어이기 때문입니다. 그 누구도 하나님의 언어를 이해할 수 없었습니다. 그것은 성령께서 말씀하신 것이고, 성령께서 계시해주신 것입니다. 하나님의 말씀이 다락방을 가득 채워졌습니다.

이렇듯 이것은 놀라운 것입니다. 방언으로 인해 사람들이 소생됩니다. 방언을 통해 우리는 새롭고 깊이 있는 생각들을 할 수 있게 됩니다.

우리가 성령을 소유해야 되는 이유를 알려면, 에베소서 3장을 보십시오. 그러면 아마도 여러분은 매우 놀랄 것입니다. 그곳에 있는 말은 매우 놀라운 말입니다. 바울은 거기서 자신을 '성도들 가운데에서 가장 작은 자'(엡 3:8)라고 지칭하면서, 자신과 같이 작은 자를 하나님께서 '사역자'(일꾼, 엡 3:7)로 불러주셨다고 하였습니다. 그러나 그럼에도 사도 바울은 성령께서 그에게 주실 더 큰 것이 있음을 알았기에, 그것을 받기를 사모하였습니다. 그는 하나님 앞에 무릎을 꿇고 빌었습니다(엡 3:15).

우리는 에베소서 3장에서 그 어디에서도 발견할 수 없는 놀랍고도 아름다운 기도를 발견하게 됩니다. 그는 성령 안에서 "하나님의 모든 충만으로 너희들이 충만하게 되기를 바란다"(엡 3:19)라고 기도하였고, "너희들이 모든 성도들과 함께 그리스도의 사랑의 깊이를 이해할 수 있게 되기를 원한다"(엡 3:17-18)라고 말하였습니다. 그는 우리가 기도하고 생각하고, 생각하고 기도함으로, 우리가 하나님으로부터 "구하고 생각하는 것보다 더 풍성하게 받게 되기를"(엡 3:20) 간절히 바랐습니다.

저기 어떤 분이 지금 기도하려고 눈을 감고 계시는군요. 성령께서 지금 기도하고 계십니다.

> 방언 통역) 지금까지 주님께서는 여러분과 함께하셨고, 여러분에게 보화를 부어주십니다. 그 보화는 지금까지는 감추어졌던 것인데 현재 여러분 속에 있습니다. 하나님께서는 여러분을 정결하게 해오셨습니다. 먼저는 여러분을 깨끗하게 하셨습니다. 그래서 여러분은 하나님이 거하실 수 있는 그릇이 되었습니다. 성부와 성자와 성령 이 세 분이 여러분을 주관하십니다. 여러분은 그분 안에 있을 때에만 높임을 받습니다. 그러나 결국 오직 그분만이 영광을 받으셔야 합니다.

방언을 해야 하는 이유

여러분 중에 이미 알고 있는 분들도 계시겠지만, 3년 전에 제가 로스앤젤레스에 갔었습니다. 그때 그곳에서 열린 집회에 하나님의 축복이 임했습니다. 여러분 중 어떤 분들은 그때 임한 축복이 어떤 것들이었는지 기억하는 분들도 계실 것입니다. 그러나 여러분 중에 제가 그곳을 떠나온 후, 무슨 일이 있었는지 아는 사람들은 별로 없을 것입니다. 그 이유는 여러분이 저와 계속해서 같이 지내지 않았기 때문입니다.

저는 기름부음을 상실하였을 수도 있고, 하나님의 은혜를 잊어버렸을 수도 있습니다. 종종 오래전에는 거룩한 삶을 살았었고 언어(방언)도 받았었으나, 지금은 세상에 빠져 사는 사람들이 있습니다. 또 어떤 사람들은 과거에는 거룩한 삶을 살았었고, 성화에 관한 설교도 했었고, 거룩한 말들도 했었지만, 그들의 삶에 어떤 일들이 일어나 하나님에 대한 열심을 잃어버리고 하나님이 주신 불도 상실하여 단지 방언만 하고 지내는 경우도 있을 수 있습니다. 이러한 일들은 누구에게라도 일어날 수 있습니다. 그러므로, 서 있다고 생각하시는 분들은 넘어질까 조심하십시오 (고전 10:2).

만일 설교자가 매일 자신을 점검하지 않고 산다면, 그 설교자는 좋은 설교자가 아닙니다. 만일 제가 매일 저 자신을 점검하지 않으면, 사람들이 저를 판단하는 일이 일어납니다(고전 11:31). 설교자는 자신의 말을 전해서는 안 되고, 주님의 말씀을 전해야 합니다. 설교자인 제가 여러분에게 좋게 보이는 것은 별 의미가 없습니다. 저와 하나님 사이에 해결되지 않은 문제가 있다면, 저는 감히 이 자리에 서서 여러분에게 하나님의 말씀을 전할 수 없습니다. 하나님께서 저를 거룩하게 만들어주셔야 제가 주님의 거룩한 그릇으로 쓰임 받을 수 있습니다(사 52:11). 저는 다음의 사실을 알기에 주님을 찬양하지 않을 수 없습니다.

그분의 피는 세상에서 가장 악한 사람도 깨끗하게 만드신다.
그분의 피는 나에게도 통용된다.
그분의 피는 나도 깨끗하게 만든다.

우리는 깨끗하게 되었습니다! 흰 눈과 같이 되었습니다! 순결! 하나님에 대한 열심을 놓치지 마십시오!

방언 통역) 구원함을 받은 여러분, 성령을 근심케 마십시오. 모든 일을 성실하게, 순서를 따라 하십시오. 그래야 우리를 통해 하나님의 탁월하심이 나타나게 됩니다. 그리스도께서 우리의 가정과 하나님의 집을 통치하시도록 하십시오. 만일 여러분이 의심 없이 믿으면, 여러분이 바로 하나님의 집입니다. 하나님께서는 성령에 순종하도록 하시기 위해 이 아침에 여러분을 이곳에 불러 모으셨습니다.

예언자가 하나님의 뜻 밖에 있게 될 경우

조금 전에 말씀을 드린 바와 같이 제가 로스앤젤레스에서 집회를 시작한 이후, 저에게 무슨 일이 일어났는지 아는 분은 없습니다. 로스앤젤레스 교회의 사람들이 저에게 전보를 쳐서 6-7월에 교회에 와서 집회를 열어달라고 요청하였을 때, 그들은 제가 하나님의 거룩한 뜻 안에 있었는지 아닌지를 알지 못했습니다.

저도 인간에 불과하기에, 얼마든지 성령을 슬프시게 할 수 있습니다. 제가 오늘 아침에 일어나 여러분 앞에 서서 말씀을 전했지만, 얼마든지 그 말씀이 하나님의 기름부음 없이 그저 주절거린 인간의 언어에 불과할 수가 있습니다. 만일 그런 일이 일어날 경우, 여러분 중 하나님에 대해 배고파하고 하나님의 진리에 목말라서 견딜 수 없는 사람이 성령 안에서 탄식하며 방언할 수 있습니다. 그러면 성령 안에서 같이 고뇌하고 탄식하고 있던 다른 사람이 그 사람이 하는 방언을 통역할 수 있습니다. 그래서 그 결과 사람들이 위로를 받게 됩니다. 예언자가 하나님의 뜻 안에 있지 않게 될 경우, 그런 일들이 일어남으로 그가 채워주지 못하는 것을 다른 이들의 방언과 방언 통역을 통해 채움 받게 되는 것입니다.

하나님의 마음 알기

여러분 중에는 설교하고 예언하고 방언함으로, 모인 모든 사람들이 축복받는 일이 일어날 수 있냐고 물으시는 분이 계십니다.

간혹 제가 설교를 하면, 제 몸이 영광과 기쁨으로 가득 차서 감히 말로는 표현할 수 없는 일들이 일어납니다. 그러면 순간적으로 성령께서 방언을 통해 말씀하시고, 하나님의 능력이 사람들이 모여 있는 집회 장소에 임하여 계시가 부어지게 됩니다. 그러면 이때 우리가 상상하지도 못했던 생명의 말씀이 설교자의 입을 통해 나오게 됩니다.

그렇게 되면 교회들이 성령 안에서 서로 연합하게 되고, 하나님의 능력이 메리와 존, 그리고 윌리엄과 헨리(이 이름들은 '철수'와 '영희' 같은 평범한 사람들을 지칭함 - 역주)에게 임해 그들이 하나님의 마음을 알게 됩니다.

방언을 올바로 사용하는 방법

고린도전서 14장에는 방언을 어떻게 해야 하는지에 대한 확실한 지침이 나와 있습니다.

> 누가 방언으로 말할 때에는 둘 또는 많아야 셋이서 말하되 차례로 말하고, 한 사람은 통역을 하십시오. 통역할 사람이 없거든, 교회에서는 잠잠하고 자기에게와 하나님께 말하십시오. (고전 14:27-28, 표준새번역)

방언에는 세 가지 종류가 있는데, 그것에 관한 영적인 법칙이 성경에 나와 있습니다. 제가 그것에 대해 언급하기 전에, 우리는 먼저 고린도전서 14장 32절의 "예언의 영은 예언하는 자의 통제를 받는다"는 말을 이해하고 있어야 합니다. 그래야 문제가 발생하지 않습니다.

성령님께 양보하기

여러분이 이 말을 주목하여 지키지 않으면, 여러분이 속한 모임이 깨어질 수도 있고 여러분이 어려움을 당할 수도 있습니다. 여러분이 성경을 제대로 이해하지 못한다면, 절대로 하나님을 기쁘시게 할 수 없습니다. 그 어떤 경우에 처하더라도 성령의 기름부음이 없는 상태에서는 은사를 사용하지 마십시오.

그리고 방언과 방언 통역을 할 때는 예언을 하지 마십시오. 일반적으로 예언을 하면, 그 예언으로 인해 사람들이 진리를 듣게 되어 기쁨이 생기고 세움을 받게 됩니다. 그러나 예언을 말할 때는 방언과 방언 통역을 하지 마십시오. 마음속에 있는 것들이 너무 심오하여 말로 표현하기 곤란한 경우 방언이 나오게 되면, 하나님이 말씀하시는 것이 됩니다.

방언을 할 수 있는 분들은 성령께서 모든 예언을 말하고자 하실 때, 그렇게 하실 수 있도록 성령님께 양보해드리십시오. 여러분이 성령님과 함께 사역하고 있을 때 성령께서 주도권을 잡으시도록 해드리면, 주님께서 자신을 표현하시게 되고, 이로 인해 하나님의 이름이 영광을 받으시게 됩니다.

여러분도 이미 잘 알고 계시다시피, 하나님께서는 모든 것이 질서 있게 진행되기를 원하십니다. 그런 이유 때문에, 바울은 "만일 어떤 사람이 방언을 하고자 하면, 두 사람 또는 많아야 세 사람 정도만 순서를 따라 하라"(고전 14:27)고 지시하였습니다. 이런 이유로 제 앞에 세 사람이 이미 방언을 했다면, 저는 절대로 추가로 방언하지 않습니다. 그리고 제 앞에 이미 세 사람이 방언을 했다고 하면, 저는 절대로 방언 통역을 하지 않습니다. 그렇게 해야 모임에 평화가 깃들고, 사람들이 지루해하지 않습니다. 왜냐하면 모임에는 이런 것들에 대해 지식이 전혀 없는 사람들도 참석하기 때문입니다.

성경에 대한 바른 이해가 부족하면, 쉽게 혼동과 잘못된 비판에 빠지게 됩니다. 하나님께서는 여러분이 혼동과 비판에 빠지게 되는 것을 원치 않으십니다. 그 대신 하나님께서는 여러분이 성경을 분명하게 이해하여, 이를 통해 여러분의 삶이 더욱 굳게 서기를 원하십니다.

하나님께서는 저에게 진리를 계시해주십니다. 제가 비성경적이고 비진리적인 것들을 전달해왔었다는 사실을 알게 되면, 저는 그때부터 그런 것들을 전달하는 것을 중지합니다. 저는 항상 성경이 저의 말의 재판장이 되도록 합니다. 만일 제가 그 어떤 비진리적인 것을 말한 것을 깨닫는다면, 저는 다시는 그것을 사람들에게 전하지 않습니다.

하나님만이 저의 판단자이십니다. 저는 진리만을 전하고자 합니다. 하나님의 말씀에 비추어 잘못된 것이 있다면, 저는 절대로 그것을 반복하여 전하지 않습니다.

저는 어떤 잘못에 대해 일단 회개하면, 다시는 그 동일한 사건에 대해 회개할 필요가 없다고 생각합니다. 이것은 일종의 상식입니다. 저는 이런 상식에 대한 여러분의 깨달음이 증가되길 원합니다. 왜냐하면 이런 상식조차 모르는 사람들이 많기 때문입니다.

우리는 먼저 하나님 앞에 진실해야 합니다. 만일 우리가 하나님께 진실하지 않다면, 우리 자신에게도 진실할 수가 없습니다. 우리의 계획과 소망의 우선순위는 하나님이 되어야 합니다. 예수님이 영광을 받으셔야 합니다.

고린도전서 14장 30절에 "앉아 있는 다른 사람에게 계시가 내리거든, 먼저 말하던 사람은 잠잠하십시오"(표준새번역)라는 말이 있습니다. 만일 제가 교회에서 설교를 하고 있는데, 저의 설교를 통해 어떤 사람이 설교와 관련하여 너무도 큰 계시를 받아 그것에 대해 말하기 위해 일어선다면 저는 하던 설교를 중단해야 합니다. 왜 그렇습니까? 왜냐하면, 만일 어떤 예언자가 말씀을 전하고 있는데, 청중 중 한 사람에게 하나님의 계시가 온다면 그 예언자는 하던 말을 중단하고 계시를 받은 사람으로 하여금 말을 하도록 해야 한다고 성경에서 가르치고 있기 때문입니다.

또한 성경은 "여러분은 모두 한 사람씩 한 사람씩 예언을 할 수 있습니다. 그래야 모든 사람이 배우고, 권면을 받게 됩니다"(고전 14:31, 표준새번역)라고 말하고 있습니다. 이것은 모인 사람들에게 하나님의 말씀을 전달하는 것과 관련이 있는 말씀입니다.

만일 설교자가 말씀을 전하는 중에 어떤 사람이 하나님으로부터 말씀을 받아 말한다면, 설교자는 일단 말씀 전하는 것을 중지해야 합니다. 그리고 그 사람의 예언이 끝나면 다른 사람이 연이어 예언할 수 있습니다. 그런 식으로 하게 되면, 받은 예언으로 인하여 전 교회의 교인들이 하나님의 기쁨으로 충만하게 됩니다.

하나님께서는 이것과 관련하여 우리가 정신이 온전하고 생각이 건전하며, 판단이 올바르고 거룩하며, 오직 하나님께 헌신되고 성령 안에서만 행하기를 원하십니다. 그런 식으로 하나님의 명령을 따라 순종할 때,

전 교회의 교인들이 위로와 격려를 받고 기쁨으로 집에 돌아갈 수 있게 됩니다.

여러분은 제가 여러분에게 말하는 것을 분별해야 합니다. 만일 여러분이 제가 하는 말을 제대로 분별하거나 판단하지 않는다면, 여러분이 잘못하는 것입니다. 제가 하는 말을 다 그대로 받아들이지 마십시오. 여러분은 제가 성경대로 전하는지 여부를 먼저 분별한 후, 제가 제대로 말한다고 판단되는 것만 취하십시오.

사랑하는 여러분, 판단하되 올바로 판단하십시오. 올바로 판단하는 것은 저주하며 비판하는 것이 아니라, 성경에 근거하여 분별하는 것입니다. 올바른 판단은 혹평이 아니라 진리에 기준한 분별입니다. 이런 바른 분별은 교인들이 하나님의 말씀을 잘 알고 있어야 할 수 있습니다. 그래야 바른 판단을 내릴 수 있습니다.

어떤 사람은 제가 지금 말하고자 하는 것에 대해 동의하지 않을 수도 있습니다. 그러나 저는 제가 믿는 바를 말하는데, 왜냐하면 성경은 어떤 사람이 방언을 하고자 하면, 두 사람 또는 많아야 세 사람 정도만 순서를 따라 하라고 말하고 있기 때문입니다(고전 14:27). 이 말이 뜻하는 바에는 다음과 같은 경우가 포함됩니다.

회중 가운데 어떤 사람이 (방언으로) 메시지를 전하는데, 하나님이 주신 계시를 전하는 것이 아직 끝나지 않았다고 칩시다. 그런데 그 동일한 사람에게 주님의 성령이 더 강하게 임하는 경우가 있습니다. 그럴 경우, 그 사람은 더 강한 성령의 임재 가운데 두 번째 계시를 말합니다. 그리고 다시 성령의 조류가 더 강하게 흘러 이제 동일한 사람이 세 번째 계시를 말할 수 있고, 그로 인해 온 회중은 성령의 더 강한 임재를 경험할 수 있습니다.

저는 '순서를 따라' 세 사람까지만 방언해야 한다는 성경의 표현(고전 14:27)에 한 사람이 한 집회에서 세 번의 방언을 연속적으로 말하는 것도 포함되어야 한다고 생각합니다. 영국에서의 집회에서 아홉 번까지 방언을 말하는 경우가 있기도 하였지만, 세 사람 이상 방언을 말한 적은 없었습니다. 하나님께서 강하게 역사하시는 경우가 아니라면, 아홉 번까지 방언을 말해서는 안 됩니다. 그러나 성경을 살펴보면, 한 명이 예언하는 경우는 많이 있었지만, 두 명 또는 세 명이 예언하는 경우는 그리 많지 않습니다.

저는 저의 견해가 옳다고 믿습니다. 우리 가운데 예언의 영이 풍성해지면, 성령께서 우리의 마음을 채우시고, 그분의 능력이 우리 가운데 나타나게 됩니다. 저에게 이런 일이 일어나면, 저는 말을 매우 빨리 하게 됩니다. 그러나 이 경우 저는 저의 생각을 말하는 것이 아니라 성령님의 말씀과 생각을 말합니다. 성령님이 말씀하시는 것이지요.

이런 식으로 성령님이 강하게 임하여 말씀하시면, 방언과 방언 통역 모두 필요하지 않습니다. 왜냐하면 성령께서 보좌에서 직접 사람들의 심령에 말씀하시기 때문입니다. 이때는 사람의 언어가 필요 없습니다. 성령께서 직접 말씀하시기에 주님께서는 방언과 방언 통역도 주십시다. 그로 인해 전 회중이 큰 위로를 받습니다.

많아야 세 사람까지만 말할 수 있도록 제한해야 합니다. 절대로 4-5명은 안 됩니다. 많아야 세 사람입니다. 이것은 성령님의 지시입니다.

이제 방언의 세 가지 종류에 대해 알아보겠습니다.

세 가지 방언

방언에는 세 가지 종류가 있습니다. 이것에 관해 많은 사람들이 오해하고 있기 때문에 어떤 사람들은 여러모로 여러분을 비판하기도 하고, 이로 인해 많은 혼란이 있어왔습니다. 즉 사람들이 잘못된 길로 나간 것입니다.

저를 위시하여 방언 통역의 은사를 갖고 있는 사람들은 방언 통역이 하나님에 의해 이루어진다는 사실을 잘 알고 있습니다. 방언 통역을 해본 경험이 있는 사람들은 하나님의 영광이 임하면 아무 사전 지식이나 준비 없이 갑자기 방언 통역을 할 수 있게 된다는 저의 의견에 동의할 것입니다.

첫 번째로, 사람들이 처음으로 성령을 받을 때, 그들이 성령의 세례를 받았다는 증거로 하는 방언이 있습니다.

두 번째로, 기도모임에서 하는 방언이 있습니다. 여러분이 주시하고 있어야 하는 사실이 하나 있는데, 그것은 기도모임 중 성령 안에서 기도할 때 방언이 나오면, 절대로 그 방언을 통역해서는 안 된다는 것입니다. 성경은 이 문제에 대해 "방언을 말하는 사람은 사람에게 하는 것이 아니라 하나님께 하는 것이다. 왜냐하면 그 말은 아무도 이해하지 못하고, 성령 안에서 비밀들을 말하는 것이기 때문이다"(고전 14:2)라고 기록하고 있습니다.

기도모임에서 사람들이 성령 안에서 방언으로 기도하게 되는데, 이때의 방언은 하나님께 하는 방언이므로 절대로 통역해서는 안 됩니다. 만일 통역하면, 그것은 잘못된 것입니다. 그 어떤 경우에도 기도모임에서의 방언은 통역하지 마십시오. 대부분 이때 나오는 방언은 같은 말을 수없이 반복하는 경우가 많습니다. 이때 하는 방언도 영적인 언어이긴 하지만, 은사는 아닙니다. 이런 방언은 개인의 영혼이 하나님과 특정한 관계 속으로 들어갈 때 나오는 방언입니다. 따라서 이런 방언은 통역하지 마십시오.

세 번째로, 통역을 필요로 하는 방언이 있습니다. 이런 방언을 뭐라고 해야 합니까? 성경은 이런 방언에 대해 "다른 종류의 방언들"(고전 12:10, 표준새번역성경에는 '여러 가지 방언'으로, 개역성경에는 '각종 방언'이라고 표현되어 있음 - 역주)이라고 말하고 있습니다. 그렇다면 "다른 종류의 방언들"이란 어떤 방언들을 말합니까? 음절들이 분명한 방언입니다. 어떤 사람이 일어나 이런 종류의 방언을 하는 것을 들으면, 발음이 명확하고, 내용이 교육적이며, 사랑스럽게 들립니다. 이런 방언은 하나님께서 사람들에게 말씀하시는 방언입니다.

방언은 교회에 계시와 능력을 부어줍니다. 그래서 방언으로 인해 교회가 묶이지 않게 되고, 부족함에서 풀려나게 됩니다. 방언과 방언 통역으로 인해 사람들이 자유하게 되고, 성도들이 생기 있게 되며, 방언이 행해지는 장소가 하나님의 영광으로 채워집니다. 저는 여러분이 이러한 점들에 대해 좀더 깊이 이해하게 됨으로, 여러분의 모임이 더 성령으로 충만해지고, 그로 인해 여러분 모두가 성령의 마음을 갖게 되기를 원합니다.

방언 통역에 관하여

방언 통역이 무엇입니까? 방언을 하게 하시는 성령께서 방언 통역도 하게 하십니다. 성령의 능력으로 강하게 만짐을 받은 사람은 자신 안에서 하나님의 그 어떤 것이 불타고 있다고 느끼게 되고, 그것이 밖으로 표현되지 않으면 견딜 수 없게 됩니다.

제가 집회를 마치고 밖으로 나가려고 하면, 가끔 사람들이 저에게 다가와 "당신이 오늘 한 방언 통역에 저는 큰 은혜를 받았습니다. 저도 방언 통역을 할 수 있습니다"라고 말하는 경우가 있습니다. 그러면 옆에 있던 사람이 용기를 얻어 저에게 "목사님, 저도 방언 통역을 할 수 있습니다"라고 말합니다. 한번은 한 집회에서 무려 세 사람이나 저에게 다가와 "당신의 방언 통역이 매우 좋았습니다. 저도 당신과 같은 통역을 할 수 있습니다"라고 말한 적이 있었습니다.

그들의 이런 말들이 진리일까요? 절대로 아닙니다. 왜 그런지 아십니까? 그 어떤 사람도 자신의 힘으로 방언 통역을 할 수 없습니다. 저도 제 힘으로 방언 통역을 하는 것이 아닙니다. 그러면 그들의 말은 실상은 무엇이라는 말입니까? 그것은 방언 통역의 영을 갖고 있다는 말입니다. 즉 그들이 방언 통역을 할 때, 하나님의 마음에 따라 방언 통역의 영이 통역을 하는 것입니다. 즉 하나님께서 성령에 따라 방언 통역을 하시는 것입니다.

　방언 통역하는 사람은 절대로 자신의 힘으로 통역하는 것이 아닙니다. 왜 그렇습니까? 왜냐하면 방언 통역자는 단지 성령이 말씀하시는 모든 단어들의 통로가 될 뿐이기 때문입니다. 방언 통역하는 사람은 성령으로부터 미리 잘 짜인 단어와 문장을 하나씩 받아 말하는 것이 아닙니다. 성령께서 말씀하시면, 방언 통역하는 사람은 그저 그 말씀하시는 바에 따라 말하는 것뿐입니다. 쉽게 말하면, 방언 통역자는 성령님께 자신의 입을 빌려드리는 것뿐인 것입니다. 따라서 방언 통역은 하나님의 것이고, 하나님의 보좌로부터 직접 나오는 것입니다.

　진짜 방언이 있고 가짜 방언이 있다는 사실을 여러분이 알고 계셔야 합니다. 어떤 경우, 누군가 일어나 방언을 하기 시작합니다. 이럴 경우, 처음에는 진짜 방언을 하다가 조금씩 자기가 만들어낸 방언을 섞기 시작하다가 결국 자신의 방언 곧 가짜 방언만을 계속해서 되풀이하는 경우가 종종 있습니다. 그런 경우, 그 사람의 방언을 통역하는 것은 매우 어리석은 짓입니다.

　또 어떤 사람들은 방언 통역을 한다고 일어나서 입을 다물고 있다가 말하기 시작하면 떠듬거리며, 가끔 한두 마디씩 해나갑니다. 이것이 방언 통역일까요? 그렇지 않습니다. 여러분, 성령께서는 통역을 할 줄 몰라 떠듬거리며 방언 통역하시는 분이 아니라는 사실을 아셔야 합니다. 그러니 그렇게 떠듬거리며 통역하는 사람은 믿지 마십시오. 그런 방언 통역은 하나님으로부터 온 것이 아닙니다. 그런 사람은 자신의 마음에서 단어들이 떠오를 때까지 기다렸다가 떠오르면 말합니다. 따라서 이것은 옳은 방언 통역이 아닙니다.

저는 여러분이 속임에 빠지거나 어리석은 자가 되는 것을 막기 위해 이런 것들을 말해주고 있습니다. 그렇게 방언 통역하는 사람들은 자신을 나타내기 위해 거짓으로 방언 통역을 하는 것입니다.

저의 경우, 방언 통역은 제가 하는 것이 아니라 저를 통해 성령님이 하십니다. 그러므로 절대로 제가 영광을 받을 수 없습니다. 방언 통역에 있어서 사람이 높임을 받아서는 안 됩니다. 방언 통역하는 사람은 그저 죽어야 하고, 그 후 그리스도와 연합하여 그리스도처럼 되어야 합니다. 그래서 단지 그리스도만이 전부가 되어야 합니다. 성령세례를 받는다는 것은 우리가 그리스도와 함께 죽는 것입니다. 만일 그렇게 되지 않는다면, 모든 것이 잘못되는 것입니다.

현재 성령께서 여러분에게 말씀하고 계십니다. 제가 기름부음을 강하게 느끼며 그분의 능력을 감지하고 있을 때에는 말을 빨리 합니다. 왜냐하면 이때는 성령님이 저를 통해 말씀하시기 때문입니다. 한번은 성령님이 임하시고 하나님의 영광이 강하게 나타나서 하나님께서 모인 사람들의 심령들에 직접 말씀하셨는데, 그때 많은 사람들이 성령 안에 거하는 일들이 일어났습니다.

집회는 하나님이 여러분을 만나주시는 거룩한 시간이기 때문에 여러분은 이 집회를 귀하게 여기셔야 합니다. 이 집회를 통해 여러분은 하나님의 권세 위에 잘 세워져가고 있습니다. 여러분이 구원, 성화, 은사, 세례 등에 관해 현재까지 나눈 간증들은 성경적입니다. 그러니 마귀의 공격을 두려워하지 마십시오. 여러분은 악한 대적들 위에 위치하고 있습니다. 마귀에게 "사탄아 내 뒤로 물러가라"라고 명령하십시오. 그러면 마귀는 물러갑니다!

사랑하는 여러분, 준비가 다 되셨습니까? 그 어떤 일도 할 수 있으십니까? 여러분이 지금 꼭대기 위에 서 있다는 사실을 잊지 마십시오. 무슨 꼭대기냐고요? 여러분 자신의 꼭대기, 여러분 자신의 의견의 꼭대기, 여러분 자신의 재정적 문제와 변덕스런 마음과 어리석은 행위의 꼭대기에 서 있습니다. 이제 그것들을 모두 내려놓으십시오. 그리고 여러분 자신을 성경 위에 세우십시오. 성경은 우리에게 "하나님께서 우리에게 주신 것은 두려워하는 영이 아니라 능력과 사랑과 건전한 마음의 영이다"(딤후 1:7)라고 말합니다.

여러분 중에 어떤 분들은 저에게 "오, 저는 신경이 예민합니다. 마음이 매우 약합니다"라고 말할 분도 계실 것입니다. 그러나 그런 분들에게 제가 해줄 수 있는 것은 단지 "온전한 사랑이 두려움을 내어 쫓는다"(요일 4:18)는 성경말씀을 기억시켜 드리는 방법밖에는 없습니다. 사랑에는 형벌도 없고, 두려움도 없습니다.

저는 하나님의 말씀이 여러분의 마음을 점점 더 많이 장악하여, 이로 인해 여러분이 마귀의 세력을 이기는 일들이 일어나기를 바랍니다. 여러분은 두려움을 이겨야 합니다. 여러분이 성령세례를 받는다는 것은 그 전에 받아본 적이 없는 (하나님의) 사랑을 받는다는 것을 뜻하며, 성령이 주시는 능력을 받고 또한 마귀를 이길 힘을 받는다는 것을 뜻합니다. 여러분의 마음의 왕좌에서 자신을 내려놓고 그 자리에 그리스도를 올려놓으십시오. 그리고 성령님이 여러분 안에서 그분의 세력을 확장하시도록 허락해드리십시오.

    말씀 위에 굳게 서서 다시는 뒤로 넘어지지 마십시오. 전진하고 승리하십시오. 마귀를 이기십시오. 성령의 사로잡힘 안에서 그분이 주시는 자유를 만끽하십시오(엡 4:8). 하나님의 승리를 기뻐하십시오.

    믿음이 우리로 하여금 세상을 이기게 합니다(요일 5:4). 믿음은 여러분의 마음 안에서 역사합니다. 믿음이란 우리 속에 있는 주님의 생명이 작동하는 것입니다. 여러분이 믿음 위에 굳건히 서 있다면, 하나님께서 여러분을 승리의 자리로 옮겨주시게 됩니다. 그 결과 여러분은 하나님의 능력으로 모든 것을 제어할 수 있게 되는 것입니다(눅 10:19).

    그 어떤 악한 능력도 여러분을 이길 수 없다는 사실을 분명히 기억하십시오. 악한 세력들을 꾸짖으십시오. 말씀의 권세 위에 굳게 서서 전진하시고, 승리를 쟁취하십시오. 하나님의 말씀에 따라 구원받고, 치유받고, 축복받는 여러분이 되시기를 간절히 바랍니다.

15장
방언의 목적

내가 여러분 모두보다 더 많이 방언으로 말하므로 나는 하나님께 감사합니다. 그러나 나는 교회에서 방언으로 만 마디 하는 것보다도, 다른 사람들을 가르치려고 내 이성으로 다섯 마디 말을 하는 것을 원합니다. (고전 14:18-19, 표준새번역)

이 성경구절을 오해하는 사람들이 많습니다. 이 구절에서 사도 바울은 자신이 다른 어떤 사람들보다 방언을 많이 했다고 밝히고 있습니다. 따라서 여러분은 그가 다른 사람들보다 방언을 많이 했다고 하는 말을 있는 그대로 이해하면 됩니다. 즉 그는 성령이 하시는 방언을 자주하였습니다. 이것은 아주 잘하는 것이고 좋은 것입니다.

한번은 제가 런던에 집회를 인도하러 갔습니다. 집회는 저녁 7시 반에 시작하기로 되어 있었는데, 저에게는 약 두 시간 정도 여유가 있었습니다. 그래서 저는 집회가 시작될 때까지 런던의 번화가를 걸어 다녔습니다. 거리의 곳곳에 있는 극장들은 토요일 저녁 상영을 보기 위한 사람들로 붐볐습니다.

저는 거리를 걸으며 "주님, 세상의 한가운데를 걷고 있는 저를 두 시간 동안 당신의 영광으로 덮어주십시오"라고 기도하기 시작했습니다.

저는 거리를 걸어 다니며 두 시간 동안 방언으로 기도했습니다. 참 좋은 시간이었습니다. 이 세상은 육신의 정욕과 안목의 정욕과 이 세상의 자랑으로 가득 차 있습니다(요일 2:16). 그러나 이 험하고 복잡한 세상 가운데 살아가더라도, 하나님께서는 그분의 자녀들이 성령에 취해서 살아갈 수 있도록 해주십니다.

저는 사랑하는 여러분이 항상 하나님의 뜻을 구하며 살고, 언제 어디에 있든지 성령 안에서 기도하고, 성령으로 찬양하고, 주님과 대화하며 살아가기를 바랍니다. 오늘날과 같은 시대에 하나님 아버지와 아들 예수님께서는 어디서라도 자신을 여러분에게 나타내길 원하십니다.

이 시점에서 저는 여러분에게 방언에 관한 중요한 점 하나를 말씀드리고자 합니다. 이것은 바울이 명시하였던 것입니다. 만일 교회가 모여 모두 방언만 말하고, 오직 교회에 방언만 있다면, 그래서 모두가 방언만 한다면, 교회는 혼동에 빠지고 모든 것이 엉망이 될 것입니다. 바울이 진정으로 원한 것은 모든 교인들이 하나님과 교제하고, 하나님과 교제하는 교인들을 통해 그분의 능력이 나타나는 것이었습니다. 그런데 방언만 중시하는 교회에서는 이러한 요소들이 등한시된다는 사실을 바울은 잘 알고 있었습니다.

바울의 마음은 교회들을 세워나가는 것으로 가득 차 있었습니다. 하나님께서는 바울에게 교회들을 세우고 싶어 하는 마음을 가득 부어주셨습니다. 그러므로 바울은 고린도 교회의 교인들에게 "신중하게 생각하시고, 조심스럽게 말하십시오. 성령 충만하다고 말하고, 방언을 할 줄 안다고 말하는 사람들이 항상 방언만을 하고 있어서는 안 됩니다. 교회에 모여 방언만 하고 있어서는 안 됩니다"라고 말하였습니다.

여러분을 통해 성령이 흘러간다는 것(방언하는 것을 말함 - 역주)은 참으로 좋은 일입니다. 그러나 그럴 때에는 옆 자리에 앉아 있는 사람들도 배려할 줄 알아야 합니다. 만일 여러분 옆 자리에 앉은 사람이 믿음이 약한 사람이거나 교회에 처음 나와서 여러분의 도움의 손길이 필요한 사람이라고 합시다. 그런 사람은 여러분이 방언으로만 말하는 것을 보면, 여러분을 이상한 사람이라고 생각할 것입니다. 우리는 항상 교회를 보호하고 돌보는 쪽으로 생각해야 합니다. 온 교회가 모여 방언만 하고 있으면, 모르는 사람들은 우리가 미친 사람이라고 생각합니다(고전 14:23).

바울은 그런 이유로 인해, 사람들이 이해하지 못하는 방언으로 천 마디를 하는 것보다 사람들이 이해하는 다섯 단어를 말하는 것이 더 낫다고 한 것입니다(고전 14:19).

바울의 견해가 옳지 않습니까? 저도 바울과 같은 견해를 갖고 있습니다. 만일 통역 없이 방언만 하거나 사람들에게 하나님의 지혜는 가르쳐주지는 않고 방언만 한다면, 그것이 교회에 무슨 유익을 가져다주겠습니까? 그러므로, 그렇게 하는 것은 어리석은 짓입니다. 그렇게 하는 교회는 사람들의 지지를 잃게 됩니다. 교회에서 하는 모든 것은 예수님의 몸인 하나님의 교회를 세워주는 것이어야 합니다.

믿지 않는 자들에게 주는 표적으로서의 방언

성경은 방언이 믿는 사람들이 아닌, 믿지 않는 사람들에게 표적이 된다고 말합니다(고전 14:22). 이것은 훌륭한 설명입니다. 이제 방언이 믿지 않는 사람들을 위한 표적이 된다는 말에 대해 좀더 구체적으로 설명함으로 여러분의 이해를 돕겠습니다.

한번은 제 친구가 영국에서 웨슬리안 형제들의 모임에 참석한 적이 있었습니다. 그 모임은 꽤 큰 모임으로, 더 이상 들어설 자리가 없을 정도로 사람들로 가득 찬 집회였습니다. 그 집회에서 제 친구는 사람들을 구원하기 위해 애쓰다 지친 것 같아 보이는 한 젊은이를 주목하였습니다. 그 사람의 표정과 태도에서 그런 사실을 알아차린 것입니다.

집회가 끝나자 제 친구는 그 사람에게 가서 수표 한 장을 끊어주며, "이 수표로 브래드포드에 가셔서 그곳에 있는 저의 친구 위글스워스 형제를 만나십시오. 그리고 그의 집에서 좀 쉬십시오. 위글스워스를 만나면, 당신은 그에게 내가 보내서 왔다고만 말하십시오. 그러면 그 사람이 당신을 자신의 집에서 편히 머물 수 있게 해줄 것입니다"라고 말했습니다. 몹시 지친 표정이 역력한 그 사람은 수표를 받아들고 "예, 그렇게 하도록 하겠습니다. 도와주셔서 감사합니다"라고 대답하였습니다.

그리고 그는 다음날인 금요일에 브래드포드로 출발하였습니다. 그는 그곳에 도착하자마자 먼저 기독청년모임에 참석하였습니다. 그리고 그곳에 있는 사람들에게 위글스워스가 어떤 사람인지에 대해 물어보았습니다.

"우리는 그 사람에 대해 잘 알고 있긴 하지만, 왜 물으시는 겁니까?"

"사실 제가 어떤 사람에게 소개를 받아서 위글스워스 씨를 만나 그의 집에서 좀 쉬려고 합니다."

"그렇군요. 그러나 조심하십시오. 그 사람은 방언을 믿는 사람입니다. 당신도 잘 아시다시피, 방언은 마귀가 주는 것입니다. 그러니 조심하십시오"라고 그들이 그 젊은이에게 말했습니다.

"그렇습니까? 그런 문제라면 걱정하지 마십시오. 저는 그렇게 멍청한 사람이 아닙니다."

그 젊은이는 저의 집으로 찾아왔습니다.

저는 지금 여러분에게 방언이 믿지 않는 사람들을 위한 표적이라는 말씀을 설명을 하기 위해 이러한 이야기를 하고 있는 것입니다. 방언은 믿는 자가 아닌, 믿지 않는 자들을 위한 것입니다.

이 젊은이가 저의 집에 들어왔는데, 제가 보니 불신이 가득하였습니다. 물론 그 젊은이는 설교를 훌륭하게 하고, 능력도 많으며, 경건한 하나님의 사람이었지만, 불신앙으로 가득한 사람이었습니다.

저는 예수님을 믿는다고 하면서도 여전히 불신앙으로 가득 찬 사람들을 많이 보아왔습니다. 그동안 많은 사람들을 치유하면서, 예수님을 믿지 않는 불신자들을 치료하는 데에는 문제가 별로 없었습니다. 그러나 예수님을 믿지만 불신앙으로 가득 찬 사람들을 치유하는 데에는 꽤 애를 먹었습니다. 왜 그런 일이 생깁니까? 그 이유는 신자들 속에 불신앙적인 면이 많이 있기 때문입니다. 이것은 정말 놀라운 일이 아닐 수 없습니다.

하나님께서는 구약의 예언서를 통해 불신자보다 하나님을 믿으면서도 불신앙에 빠진 사람들에게 아홉 배나 더 많이 질책의 말씀을 하셨습니다. 저는 적어도 여러분만은 하나님이 하신 말씀을 믿음으로 받아들이시기를 원합니다. 그래야 하나님께서 여러분을 축복하십니다. 여러분이 믿음 속으로 들어가 살면, 하나님이 여러분을 얼마나 축복하시는지를 깨닫고 많이 놀라게 될 것입니다.

방언 통역) 하나님께서는 쓰레기로 만들기 위해 여러분을 택하신 것이 아닙니다. 하나님께서는 여러분을 온전하게 하시고, 여러분의 연약한 점들을 바꾸어 강한 사람들로 만들어가시기 위해 여러분을 택하셨습니다.

제가 지금 하는 말은 이곳에 계신 누군가를 위해 하나님께서 주시는 메시지입니다. "하나님께서 당신을 선택하셨습니다. 두려워하지 마십시오. 하나님께서 당신을 택하셨습니다."

이제 하던 이야기로 돌아가겠습니다. 그 청년이 저의 집에 처음 왔을 때, 집에는 제 아내만 있었습니다. 그 사람은 저의 아내를 만나는 순간부터 말하고, 말하고, 또 말했습니다. 제가 집에 도착하자 아내가 저에게 와서는 이렇게 말했습니다. "지금 우리 집에 참 이상한 사람이 와 있어요. 그 사람은 30분 전에 왔는데, 쉬지 않고 저에게 말하고 있어요."

그래서 저는 아내에게 "그 사람을 혼자 있게 내버려두어요. 그러면 말을 그칠 거예요"라고 말해주었습니다.

이윽고 제가 그 사람을 만났습니다. 그 젊은이는 저를 만나자마자 말을 하기 시작했습니다. 그리고 저녁 시간 내내 혼자만 말하였습니다. 그가 말하기를 그치지 않는 이유는 자신이 말을 그치는 순간 그의 마음에 다른 것이 들어올까 봐 겁이 나서였습니다. 그래서 다른 사람들이 말하지 못하도록 자기 말만 계속한 것입니다.

이제 모임 시간이 되자 거실에는 사람들로 가득 찼습니다.

"형제님, 당신은 저의 집에 도착한 이후 말하기를 그치지 않고 있습니다. 이제 우리는 기도모임을 시작해야 됩니다. 그러니 말하는 것을 멈춰주십시오"라고 제가 그 젊은이에게 주의를 주었습니다.

그러자 그는 말하기를 그치고 하나님께 기도하는 자세를 취했습니다. 그러자 우리가 예전에는 한 번도 경험해보지 못했던 놀라운 일이 일어났습니다. 일반적으로 이런 모임이 있을 때, 우리는 먼저 찬양으로 시작합니다. 그러나 이번에는 처음부터 모인 사람들이 기도하기 시작했습니다.

벽난로가 있는 쪽에 한 젊은 여자가 꿇어 앉아 기도하기 시작했고, 그 맞은편에서 또 다른 여자가 기도하기 시작했습니다. 그런데 그 두 여자의 입에서 놀랍게도 방언이 나오는 것이었습니다.

이 두 여자가 방언으로 말하기 시작하자, 이 젊은이는 펄쩍 뛰며 매우 놀라는 표정을 지었습니다. 그러더니 먼저 가까이 있던 젊은 여자에게 다가가 그 여자가 뭐라고 하는지 확인하기 위해 귀를 쫑긋하였습니다

다. 그러더니 맞은편으로 급하게 다가가, 이번에는 다른 여자가 하는 소리를 듣기 위해 귀를 쫑긋거렸습니다. 이러기를 여러 차례 반복하였습니다.

그리곤 저에게 와서 이렇게 말했습니다. "저는 저의 방으로 가야겠습니다. 그렇게 하도록 허락해주시겠습니까?"

"예, 그렇게 해드리겠습니다"라고 말한 후, 저는 그가 어느 방에서 쉬어야 하는지를 알려주었습니다.

그날 밤 우리는 참 좋은 모임을 가졌습니다. 그런데 그 다음날 새벽 3시 30분쯤에 누군가가 저의 방문을 노크하는 소리가 들렸습니다.

"제가 좀 들어가도 되겠습니까?" 방문 밖에서 그 젊은이의 목소리가 들려왔습니다.

"예, 들어오십시오."

그 사람은 저의 방에 들어오자마자 더듬거리며, "블– 블– 블–"이라는 소리를 내며 자신의 입을 손으로 가리켰습니다. 그리곤 "나오려고 해요. 나오려고 해요"라고 소리를 질렀습니다.

그래서 저는 그에게 "도대체 무슨 말을 하시는 겁니까?"라고 물었습니다.

그것은 참으로 놀라운 일이었습니다. 그는 자신에게 일어났던 놀라운 일을 저에게 말해주었습니다.

"오! 제가 처음 여기 브래드포드에 도착할 때, 저는 사람들로부터 당신이 악한 영을 힘입어 방언을 한다는 소리를 들었습니다. 그래서 저는 이 집에 들어오면서부터 저를 지키기 위해 불신앙으로 가득 차서 다른 사람들의 말은 듣지 않고, 제 이야기만 하기로 결정하였습니다. 그런데 기도모임에서 사람들이 방언으로 기도하기 시작하는 것 아니겠습니까? 그래서 저는 방언하는 사람들에게 다가갔습니다. 저는 헬라어도 할 줄 알고, 히브리어도 할 줄 아는 사람입니다. 그런데 제가 다가가 그 사람들이 뭐라고 말하는지를 들어보니, 한 여자는 '하나님과의 관계를 올바로 하십시오'라고 헬라어로 말하고 있었고, 다른 여자는 히브리어로 동일하게 '하나님과의 관계를 바로 하십시오'라고 말하고 있는 것이 아니겠습니까?"

하나님이 못하실 일이 어디 있겠습니까? 하나님은 얼마든지 그렇게 하실 수 있습니다. 우리가 우리의 불신앙을 몰아내면, 불세례가 임하고 계시와 성령의 은사가 풍성하게 부어집니다. 그리고 이로 인해 사람들이 서로 화해하고 위로받으며, 하나님으로부터 기름부음 받는 일들이 왕성하게 일어납니다. 그 결과 기독교인들의 모임이 절대로 딱딱한 모임이 되지 않습니다. 모든 모임이 성령님이 부어주시는 활기와 능력 그리고 기쁨으로 흘러넘치게 됩니다.

그 젊은이는 이어서 이렇게 말했습니다. "제가 그 소리를 들었을 때, 그것이 바로 하나님께서 저에게 하시는 말씀임을 알아차렸습니다. 그래서 저는 위층으로 올라가서 회개하였습니다. 그동안 제가 하나님의 의도를 곡해하여왔다는 사실을 깨닫게 된 것입니다. 제가 회개하자, 성령의 능력이 저를 덮쳤습니다. 저는 그 힘에 저항을 해봤지만, 어쩔 수 없었습니다. 저는 성령의 능력에 압도되어 바닥에 쓰러졌습니다. 그러자 제가 온전히 깨끗해질 때까지 성령의 능력이 파도처럼 계속해서 저에게 밀려왔습니다. 그리고 새벽 3시 반쯤에 하나님이 능력이 다시 저를 덮자, 저는 성령이 말하게 하심을 따라 방언을 하기 시작했습니다. 그래서 제가 아래층으로 내려와 당신의 방문을 두드린 것입니다."

그 젊은이는 지금 훌륭한 하나님의 사람이 되었습니다. 오늘날 그가 어디에 가든지 하나님께서 그에게 축복을 부어주고 계십니다.

16장

더 좋은 길

주님을 찬양합니다. 찬양에 관하여 하나님의 말씀은 다음과 같이 분명하게 말하고 있습니다. "숨쉬는 사람마다 주님을 찬양하여라!"(시 150:6, 표준새번역) 주님을 찬양하지 않게 되는 시점은 바로 여러분의 삶에 재앙이 찾아오는 시점이고, 여러분 주위의 사람들에게 재앙이 일어나는 시점입니다. 만일 여러분의 가정에 행복이 도래하고, 여러분 주위의 사람들에게 일상의 삶보다 더 좋은 삶이 있다는 것을 알려주기 원한다면, 육신대로 살고 싶은 마음을 몰아내고, 그 자리에 하나님을 향한 온전한 찬양이 자리잡도록 하십시오.

하나님께서는 우리가 우리 자신을 하나님께 양도해드리고, 우리의 뜻이 아닌 하나님의 뜻에 따라 살아가기를 원하십니다. 그런 일이 일어나면, 그 어떤 사람도 육신의 소원대로 살지 않습니다. 예수님께서는 "나는 나의 뜻이 아니라, 나를 보내신 이의 뜻을 행하기 위하여 하늘로부터 내려왔다"고 말씀하셨고, 그 말씀대로 사심으로 하나님에 의해 가장 높은 곳에 올려지셨습니다.

하나님께서는 우리가 그분을 알게 됨으로 인하여 우리 삶이 온통 하나님께 빠져들기를 원하십니다. 저는 여러분이 하나님과 사랑에 빠져 축복의 자리에 이르게 되기를 원합니다. 하나님은 여러분에게 복을 주심으로 여러분이 그 복을 다른 사람들에게 나누어주는 사람이 되기를 원하십니다.

사랑하는 여러분, 하나님께서 여러분을 위하여 하나의 길을 예비하셨다는 사실을 믿으십시오. 아마도 이 길은 여러분이 과거에는 한 번도 걸어보지 않았던 길일 것입니다. 하나님이 예비하신 이 길은 여러분의 생각을 초월하는 길입니다. 그분께서는 여러분을 택하셨고, 여러분을 위해 좋은 길을 예비해 놓으셨습니다.

오늘날 수많은 사람들이 진리에 배고파하고 있습니다. 사람들은 하나님을 더 알기 위해 목말라하고 있습니다. 수천수만의 사람들이 오늘날 '심판의 골짜기'(욜 3:14)에 있습니다. 그곳에 있는 사람들은 누군가가 자신을 하나님과의 깊은 관계로 끌고 들어가주기를 애타게 기다리고 있습니다.

여러분, 기도할 준비가 되셨습니까? 여러분 중 어떤 사람들은 "내가 무엇을 기도해야 합니까?"라고 묻고 싶어 하는 분이 계십니다.

여러분이 기도하려 할 때, 무엇을 위해 기도해야 될지 모르는 경우가 있을 수 있습니다. 그러나 일단 기도를 시작하면, 여러분의 마음의 소원을 알고 계신 성령께서 하나님의 마음을 따라 기도하시게 됩니다. 여러분은 몰라도 하나님은 다 알고 계십니다. 그 하나님은 여러분에 대해서도 잘 알고 계십니다. 그리고 그분은 여러분을 높여주길 원하시는 분입니다.

다시 질문하겠습니다. "여러분 준비되셨습니까?" 저의 질문에 대해 "무슨 준비가 되었느냐는 말입니까?"라고 묻는 분이 계시는군요. 여러분이 지금 즉각적으로 하나님의 임재 속으로 들어가 과거와는 전혀 다른 식으로 기도하실 준비가 되었느냐는 말입니다. 전혀 의심하지 마시고, 하나님께서 오늘 이 시간 과거와는 전혀 다른 새로운 기름부음을 주시려고 하늘 보좌에서 대기하고 계시다고 믿는 믿음의 기도를 합시다.

여러분, 준비되셨습니까? 무슨 준비냐고요? 하나님의 궁정에 들어갈 준비가 되었느냐는 말입니다. 에스더가 아하수에로 왕의 궁정으로 나아갔듯이 말입니다. 여러분이 하나님 앞으로 나가면, 하나님께서는 아하수에로 왕이 에스더에게 그랬듯이 그분의 손에 들고 있던 홀을 여러분에게 내미시며 마음의 소원이 무엇인지 말해보라고 말씀하실 것입니다(에 5:2-7).

> 기도 아버지여, 우리가 당신의 전능하심을 믿기에 예수님의 이름으로 나아갑니다. 주님의 권능의 손으로 우리를 움직여주시고, 우리를 세워주소서. 이 시간 우리의 심령이 주님의 말씀에 크게 감동되게 하여주소서. 찬양 받기에 합당하신 하나님, 매일 하나님이 명하신 거룩한 삶을 사는 저희들이 되게 하여주소서. 주님의 기름부음과 능력과 은혜를 우리에게 채우사 우리의 삶에 주님만이 온전히 나타나도록 하여주소서. 아멘.

겸손과 긍휼

성령의 은사를 가지고 올바로 사역하는 것은 매우 중요합니다. 수개월 동안 끊임없이 하나님의 능력 받기를 기다리고 있다가 마지막에 가서 자신의 욕심으로 인해 하나님의 능력을 받지 못하게 되는 것은 참으로 안타까운 일이 아닐 수 없습니다.

우리가 처음 예수와 함께 죽었을 때에는 우리에게 죽은 자를 살릴 수 있는 기름부음이 없습니다. 그러나 우리가 예수와 함께 살게 되면, 그분의 죽으심을 본받는 삶을 점차 더 많이 살아가게 되는데, 그때에야 비로소 사도 바울이 고백한 대로 그분의 부활의 능력을 덧입게 됩니다(빌 3:10-11).

예수님은 아버지와 동등한 분이셨지만 아버지와 동등 됨을 취하지 아니하시고 인간이 되셨고, 인간의 영광을 취함이 없이 사셨습니다(빌 2:6-7). 그분은 이 땅에 사셨을 때, 이 일도 행하고 저 일도 행했다며 자랑하지 않으셨습니다. 그분은 모든 은사를 다 갖고 계셨지만, 그렇게 자랑하며 살고 싶어 하지 않으셨습니다.

예수님께서 제자들과 함께 나인성의 문으로 통과하실 때, 제자들을 향하여 "베드로야, 내가 하는 것을 잘 지켜봐. 요한아, 길을 터줘. 도마야, 사람들 좀 정리시켜줘. 너희들 내가 누군지 똑똑히 봐. 나는 능력이 대단하고 은사도 상당히 있어. 모든 은사와 은혜가 나의 것이야. 이제 잘 봐. 내가 죽은 사람을 살릴 것이야"라고 하며 자랑하지 않으셨습니다.

예수님께서 인간적인 자랑의 말을 한 적이 있으십니까? 한 번도 없습니다. 주님은 사람들과 어떤 점이 달랐습니까? 그분은 우리와 다른 시각을 갖고 계셨습니다. 나인성 과부가 죽은 아들을 장사지내러 갈 때, 예수님은 제자들과는 다른 시각으로 그녀를 보셨습니다. 예수님의 마음 속에서 하나님을 향한 거룩한 불이 활활 타오르고 있었기에, 제자들과는 다른 시각으로 사람들을 볼 수 있었습니다.

그렇다면 주님께서는 무엇을 보셨습니까? 주님께서는 죽은 외아들을 매장하러 걸어가고 있는 여인의 슬픔과 아픔을 보셨습니다. 그런 그녀를 보자 주님은 더 이상 길을 가실 수 없었습니다. 주님께서는 자신의 모든 희망이 꺼짐으로 허리를 구부린 채 울면서 걸어갈 수밖에 없었던 한 여인의 아픔을 보신 것입니다.

예수님께서는 그 여자를 보고 견딜 수 없는 긍휼을 느끼셨습니다. 주님의 그 긍휼하심이 죽은 자를 살려내었습니다. 그분의 긍휼하심은 너무도 대단한 것이어서 사망을 사로잡은 마귀의 권세를 이기고, 죽은 과부의 아들을 살려내었습니다.

"내 영혼아, 주님을 찬송하여라. 주님이 베푸신 모든 은혜를 잊지 말아라"(시 103:2, 표준새번역). 참으로 놀랍고 아름다우신 주님이시라 아니할 수 없습니다. 참으로 귀하신 주님! 사랑하는 여러분, 우리가 참으로 우리의 몸에 예수의 흔적을 가졌다면(갈 6:17), 예수의 생명이 우리 속에 있다면, 우리의 삶을 통해 예수님이 나타나신다면, 우리가 베드로와 요한이 그랬던 것처럼 "우리가 예수와 함께 있었다"(행 4:13)라고 고백할 수 있다면, 우리는 그 어떤 희생이 따르더라도 상관치 않고 주님처럼 긍휼과 겸손의 마음과 태도로 살아가게 될 것입니다. 그러한 삶이야말로 참으로 아름다운 삶인 것입니다!

억측

이 집회는 여느 집회와는 다릅니다. 성령께서 우리 가운데 계십니다. 예수님께서 우리의 집회를 통하여 영광을 받고 계십니다. 우리는 이 집회를 통해 우리의 영광을 구하지 않습니다. 우리는 단지 거룩해지는 것과 주님의 성품을 닮아감으로 서로에게 유익을 끼치는 것에 관심이 있습니다(히 10:24). 그렇게 될 때, 우리는 예수님과 같아져서 그분 속에 있던 성령의 나타남이 우리에게도 동일하게 나타나게 됩니다. 그래서 주님께서 하셨던 일을 우리도 할 수 있게 되는 것입니다.

저는 이 세상을 사는 동안 절대로 하나님과 예수님과 성령님을 이용하여 저의 유익을 구하지 않을 것입니다. 저는 하나님의 권세에 온전히 순복하며 살 것입니다.

한번은 한 젊은 설교가가 자신이 성령세례를 받았다는 사실에 매우 들떠 있었습니다. 그러나 사람들은 그가 잘못 말하고 있다는 사실을 눈치 채지 못하였습니다. 그 젊은 설교가는 집회에서 설교를 하면서, "나는 성령세례를 받은 사람입니다. 나는 성령의 능력으로 그 어떤 귀신도 쫓아낼 수 있습니다. 어떤 귀신도 오라! 내가 너를 쫓아내리라"라고 말했습니다.

그런데 그곳에 수년 동안 귀신에 사로잡혀 희망이 없는 삶을 살아가고 있던 사람이 있었습니다. 그 사람은 삶의 그 어느 구석도 귀신에게 묶이지 않은 곳이 없는 사람이었습니다. 그래서 그 사람은 어떻게 하면 자신이 귀신으로부터 자유함을 받을 수 있을까 간구하고 있었습니다. 그러던 차에 그 젊은 목사의 말을 듣자, 자리에서 힘겹게 일어나 그 목사가 설교하고 있던 단상 앞으로 걸어 나갔습니다. 그 사람이 그렇게 한 것은 그 목사의 말을 믿고 어떻게 해서라도 귀신에서 놓임 받기 원했기 때문입니다.

그는 설교자 앞에 서서 "제게 있는 귀신을 쫓아내주세요. 제발 쫓아내주세요. 저를 도와주세요. 제발 쫓아주세요!"라고 소리를 질렀습니다.

젊은 설교자는 있는 힘을 다해, 할 수 있는 방법을 다 동원하여 귀신을 쫓아내려고 하였습니다. 그러나 귀신은 쫓겨나가지 않았습니다. 그 일로 인해 그 교회가 쪼개졌습니다. 교회 전체가 몸살을 앓았습니다. 그 젊은 목사의 장담과 억측대로 귀신이 나가지 않았기 때문이었습니다.

온전한 길

우리는 그런 식으로 억측을 해서 문제를 엉망으로 만들어서는 안 됩니다. 그렇게 하는 것은 올바른 길이 아닙니다. 은사를 올바로 사용하는 것이 바른 길을 가는 것입니다. 은사를 올바로 사용하는 것에 대해서는 고린도전서 13장에 잘 나와 있습니다. 먼저 1절을 읽어봅시다.

> 내가 사람의 방언과 천사의 방언으로 말을 할지라도 내게 사랑이 없으면 울리는 징이나 요란한 꽹과리가 될 뿐입니다. (고전 13:1, 표준새번역)

여러분, 이 구절과 같은 말씀을 읽어본 적이 있으십니까? 이 구절은 보석과 같은 값진 구절입니다. 보석이 무엇입니까? 보석은 매우 소중한 것이기에 값이 엄청나게 나갑니다.

하나님께서는 여러분에게 성령의 은사라는 값진 보석을 주셨습니다. 따라서 여러분은 그 보석을 소중히 여기고 바르게 사용해야 합니다. 우리는 하나님이 알려주신 방법에 따라 그 귀한 은사들을 바르게 사용하는 법을 배워야 합니다.

이 구절에 나타난 귀한 사실들 중 하나는 우리가 '방언과 천사의 말'을 할 수 있다는 사실입니다. 이것은 참으로 놀라운 사실입니다!

오늘날 말을 잘하는 사람들이 많이 있습니다. 그들이 갖고 있는 지식은 참으로 놀랍고, 화술도 뛰어납니다. 그런 사람들이 하는 말들은 아름답다고 느껴질 정도입니다. 그러나 여러분이 성령의 세례를 받으면, 그런 사람들보다 훨씬 더 말을 잘할 수 있게 됩니다. 왜냐하면 하나님께서 여러분에게 말을 잘할 수 있는 능력을 주시기 때문입니다. 그 결과 여러분은 여러분의 생각을 말하는 것이 아니라, 하나님께 사로잡혀 그분의 생각을 자유자재로 말할 수 있게 됩니다.

이 세상에 말 잘하는 그 어떤 사람의 말도, 그것이 하나님에게서 오지 않은 말이라면, 그 말은 단지 하나님께 누를 끼치는 말이 될 뿐입니다. 아무리 달변이요, 능변이라 할지라도 그런 말속에는 하나님이 계시지 않습니다. 달변가들은 자신이 하는 말 자체에 재미를 느끼고 말 잘하는 자신을 드러냅니다. 그러나 그런 사람들의 말은 대체적으로 사람들의 귀만 자극할 뿐, 진정한 의미에서의 유익을 끼치지는 못합니다. 따라서 그들의 말을 듣다 보면 삶이 메마르고 시들어버리는 일이 일어나게 됩니다.

그러나 하나님께서는 시들어버리지 않는 말을 할 수 있는 길을 예비해 놓으셨습니다. 그것은 바로 사람의 방언과 천사의 말입니다(고전 13:1). 그렇다면 어떻게 사람의 방언과 천사의 말이 그 말을 듣는 사람으로 하여금 살아나게 하고 번영을 누리게 할 수 있을까요?

사랑하는 여러분, 여러분은 과거에 울며 하나님께 승리를 달라고 기도했던 적이 있었지요? 그 순간 여러분은 자신의 힘으로 해보려고 하다가 낭패를 보고, 이제는 하나님이 도와주시지 않으면 아무것도 할 수 없다는 것을 깨달아 하나님께 겸손하게 매달린 것입니다. 영혼이 나락에 빠졌을 때, 우리는 전적으로 하나님께 의존하게 됩니다.

그렇게 하나님께 매달리면 기름부음을 받게 되고, 그 결과 여러분이 하는 모든 말들을 통해 하나님의 영광이 나타나게 됩니다. 그래서 여러분의 말을 듣는 사람들이 '하나님께서 분명히 이 장소에 계시는구나! 하나님께서 지금 말씀하고 계시고, 그로 인해 우리가 치유를 받고 있구나'라고 생각하게 됩니다(시 107:20). 그래서 그런 사람들이 말씀을 전하는 곳에 참석한 사람들은 말씀을 전하는 사람의 말을 통해 예수님을 보게 됩니다. 그래서 "오늘 아침 주님께서 나의 심령에 말씀하셨어!"라는 고백을 하게 되는 것입니다.

여러분이 이런 식으로 사역을 하면, 그 사역은 절대로 실패하지 않습니다. 그러나 사람의 방언과 천사의 말만 가지고는 안 됩니다. 사람의 방언과 천사의 말에 하나님의 사랑이 담기지 않으면 아무 소용이 없습니다. 여러분이 하는 말에 하나님의 사랑이 듬뿍 적셔져야 그 말을 듣는 사람들의 심령 속에 여러분의 말이 하나님의 영광의 말로 깊이 새겨지는 역사가 일어납니다.

여러분, 사도행전이 이미 완료되었다고 생각하지 마십시오. 사도행전은 아직 끝나지 않은 책입니다. 반면, 요한계시록은 이미 완료된 책입니다. 그러므로 여러분은 요한계시록이라는 진리로 가득 찬 예언의 말씀에 한 자라도 더하거나 뺄 수 없습니다. 요한계시록은 이미 완성된 책입니다. 그러니 여러분은 하나님의 영광만을 위하여 살기로 결단하고 사역하십시오. 여러분이 하나님의 능력을 나타낼 때마다 하나님 나라에 미완성인 채로 남아 있는 사도행전은 하나님의 영광의 펜으로 한 구절씩 첨가되어 나가게 됩니다.

이제 저는 주님께서 우리가 어떻게 해야 올바로 사는 것인지에 대해 말씀해주시기를 간절히 바랍니다.

> **방언 통역)** 여러분의 가정을 잘 다스리십시오. 여러분이 죽어야 삽니다. 하나님께서 오늘 이곳에 오셔서 우리를 데리고 가십니다. 그러나 이 중에는 하나님과 같이 가지 못하는 분들도 있습니다. 하나님은 우리를

데리고 그분 속으로 들어가시고, 우리에게 능력을 주셔서 우리가 하나님 안에서 살게 하시고 우리를 사용하십니다. 하나님께서 우리를 통로로 사용하시는데, 그분의 호흡의 통로로 사용하십니다. 그래서 우리의 호흡과 말을 통해 거룩한 것이 나와서 사람들의 망가진 것이 고침을 받습니다. 하나님께서 지금 우리 가운데 운행하고 계시며, 우리를 하늘의 양식으로 먹이십니다.

우리는 위대한 구원의 수혜자입니다. 그러나 일부 사람들은 하나님의 구원을 제한합니다. 사람들은 간혹 저에게 "일단 구원받으면, 구원을 영원토록 잃지 않습니까?"라고 묻곤 합니다. 이 점에 있어서 성경은 명확하게 말하고 있습니다. 예수님께서 뭐라고 말씀하셨습니까? 그분께서는 "내 양들은 나의 음성을 듣고, 나는 그들을 알고, 그들은 나를 따른다"(요 10:27)라고 말씀하셨습니다.

만일 주님을 따르지 않는다면, 어찌 여러분이 주님의 양이라고 말할 수 있겠습니까? 그러나 여러분이 주님을 따른다면, 참 잘하고 있는 것입니다. 그러나 주님을 따르지 않는다면, 여러분은 잘못하고 있는 것입니다. 한 번 주님을 따르기로 했다면, 끝까지 따르십시오. 그러면 잘하는 것입니다.

사랑하는 여러분, 주님의 음성을 듣고 따르는 양들만이 주님의 우리에 있게 된다는 사실을 기억하십시오. 만일 여러분이 주님의 음성에 분별 없이 함부로 반응하거나 죄 되게 반응하면 길을 잃게 됩니다. 주님께서 "내 양들은 나의 음성을 듣고 … 나를 따른다"라고 말씀하셨음을 잊지 마십시오. 주님의 양이 아니면, 주님의 음성을 따르지 않습니다. 주님의 양은 낯선 사람의 음성을 따라가지 않고, 낯선 음성에 자신을 투자하지도 않습니다. 주님의 양들은 하나님의 뜻 안에서만 삽니다. 그러한 삶은 참으로 아름다운 삶입니다.

예언과 선

이제 고린도전서 13장 2절을 살펴봅시다.

> 내가 예언하는 능력을 가지고 있을지라도, 또 내가 모든 비밀과 모든 지식을 가지고 있을지라도, 또 산을 옮길 만한 모든 믿음을 가지고 있을지라도, 내게 사랑이 없으면 아무것도 아닙니다. (표준새번역)

1절의 말씀과 마찬가지로 2절의 말씀도 주목해볼 가치가 충분한 하나님의 말씀입니다. 이 말씀은 여러분을 저주가 없고 분리함도 없는 곳으로 인도합니다. 그러한 곳으로 인도하는 것이 여러분을 향한 하나님의 계획입니다.

많은 사람들이 믿음을 갖길 원하고, 예언할 수 있기를 원하며, 하나님의 비밀을 이해할 수 있게 되기를 원합니다. 비밀이란 무엇을 말합니까? 은밀함입니다. 주님의 은밀함이 그분을 경외하는 자들에게 있습니다 (시 25:14). 성경을 왜곡하지 마십시오. 믿음으로 살아가는 자들이 되십시오.

예언의 원칙에 대해 이해하고 예언을 한다면, 예언은 참으로 좋은 것입니다. 예언은 고린도전서에 나오는 여섯 번째 은사입니다. 예언은 어떤 열매와 은혜를 우리에게 가져다줍니까? 선(goodness, 착함)을 가져다줍니다.

예언이 왜 선을 가져다줍니까? 왜냐하면, 여러분이 온전하고 거룩하고 완전한 성화에 가까운 삶을 산다면, 성령을 이용하여 자신의 실속을 채우는 일은 절대로 하지 않고, 단지 성령께서 말하라고 하신 것만 사람들에게 전달해주기 때문입니다. 즉 여러분은 예언의 은사를 가졌다는 것을 핑계로 인간적인 예언을 하지 않게 됩니다. 여러분이 진정으로 거룩한 삶을 산다면, 성령이 말하게 하시는 것만 말하게 됩니다.

여러분에게 주어진 예언의 은사를 육적으로 사용하게 되면, 여러분은 사람들에게 아무 유익도 끼칠 수 없습니다. 그리고 하나님의 위대한 계획에서 배제되게 됩니다. 그러나 만일 여러분이 그리스도 안에 감추어져 있고, 여러분의 심령이 하나님 안에서 온전하게 되어 오직 성령께서 말씀하신 것만 예언한다면, 그 예언의 가치는 영원히 지속됩니다. 그리고 그 예언에 의해 사람들이 오랫동안 복을 받게 되고, 하나님께서는 영원히 영광을 받으시게 됩니다.

사랑 없는 믿음

저에게 산을 옮길 만한 믿음이 있다고 칩시다. 그리고 제가 넓은 땅을 소유하고 있는데, 그것이 별로 쓸모가 없는 땅이라고 칩시다. 그 땅은 도처에 돌과 자갈이 깔려 있고, 비탈진 곳에 있어서 농사도 지을 수 없습니다. 그런데 사랑은 없고 믿음만 갖고 있는 제가 "나는 내 믿음을 사용해서 이 땅을 돌과 자갈이 없는 쓸 만한 땅으로 만들겠어. 돌과 자갈을 어디에 내다 버리든 그런 것은 내가 상관할 바가 아니야"라고 말한 후 땅을 잘 골랐습니다.

다음날 이웃 사람이 찾아와서 "당신이 우리 땅에 내다 버린 자갈과 돌들 때문에 우리 밭이 엉망이 되어 도대체 농사를 지을 수가 없게 되었소"라고 불평합니다. 그런데 제가 그 사람의 말에 아랑곳하지 않고 "당신도 나처럼 믿음으로 그 돌들을 치워버리면 될 것 아니오"라며 퉁명스럽게 말했다면, 어떻게 되겠습니까?

그렇게 행동하는 것이 도대체 무슨 유익이 있겠습니까? 만일 하나님이 여러분에게 믿음을 주셨다면, 그것을 하나님께서 영광을 받으시는 곳에 사용해야 마땅합니다. 그래야 우리가 하는 기도를 하나님께서 응답해 주십니다. 하나님께서 여러분을 사용하시는 것으로 인해 다른 사람들이 피해를 보아서는 절대로 안 됩니다. 우리는 우리의 믿음을 하나님이 기뻐하시는 일에 사용해야 됩니다.

우리가 은사를 사용하면 할수록 은사가 더 강하게 나타납니다. 우리가 겸손한 마음으로 은사를 쓰면, 그렇지 않은 마음으로 은사를 쓸 때보다 은사가 더 강하게 나타납니다. 즉 은사가 더 깊고 높고 거룩하고 풍요롭게 사용됩니다.

우리는 은사를 올바로 사용해야 할 뿐 아니라, 믿음의 기도를 함으로 하나님께 영광을 돌려야 합니다. 우리가 그리스도 안에서 아버지께 믿음의 기도를 올리면, 그분께서 영광을 받으십니다(요 14:12-13).

사랑 없는 희생은 무익하다

이제 3절로 가봅시다.

> 내가 내 모든 재산을 나누어 줄지라도, 자랑스런 일을 하려고 내 몸을 넘겨 줄지라도, 내게 사랑이 없으면, 내게는 아무런 이로움이 없습니다. (고전 13:3, 표준새번역)

만일 제가 수백억 원의 재산을 털어 불쌍한 사람들에게 나누어주고, 저의 몸이 소진할 때까지 사람들을 위해 헌신하면서 "나는 이렇게 사람들을 위해 희생하는 삶만을 살았다"고 고백하더라도, 아무 의미가 없습니다. 우리의 은사를 예수님의 영광을 위해 쓰지 않는다면, 무슨 소용이 있겠습니까? 주님의 이름으로 사용된 5,000원이 주님의 인정받음 없이 사용된 수백만 원보다 더 값집니다.

어떤 사람과 오랫동안 사역에 관한 이야기를 나눈 적이 있습니다. 그는 저에게 "저는 매우 힘든 삶을 살았습니다. 저는 교회에서 매우 열심히 헌신해왔습니다. 저의 힘이 다 소진할 정도로 헌신했습니다"라고 말하였습니다.

저는 그렇게 몸을 버려가면서까지 하나님께 헌신하였다고 말하는 많은 사람들을 보아왔습니다. 그러나 사랑하는 여러분, 여러분의 몸이 하나님께 속해 있다는 사실을 정녕 모른단 말입니까?(고전 6:19-20) 만일 여러분이 헌신을 빌미로 자신의 몸을 혹사시킨다면, 하나님께서 그런 여러분을 심판하실 것입니다. 우리의 몸은 하나님의 영광과 능력을 나타내어야 할 귀한 몸입니다. 그러므로 여러분은 여러분의 몸을 조심스럽게 다루어야 합니다. 계속 일만 하여 몸이 골병 나게 하고, 그렇게 한 것을 자랑스럽게 생각하는 것은 참으로 어리석은 짓입니다. 그렇게 해서는 절대로 안 됩니다.

성경을 통해 우리는 예수님께서 자신의 영적인 비전과 능력을 새롭게 하기 위하여 한적한 곳으로 가서 하나님 아버지와 친밀한 시간을 가지셨음을 알 수 있습니다(막 1:35). 그리고 제자들도 한적한 곳으로 가서 쉬기도 하였습니다(막 6:30-31). 예수님께서 능력이 대단하신 분임에도 불구하고, 그분 자신과 제자들이 쉬도록 조치하셨다는 사실을 상기하십시오. 사랑하는 여러분, 하나님으로부터 은사와 능력을 받았다 하더라도, 절대로 상식을 벗어난 일을 해서는 안 됩니다.

만일 제가 어리석게 저의 몸을 함부로 혹사시킨다면, 결국 제가 어떻게 될까요? 만일 제가 제 몸을 혹사시킨 것을 회개하지 않는다면, 누가 저의 몸을 위해 기도해주겠습니까? 그러므로 우리는 자신의 몸을 조심스럽게 다뤄야 합니다. 우리의 몸은 성령님이 거하시는 전입니다. 성령께서는 우리의 몸에 거하시면서 이 세상을 향한 그분의 목적을 이루기 원하십니다.

우리는 우리를 위해 사는 것이 아닙니다. 우리는 우리 몸을 잘 사용하여 하나님께서 최대한 영광을 받으시도록 해야 합니다. 너무도 많은 사람들이 믿음이 있으니 상관없다며, 또는 하나님을 위해 일한다며 자신의 몸을 함부로 굴리다가 제명에 살지 못하고 죽었습니다. 그것은 올바른 믿음이 아닙니다.

저의 이야기를 하나 해드리겠습니다. 1914년에 제가 영국에 있었는데, 그때 하나님께서 저에게 강하게 역사하셔서 앞으로 제가 캐나다를 거쳐 미국에 가게 될 것에 대해 사람들 앞에서 선포하라고 하셨습니다.

저는 하나님께 이렇게 말씀드렸습니다. "주님, 만일 당신이 저를 그 나라에서 사용하실 계획이 있으시다면, 모든 것을 신속하고 정확하게 해결해주십시오. 저는 기억력이 매우 나쁜 사람입니다. 그러니 제가 그곳에 가서 사역할 때, 기적이 일어나도록 해주십시오. 또한 그곳에 가려면 돈이 필요한데, 저에게는 갈 돈이 없습니다. 저는 자녀들에게 돈을 주지 못한 채 떠나기 싫습니다. 그러니 저에게 넉넉한 돈을 주십시오."

그리고 난 후 놀라운 일들이 일어나 필요한 경비가 채워지기 시작했습니다. 그래서 저는 신이 나서 사람들에게 자랑했습니다. "이것 보십시오. 주님께서 저에게 돈을 보내시기 시작했습니다. 그러므로 저는 미국에 갈 수 있습니다."

그렇게 자랑하자, 갑자기 돈이 들어오는 것이 중지되었습니다. 그래서 저는 주님께 "주님! 제가 당신의 마음을 아프게 해드렸습니다. 회개합니다. 만일 제가 미국에 가는 것이 하나님의 뜻이라는 증거를 다시 보여주신다면, 앞으로 절대로 자랑하지 않겠습니다"라고 회개의 기도를 드렸습니다. 그러자 다시 경비가 모금되기 시작하였고, 마치 봄비가 내리듯 순조롭게 일이 진행되었습니다.

그러던 어느 날, 저의 아들이 울상을 지으며 저에게 말하였습니다. "아버지, 어머니도 돌아가셨는데 아버지까지 먼 나라로 사역을 떠나신다면, 저 혼자 어떻게 지내라는 겁니까?"

바로 그 말이 끝나자마자 초인종이 울렸습니다. 저는 아들에게 "조지야, 문을 열어주어라. 주님께서 내가 미국에 가야 하는지, 아닌지에 대한 해답을 갖고 오셨단다"라고 말했습니다. 문을 열어보니 우체부가 편지를 한 장을 들고 서 있었습니다.

저는 아들에게 "조지야, 편지를 뜯어서 읽어보아라. 거기에는 내가 어떻게 해야 되는지에 대한 충분한 답이 들어 있을 것이다"라고 말했습니다.

조지가 편지를 열어보았습니다. 그 편지는 붙인 지 6주가 지났지만 주소를 찾지 못해 돌아다니다가 그때에야 도착한 편지였습니다. 그러나 사실 그 편지는 하나님의 최적의 시간에, 곧 제가 회개를 하자마자 도착한 것입니다. 그 편지 속에는 25파운드의 금액이 적혀 있는 수표 한 장이 들어 있었습니다.

"조지야, 너의 생각은 어떠냐?"라고 제가 아들에게 물어보았습니다. 그러자 아들은 "할 말이 없습니다"라고 말했습니다.

그 일이 일어난 후 얼마 지나지 않아 저는 배를 타고 외국으로 가기 위해 부둣가로 나갔습니다. 그때 누추한 옷을 걸친 어떤 여인이 설탕을 담는 빨간색 봉지를 저에게 주었습니다. 그녀는 제가 잘 모르는 여자였습니다. 그런데 그 봉지 속에는 무엇인가가 들어 있었습니다. 그러나 그때 제가 사람들에게 둘러싸여 환송을 받고 있었기 때문에 그 봉지를 열어보지 못한 채 옆에 두었습니다.

배가 출발하고 나서 어느 정도 시간이 지난 뒤에야 저는 비로소 '설탕 봉지 속에 무엇이 들어 있을까?'라고 생각하며 봉지를 열어보았습니다. 그런데 놀랍게도 거기에는 금화 25개가 들어 있었습니다! 하나님께서 그 여인을 통하여 저에게 공급해주신 것입니다!

사랑하는 여러분, 하나님이 그분의 일을 하시도록 허락해드리는 삶을 사십시오. 하나님보다 일을 잘 처리할 수 있는 존재는 없습니다.

저는 제가 캐나다와 미국에 가면, 하나님께서 일을 행하실 것이라고 굳게 믿었습니다. 그래서 저는 주님께 이렇게 기도했습니다. "주님, 제가 하는 모든 일에 실수가 없게 하여주십시오." 그곳에서 저는 밤이고 낮이고 가릴 것 없이 수많은 설교를 하였습니다. 저는 기회가 허락되는 한 최선을 다해 말씀을 전했습니다. 그러다가 식사를 할 수 없을 정도로 몸이 망가지게 되었습니다.

어느 날 집회가 끝난 후, 사람들이 저에게 "오늘 집회 너무 좋았습니다"라고 말하였습니다. 저는 "예, 그렇습니다. 모두 하나님께서 하신 것이지요"라고 화답하였습니다.

집회가 끝나서 사람들과 같이 식사를 하러 갔지만, 저는 식사를 할 수가 없었습니다. 그러자 사람들이 저에게 이렇게 충고하였습니다. "위글스워스 씨, 몸을 돌보셔야 합니다. 쉬지 않고 이런 식으로 다른 사람들만 돌보다가는 당신의 몸이 망가져 고향에 가지 못하고 여기서 돌아가시겠습니다."

그 당시 저는 지혜 없이 열심만 갖고 있었습니다(롬 10:2). 저는 하나님에 대한 사랑은 갖고 있었지만, 지혜롭지는 못했습니다. 저는 그러한 경험을 통해 제가 저의 몸을 잘 돌본다면, 하나님께서 저의 건강한 몸을 통해 오랫동안 사역을 펼쳐나가실 수 있다는 사실을 깨닫게 되었습니다. 저는 지금 관리를 아주 잘하여 날이 갈수록 건강해지고 있다고 느껴질 정도입니다. 현재 저의 몸은 30년 전보다 더 건강합니다.

방언 통역) 우리의 주 하나님께서 문을 여시면 닫을 자가 없습니다. 그분께서 축복을 부으시면, 막을 자가 없습니다. 하나님께서는 여러분이 주눅이 들어 축 쳐져 살아가는 것을 원치 않으십니다. 그분께서는 여러분에게 보화를 풍성하게 주시고, 여러분이 그것을 사람들에게 나누어주기를 원하십니다. 하나님께서는 자신을 신실하게 좇는 사람들을 찾고 계시고, 그런 사람들에게 그분의 마음을 부어주십니다. 다윗은 "내가 가난하고 궁핍할 때, 주님께서는 나에 대해 생각하셨습니다"(시 40:17)라고 고백하였습니다. 우리가 약하고 가난할 때, 하나님께서는 우리를 새롭게 해주시고, 영과 육의 힘을 공급해주시며, 우리를 보호하시고 지키시며, 우리로 하여금 그분을 위해 살 수 있도록 준비시켜 주십니다.

사랑하는 여러분, 이것을 기억하십시오. 하나님께서는 여러분에게 믿음을 주시고, 예언을 주시고, 은사를 주십니다. 하나님이 여러분에게 좋은 것들을 풍성하게 주시는 분이라는 사실을 기억하십시오.

여러분, 여러분이 하나님을 섬기고 나서 그 전보다 더 가난해졌습니까? 그렇지 않습니다. 하나님께서는 여러분의 광주리와 창고를 축복해주십니다. 그리고 여러분의 육체도 축복해주십니다. 여러분이 거룩함으로 주님을 섬기면 복을 받습니다. 그렇게 하는 것이 하나님의 뜻이기 때문입니다. 그러나 여러분이 하나님의 뜻을 떠나 살면, 어려움을 당하게 됩니다. 하나님의 뜻이 이루어지는 삶을 사십시오. 하나님의 뜻을 떠나면, 과도하게 아껴도 가난하게 되는 수가 있습니다(잠 11:24). 그러나 하나님은 여러분을 부자로 만들어주기 원하시는 분입니다. 그러니 온 마음을 다해 하나님을 섬기십시오.

저는 사실 고린도전서 13장을 깊게 들어가고 싶었습니다. 그러나 너무 깊게 들어가면, 빠져나오기가 힘듭니다. 이 장에 대해서는 할 말이 많습니다. 예를 들어 "사랑은 오래 참고, 친절합니다"(고전 13:4)라는 구절에 담긴 뜻은 참으로 놀랍습니다.

이제 시간이 얼마 남지 않아서 이 말만 하겠습니다. 시간이 없어서 저는 여러분에게 더 이상 줄 수 없지만, 하나님은 시간이 없으신 분이 아니십니다. 그러니 여러분은 이제부터 하나님으로부터 보다 많은 것들을 받으십시오. 주님께서 여러분을 많이 축복해주시기를 바랍니다. 주님으로부터 받는 여러 축복 중 가장 좋은 축복은 여러분이 주님 곁에 거하는 것입니다(시 16:8).

믿음은 행동입니다. 믿음은 뛰어오르는 것이요, 점프하는 것입니다. 믿음은 선포하는 것입니다. 믿음에는 주인이 있습니다. 믿음의 주인은 예수님이십니다. 주님은 믿음의 시발자시요, 완성자이십니다(히 12:2).

제가 지금 여러분에게 묻습니다. 여러분은 얼마나 원하십니까? 여러분은 얼마나 많이 하나님께 요청할 수 있다고 생각하십니까? 얼마나 많이 이루어지기를 원하십니까? 얼마나 많이요? 이 장소를 보석으로 채우길 원하고, 맛있는 음식으로 채우길 원하며, '더 많이, 더 풍성히 그리고 흘러넘치도록'이라고 외치십니까?(엡 3:20) 하나님께 점프하십시오. 담대하게 믿으십시오. 믿으면 됩니다. 구하고, 의심하지 말고 믿으십시오.

17장

사랑과 은사

오늘 우리에게 새로운 말씀을 주실 하나님께 감사를 드립니다. 오늘 아침에 저는 하나님께서 이 집회를 통해 저에게 어떤 말씀을 주실지에 대해 생각하였습니다. 저는 지금 고린도전서 13장을 읽어야겠다는 감동을 강하게 받고 있습니다.

저는 하나님께서 고린도전서 12장과 14장 사이에 13장이라는 이음매 역할을 하는 장을 집어 넣어주신 것을 매우 감사하게 생각합니다. 고린도전서 12장은 성령의 은사에 대해 다루고 있고, 14장은 성령의 은사와 성령의 나타나심에 대해 다루고 있습니다. 그리고 13장은 마치 12장과 14장을 연결시켜주는 증기기관의 베어링과 같은 역할을 합니다. 증기 엔진 계통에서 일하는 분이라면 잘 아는 사실이겠지만, 엔진에 증기가 들어가도록 해주는 부분에 두 개의 볼이 있습니다. 이 두 개의 볼은 때론 빨리, 때론 천천히 회전하여 스팀이 엔진 속에 들어가게도 해주고, 들어가지 않게도 해주는 역할을 합니다. 그래서 이 볼을 통해 증기기관 전체를 조절하게 됩니다.

하나님과 성령님의 놀라운 지혜로 은사에 관한 장들 사이에 13장이 들어가게 되었습니다. 우리는 이 13장으로 인해 하나님의 큰 사랑을 자주 경험합니다. 참으로 좋은 장이라 할 수 있습니다!

하나님께서는 고린도전서 13장을 우리에게 장식용이 아니라 유용하게 사용하라고 주셨습니다. 은사를 올바로 사용하라고 주신 것입니다. 13장은 하나님께서 우리에게 주시는 사랑과 능력의 옷이며, 우리를 향한 하나님의 사랑의 표현입니다 13장을 잘 이용할 때, 우리는 지친 영혼들에게 위로와 용기를 줄 수 있습니다.

하나님께서 사람들에게 주신 은사들이 바르게 사용될 때, 교회가 복을 받습니다. 그러나 슬프게도 많은 사람들이 사랑 없이 은사를 사용하여 모든 것을 엉망으로 만들었습니다. 이것은 마치 베어링 볼이 망가진 채로 증기기관을 돌린 것과 같습니다. 그렇게 된 이유는 사랑보다 은사에 치중하고, 은사를 주시는 분을 기뻐하기보다 은사를 더 기뻐하였기 때문입니다. 그런 식으로 은사를 사용하면, 사역에 열매가 없습니다. 그 결과 사람들 사이에 비방이 난무하고, 많은 사람들이 고통을 당하게 되는 것입니다.

방언 통역) 주님께서 우리의 통치자가 되시고 주권자 되시며 우리의 사역자가 되시는 한 사랑은 우리로 하여금 하나님께 속하게 하고, 하나님의 은혜는 우리로 하여금 주님을 찬미하게 합니다. 또한 은사는 잘 사용되기 위하여 우리에게 남아 있습니다. 사랑, 은혜, 은사 이 모든 것은 좋은 것입니다.

저에게 방언과 방언 통역을 주신 주님께 감사드립니다. 왜냐하면 이것들을 통하여 여러분에게 새로운 비전이 주어졌고, 여러분이 새롭고 넓은 길로 인도되고 있기 때문입니다. 주님께서 오늘 우리가 어떻게 일하고 걸어가야 하며, 어떻게 해야 넘어지지 않을 수 있는지에 대해 가르쳐주셔서 주님도 분명 기뻐하실 것입니다.

은사

사랑과 은사는 각각 매우 큰 주제이므로 한 번에 다루기가 결코 쉽지 않습니다. 그러나 하나님의 은혜로 제가 여러분의 마음에 은사와 사랑에 대한 것을 깊이 새길 수 있게 되길 원합니다. 처음에는 우리가 성령을 받게 됩니다. 일단 성령을 받고 나서는 은사를 간절히 사모해야 합니다. 우리는 하나님께서 우리에게 은사를 주신 이유가 그것을 잘 사용하여 사람들에게 하나님의 축복이 임하도록 하기 위함이라는 사실을 명심하고 있어야 합니다.

예를 들면, 치유의 은사는 아픈 사람들을 고쳐주기 위해서입니다. 지혜의 말씀의 은사는 언제, 무엇을 해야 되는지에 대해 알려줌으로 사람들에게 도움을 주기 위해서입니다. 그리고 지식의 말씀의 은사는 하나님의 말씀을 통해 여러분에게 생기를 북돋아주고, 여러분 속에 생명과 기쁨이 채워지도록 하기 위함입니다. 은사가 제대로 사용될 때, 하나님은 기뻐하십니다.

분별의 은사라는 것이 있습니다. 우리는 다른 사람을 판단해서는 안됩니다. 그러나 마귀의 세력과 활동은 분별해낸 후, 마귀들에게 그들이 나온 구덩이 속으로 들어가도록 명령해야 합니다. 하나님께서는 우리가 기적을 일으키는 은사를 받아 기적을 만들어가는 삶을 살아가길 원하십니다. 그리고 하나님은 우리에게 방언의 은사를 주셔서 이 은사를 통해 주님을 높이고, 그분께 영광 돌릴 수 있는 말을 하도록 하십니다.

여러분 가운데 방언 통역이 무엇인지에 대해 아시는 분들이 많이 계십니다. 방언 통역을 할 때, 사람들 속에 아름다운 감정이 솟아오르게 됩니다. 방언 통역은 자신이 무엇을 말할지에 대해 미리 생각하거나 알아서 하는 것이 아닙니다. 방언 통역은 무엇을 말할지를 모르는 상태에서 하나님이 말씀하시는 것을 그대로 입을 열어 바로 말하는 것입니다. 따라서 저의 경우, 의도적으로 저의 생각을 차단한 상태에서 방언 통역을 합니다. 그런 상태에서 제가 "할렐루야"라고 말하거나 "주님을 찬양합니다"라고 말한다면, 그 말은 성령을 통해서 하는 말이기 때문에 저의 말이 아니라 주님의 말입니다.

은사는 사랑을 갖고 사용해야만 사람들에게 복되게 사용될 수 있습니다. 은사를 사용하는 사람들에게 육적인 욕심이 있거나 은사 사용을 통해 사람들의 관심을 받고자 한다면, 문제가 발생하게 됩니다. 사람들이 예언을 받거나 방언 통역을 들으면 전율을 느낍니다. 여기까지는 전혀 문제가 없습니다. 예언을 하는 것과 예언을 듣는 사람들이 전율을 느끼는 것은 좋은 일입니다. 우리는 예언을 주신 하나님께 감사해야 합니다. 그러나 예언을 하는 사람에게 인간적인 것이 들어가면, 예언을 망치게 됩니다. 그러므로 우리는 조심해야 합니다. 기름부음 아래 예언을 시작했다가도 중간에 육신적인 것을 섞어 말하면, 예언을 바르게 마칠 수 없게 됩니다. 그렇게 하는 것은 거짓의 불입니다.

사랑하는 여러분, 예언과 은사 사용에 실패하지 마십시오. 예언을 듣는 사람들은 예언을 하는 사람들이 제대로 예언하는지, 육의 예언을 하는지, 아니면 생명으로 가득 차 있는지를 알게 됩니다.

기도하는 것도 마찬가지입니다. 어떤 사람이 성령 안에서 기도하는 소리를 듣는 것은 참 좋습니다. 불이 임할 때, 방언 기도는 좋게 들립니다. 그러나 문제는 기도하는 사람이 다른 사람들을 생각하지 않고 계속 소리 내어 기도하게 되면, 주위 사람이 이제는 '그만했으면 좋겠다. 저 사람은 처음에는 잘 시작했는데, 지금은 기도가 아주 빡빡하네'라고 생각하게 됩니다. 방언으로 다른 사람들의 기도를 방해하는 사람들로 인해 교회의 연합기도가 막히기도 합니다.

한번은 어떤 설교자가 훌륭한 설교를 하고 있었고, 사람들은 그의 설교에 감동을 받기 시작했습니다. 그런데 그가 설교를 끝내지 않고 질질 끌고 나갔습니다. 그러자 어떤 사람이 다른 사람에게 "저 설교 언제 끝나지?"라고 물어보았습니다. 그리고 "설교가 빨리 끝나야 될 텐데. 너무 오래 끄네, 지루하게"라고 불평하였습니다. 하나님께서 우리가 그런 실수를 하지 않도록 도우시기를 소원합니다.

성령으로 기도하는 것은 좋은 것이지만, 그 기도에 육적인 것이 들어와서 하나님께 누를 끼쳐서는 안 됩니다. 하나님은 초자연적인 분이시고 진리이십니다. 그러므로 그런 하나님이 주시는 모든 것들은 좋습니다. 그러나 만일 우리가 이 좋은 은사들을 육신의 정욕을 갖고 사용한다면, 사람들이 그것을 눈치 챕니다. 따라서 우리는 은사를 조심스럽고도 바르게 사용해야 합니다.

하나님께서 우리에게 바른 은사 사용에 관한 깊은 깨달음을 주시기를 바랍니다. 우리는 은사를 올바로 사용하기 위해 분별력과 직관을 사용해야 합니다. 중요한 것은 속사람입니다. 속사람이 생명을 얻고, 구원을 받고, 정결하게 되고, 성령으로 채움 받아야 합니다. 겉이 중요한 것이 아닙니다. 계시는 속사람이 받습니다. 하나님의 아들이신 예수님께서도 "마음이 정결한 자는 하나님을 볼 것이다"(마 5:8)라고 말씀하셨습니다. 하나님은 속을 보십니다. 마음속이 깨끗한 사람은 하나님을 볼 수 있습니다.

"주님, 우리를 깨끗하게 하사 우리가 당신의 길에 방해물이 되지 않도록 하소서!"

사랑

사랑은 항상 계시와 관련이 있습니다.

내가 사람의 방언과 천사의 방언으로 말을 할지라도 내게 사랑이 없으면 울리는 징이나 요란한 꽹과리가 될 뿐입니다. 내가 예언하는 능력을 가지고 있을지라도 또 내가 모든 비밀과 모든 지식을 가지고 있을지라도, 또 산을 옮길 만한 모든 믿음을 가지고 있을지라도 내게 사랑이 없으면 아무것도 아닙니다. (고전 131-:2, 표준새번역)

하나님께서는 우리가 진리의 모범이 되기를 원하십니다. 위의 말씀은 하나님이 주신 진리입니다. 그리고 하나님은 우리가 이러한 진리대로 살아감으로 사람들의 모범이 되기를 원하십니다. 하나님의 뜻 안에서 살아간다는 것은 얼마나 아름다운 삶인지요! 그렇게 살아가기 위해 우리는 자신을 온전히 비우고, 단지 성령을 받아 하나님이 공급하시는 힘으로 살아가야 합니다.

말을 잘하는 것은 중요합니다. 아름다운 단어들을 잘 구사하는 것도 중요합니다. 여러분 중에도 달변이신 분들이 많이 계십니다. 탈마지(Talmadge)라는 분이 살아 계실 때 그분의 말씀을 많이 들었는데, 그분의 말을 듣고 저는 많은 감동을 받았습니다. 그분의 말 속에 하나님의 능력 곧 사랑이 들어 있었기 때문입니다. 우리가 천사의 말을 한다면, 사람들이 우리의 말을 듣고 마음이 움직이는 일들이 일어납니다. 그러나 아무리 달변이라 하여도 제가 사랑 없이 말씀을 전한다면, 저의 말을 듣고 그 누구도 울거나 마음이 깨어지는 일이 일어나지 않을 것입니다.

만일 제가 천사의 말을 하였고, 설사 많은 사람들이 저의 말을 통하여 마음에 크게 감동을 받았다 하더라도, 저의 말을 통하여 주님께서 영광을 받지 못하시게 된다면 모든 것은 희망이 없고, 열매가 없게 됩니다. 따라서 제가 열매 있는 메시지를 전하려면, 먼저 저를 온전히 비워야 합니다. 그리고 "주님 저는 아무것도 아닙니다. 오늘 저를 감춰주시고, 저의 입을 통해 주님의 소리가 전해지게 하셔서 사람들이 당신의 진리를 받아들이는 일들이 일어나게 하소서"라고 기도해야 합니다. 그러면, 그분께서 영광을 받으시게 되고, 사람들이 "오늘 우리는 주님을 만났다"라고 고백하는 일들이 일어나게 됩니다.

예전에 캘리포니아에 갔을 때, 저는 기회가 있을 때마다 존경하는 몽고메리 형제와 같이 시간을 보냈습니다. 하루는 그 형제가 어떤 사람으로부터 편지 한 장을 받았습니다. 편지를 보낸 사람은 구원은 받았지만, 모든 희망을 잃어버린 채 살아가던 사람이었습니다. 편지에는 "이제 모든 것이 다 끝났습니다. 이제 저는 더 이상 살아갈 소망을 잃었습니다"라고 쓰여 있었습니다. 그래서 몽고메리 형제는 그 사람에게 "영국에서 오신 훌륭하신 분이 계신데, 단 한 번만이라도 그분을 만나보십시오. 만일 제가 당신이라면, 저는 그 어떤 희생을 치러서라도 그분을 꼭 만날 것입니다"라고 답장을 보냈습니다.

몽고메리 형제의 답장을 받은 그는 저를 찾아와서 저의 설교를 경청하였습니다. 그리고 저에게 "당신이 설교를 할 때, 저는 당신 옆에 주님이 서 계신 것을 보았습니다. 그리고 저는 그분의 목소리를 들었습니다. 설교를 한 것은 당신이 아니라 주님이셨습니다"라고 말하였습니다.

그리고 그 사람은 저에게 이렇게 말했습니다. "저는 돈이 아주 많은 사람입니다. 제가 소유한 계곡은 그 길이만도 500마일입니다. 만일 당신이 말씀만 하신다면, 저는 주님을 위하여 그곳을 개방하겠습니다."

저는 그 사람의 소유지에 가서 몇 번 설교를 하였습니다. 그 후 하나님께서 그 사람을 사용하셔서 그 계곡 전역에 복음이 퍼지게 되었습니다. 만일 제가 처음 그 사람을 만났을 때 저의 개인적인 욕심으로 저의 말을 전하고 하나님이 주신 말씀을 전하지 않았다면, 그런 놀라운 일들이 일어나지 않았을 것입니다. "주님 제가 아니라 그리스도의 뜻이 전해지도록 해주십시오. 주님 제가 아니라 바로 당신입니다."

주님 안에서 여러분 자신을 다 잊으십시오. 하나님의 아들 안에서 자신의 존재를 잊으십시오. 그분만이 모든 것이 되게 하십시오. 주님만을 구하고, 그분만이 영광을 받으시도록 하십시오. 그러면 여러분은 은혜와 지혜를 받게 될 것입니다. 하나님께서는 자신의 모든 것을 그분의 제단에 드린 채 1년 365일 내내 온전히 성령 안에서만 살아가는 사람을 찾고 계십니다.

사랑과 은사에 대해 이제 다 이야기하였습니다. 지금 저에게는 기쁨이 가득합니다. 사랑하는 여러분, 주님으로부터 축복을 받으시고, 여러분 속에 계신 주님이 점점 더 커지시고, 모든 나무와 풀들과 건초들이 다 타서 없어지도록 하십시오(고전 3:12-13). 주님이 여러분에게 큰 추수를 가져다주십니다.

사랑하는 여러분, 우리 자신을 온전히 주님께 바칩시다. 주님께서 여러분에게 "나의 자녀들아, 말씀에 순종하라. 성령이 하는 말에 청종하여 전진하라. 땅을 정복하라"고 말씀하십니다. 주님께서 여러분에게 위대한 유산을 주실 것입니다.

18장
은사에 관한 마지막 말

이와 같이 여러분도 성령의 은사를 갈구하는 사람들이니, 여러분은 교회에 덕을 세우도록 그 은사를 더욱 풍성하게 받기를 힘쓰십시오. (고전 14:12, 표준새번역)

이 말씀은 하나님의 말씀입니다. 성경을 읽을 때 주의해야 되는 점들 중 하나는 성경이 원래 말하고자 하는 근본 의도와 가르침을 놓쳐서는 안 된다는 것입니다. 우리는 하나님의 말씀을 다룰 때, 무심하거나 조심성 없이 다루어서는 안 됩니다. 하나님의 뜻이 아닌 한 성경을 우리의 입맛에 맞게 임의로 해석해서는 안 됩니다. 우리가 성경이 말하는 은사에 관한 주제들을 제대로 해석하기 위해서는 은사에 관한 여러 가지 사실들을 잘 알고 있어야 합니다. 많은 사람들이 성령세례를 받긴 하지만, 받은 후에 어떻게 해야 될지 몰라 방황하고 있습니다.

오늘날 성경을 올바로 해석함으로 사람들에게 많은 유익을 끼치는 일들이 증가하고 있습니다. 하나님의 마음에 대한 바른 계시를 받으면 즉 성령님의 의도를 제대로 알게 되면, 진리의 말씀을 옳게 분별하게 되고(딤후 2:15), 어린아이의 시절을 벗어나 주의 성령께서 우리에게 계시해주시는 바를 제대로 해석할 수 있게 됩니다.

"하나님의 성령을 슬프게 하지 마십시오. 성령 안에서 여러분은 구속의 날을 대비해서 인치심을 받았습니다"(엡 4:30, 표준새번역)라고 한 사도 바울의 말씀을 기억하십시오. 성령에 의해 인치심을 받았다는 표현에 주목하십시오. 저는 여러분이 여러분을 택하신 하나님께서 예비하신 하늘의 유산들을 하나라도 놓치지 않고 다 받게 되기를 간절히 바랍니다. 여러분이 하나님으로부터 받을 유산은 여러분이 가지고 있는 모든 능력의 10배로, 일생 동안 여러분이 해놓을 수 있는 것보다 더 많고 좋은 유산입니다. 하나님의 마음은 여러분의 마음보다 훨씬 크십니다. 그분의 생각은 여러분 위에 있는 하늘보다 더 높으십니다(사 55:9). 그러니 두려워하지 마십시오.

저는 지금 영국에서 살고 있는 저의 아들들을 매우 사랑합니다. 그리고 현재 여기서 살고 있는 저의 딸 또한 매우 사랑합니다. 그러나 저의 자식에 대한 사랑과 우리를 향한 하나님의 사랑은 감히 비교할 수 없습니다. 하나님은 우리를 극진히 사랑하십니다. 하나님께서는 우리도 예수님처럼 성령으로 가득 차서 얼굴에서는 광채가 나고 사람들에게 성령의 능력을 나타내어 그들을 자유롭게 하는 삶을 살아가게 되기를 원하십니다.

그러나 안타깝게도 성령의 은사를 받은 사람들이 이러한 점을 도외시한 채 살아가고 있습니다. 성령의 은사를 받은 사람들이 자신의 은사를 이용하여 사람들의 관심을 자기에게로 끌어들이는 것은 옳지 않습니다. 만일 여러분이 그런 식으로 은사를 악용한다면, 하나님의 뜻을 벗어나는 것입니다. 하나님의 은사 주심과 우리를 부르심에는 후회하심이 없습니다(롬 11:29). 그러나 은사를 받은 후, 그 은사를 제대로 사용하지 못하는 것에 대한 책임은 은사를 받은 사람이 져야 합니다.

은사는 자랑하라고 주신 것이 아니라 교회를 세워주고 격려해주어 건강한 교회로 자라나도록 하라고 주신 것입니다. 하나님께서 교회의 지체들을 통해 역사하시고 그 결과 교회가 격려를 받게 되면, 이로 인해 교회 전체가 함께 기뻐하게 됩니다. 하나님께서는 우리를 그분의 선택된 자요 자녀으로 살게 함으로, 우리가 이 땅에서 많은 열매를 맺으며 살기를 원하십니다. 또한 주님께서 그러셨던 것처럼, 우리도 의의 옷을 입고 이 땅에서 정결한 삶을 살기 원하십니다.

하나님께서 우리에게 손을 대실 때, 우리는 힘들어합니다. 그러나 지혜로운 성도는 하나님의 단련을 잘 참아냅니다. 하나님의 훈련을 잘 참아내게 되면, 마지막에는 의로움이 깃든 평강의 열매를 맺게 됩니다(히 12:11). 주님이 보시기에 의로운 것을 여러분에게 행하실 때, 그것을 기꺼이 허락해드리십시오. 그분이 여러분을 다루실 때, 잠잠하십시오. 그분이 여러분에 대한 훈련을 잘 마치실 수 있도록 내어드리십시오.

주님께서 여러분을 단련하시는 이유는 단련을 통해 여러분이 큰 유익을 얻게 되기 때문입니다. 하나님께서 여러분을 체질하시면, 그렇게 하시도록 허락하십시오. 징벌하시면 받아들이십시오. 교정하시고자 하면, 그 교정을 받아들이십시오. 하나님께서 여러분에게 무엇을 하고자 하시든지 허락해드리십시오. 그러면 여러분은 풍요의 땅에서 살게 됩니다. 성령의 능력 아래 있게 된다는 것은 얼마나 좋은 일인지요!

만일 여러분이 아직껏 하나님의 징계를 받지도 않고, 핍박과 시련 없이 살아왔다면, 다음의 말씀을 기억하십시오. "모든 자녀가 받는 훈련을 여러분이 받지 않는다고 하면, 여러분은 사생아이지 참 자녀가 아닙니다"(히 12:8, 표준새번역). "여러분은 자기가 믿음 안에 있는지를 스스로 시험하여 보고, 점검해 보십시오"(고후 13:5, 표준새번역). "나의 음성을 듣는 자는 나를 따른다"(요 10:27)라고 말씀하신 주님의 말씀을 잊지 마십시오. 예수님께서는 여러분 모두가 그분을 따르게 되기를 원하시며, 신앙생활에서 간증거리가 있기를 원하십니다.

여러분은 하나님의 능력으로 영원히 구원받았습니다. 그러니 구원에 대해 반신반의하지 마십시오. 구원에 관한 한 여러분의 감정을 의지하지 말고, 다른 사람들의 의견에 따라 우왕좌왕하지도 마십시오. 하나님의 말씀만을 진리로 받아들이십시오. 하나님께서는 구원에 대해 뭐라고 말씀하십니까? 하나님의 말씀은 구원에 대해 "아들을 믿는 사람에게는 영원한 생명이 있다. 아들에게 순종하지 않는 사람은 생명을 얻지 못한다. 그는 도리어 하나님의 분노를 산다"(요 3:36, 표준새번역)라고 말하고 있지 않습니까?

여러분이 하나님의 뜻 안에서만 산다면, 성령께서는 여러분의 삶의 모든 분야에 예수 그리스도가 나타나시게 하실 것입니다. 그래서 여러분이 물건을 사든지 팔든지, 먹든지 마시든지, 그 무슨 행동을 통해서도 주님이 나타나시게 됩니다.

은혜의 선물은 여러 가지지만, 그것을 주시는 성령은 같은 성령이십니다. 섬기는 일은 여러 가지지만, 같은 주님을 섬깁니다. 일의 성과는 여러 가지지만, 모든 사람 안에서 모든 일을 이루시는 분은 같은 하나님이십니다. 각 사람에게 성령을 나타내시는 것은 공동의 이익을 얻게 하려고 하시는 것입니다. (고전 12:4-7, 표준새번역)

사람들은 서로 매우 다릅니다. 얼굴 생김새도 다르고, 체격도 다릅니다. 하나님은 사람마다 그 사람에게 맞는 은사를 주십니다. 그리고 우리는 그 은사를 자신을 위해 사용하지 말고, 다른 사람들을 위해 사용해야 합니다.

하나님의 말씀은 은사의 다양성에 대해 말해주고 있습니다. 그리고 하나님께서는 각각의 사람들에게 그 사람에게 가장 적합한 은사들을 주십니다. 그렇게 하는 것이 하나님의 계획입니다. 성경에 나온 모든 은사들을 다 받겠다고 하는 것은 바람직하지 못한 태도입니다. 은사를 부족하게 받았다고 못마땅해 하는 것은 바르지 못한 태도입니다. 바울은 우리가 은사에 관한 한 부족함이 없다고 했습니다(고전 1:7). 하나님께서는 여러분이 생각할 수 없을 정도로 좋은 것을 항상 예비해놓고 계십니다. 성령님 안에는 예언의 말씀들이 가득합니다. 따라서 성령의 은사를 통해 예언을 잘 하게 되면, 이로 인해 놀랍고 좋은 일들이 많이 일어납니다.

하나님께서는 저를 자유하게 해주셨습니다. 저는 성령님 없이는 아무 것도 할 수 없습니다. 성령님의 능력이 제가 말을 잘 못하는 것을 해결해 주셨습니다. 저는 저의 어머니와 같았었습니다. 저의 어머니는 말을 할 줄 모르시는 분이었습니다. 그분은 한 번 말을 시작하면 제대로 마치시는 법이 별로 없으셨습니다. 그래서 저의 아버지께서 어머니에게 종종 "여보, 처음부터 다시 말해봐야 알겠어"라고 말씀하셨습니다. 저는 저의 어머니처럼 말을 잘 못하는 사람이었습니다. 한마디로 말에 묶여 있던 사람이었습니다. 생각은 많았지만, 말로 표현하는 데는 참 약했습니다. 그런데 성령님이 오시자 모든 것이 달라졌습니다.

성령님이 오시자 저에게는 은사를 사모하는 마음이 생겨났습니다. 그리고 주님께서 모든 사람들이 성령의 기름부음 아래 살 수 있고, 하나님과 교제할 수 있다는 사실을 알려주셨습니다. 또한 하나님께서는 저에게 우리가 구하는 것보다 흘러넘치도록 채워주신다는 사실을 알려주셨습니다(눅 6:38). 은사도 마찬가지입니다. 이것은 성령께서 그렇게 하시는 것입니다.

그러나 오늘날 은사에 대해 무지한 사람들이 너무도 많습니다. 여러분이 어느 교회에 가든 상관없이 그 교회의 사람들에게 "당신은 성령의 은사를 받으셨습니까?"라고 물어본다면, 그들은 대부분 "못 받았습니다"라고 대답할 것입니다. 많은 사람들이 은사가 뭔지도 모르고, 그것을 받았는지 여부도 모른 채 살아가고 있는 것이 현실입니다. 그러니 은사를 사모하는 것은 더더욱 하지 못하고 있는 실정입니다. 성경이 우리에게 "가장 좋은 은사들을 간절히 사모하라"(고전 12:31)고 명령하고 있는데도, 우리가 그렇게 하지 않고 있다는 것은 참으로 슬픈 일입니다.

받은 은사들을 잘 사용하며 살기 위해 우리는 반드시 그분의 영광 안에 살아야 합니다. 하나님께서 우리와 함께 일하기 원하시기에, 우리는 그분과 함께 일해야 합니다. 하나님과 동역하고, 함께 사역하는 것입니다. 이것이 바로 하나님의 뜻이요, 일이요, 계획입니다.

하나님께서는 우리를 그분의 연회에 초청하셨습니다. 하나님께서는 우리가 그분의 은혜와 은사를 마음껏 누리고 사용하길 원하십니다. 우리는 지금 그분의 사랑을 마음껏 받을 수 있는 곳에 와 있습니다. 그분께서는 지금 허리를 굽히셔서 여러분에게 키스를 퍼붓고 계십니다. 예수님의 키스는 사랑이 가득한 키스입니다. 주님은 그 키스로 여러분에게 사랑을 표현하고 계십니다!

사랑하는 여러분, 그분을 위하여 가장 좋은 은사들을 구하십시오. 우리가 참으로 지혜롭게 되어 진리의 말씀을 올바로 분별할 수 있게 해 달라고 간구하십시오(딤후 2:15). 그리고 은사들을 능력 있게 사용하여 교회가 세움을 받고, 죄인들이 구원받게 되는 일들이 계속 일어나도록 하십시오.

Smith Wigglesworth **on Spiritual Gifts**

by Smith Wigglesworth

Copyright ⓒ 1998 by Whitaker House

Originally published in English under the title
Smith Wigglesworth on Spiritual Gifts by Whitaker House

30 Hunt Valley Circle New Kensington, PA 15068

Korean translation Copyright ⓒ 2006 by Pure Nard
2F 16, Eonju-ro 69-gil Gangnam-gu, Seoul

The Korean edition is published by arrangement with Whitaker House.
All rights reserved.

본 제작물의 한국어판 저작권은 Whitaker House와의 독점 계약으로 한국어 판권은 '순전한 나드'가 소유합니다. 저작권자의 허락 없이 이 책의 일부 또는 전체를 무단 복제, 전재, 발췌하면 저작권법에 의해 처벌을 받습니다.

스미스 위글스워스의 **성령의 은사**(개정판)

초판발행| 2015년 11월 5일
2쇄발행| 2018년 12월 20일

지 은 이| 스미스 위글스워스
옮 긴 이| 박미가

펴 낸 이| 허철
총 괄| 허현숙
편 집| 김혜진
디 자 인| 이보다나
인 쇄 소| 예원프린팅

펴 낸 곳| 도서출판 순전한 나드
등록번호| 제2010-000128
주 소| 서울특별시 강남구 언주로69길 16, (역삼동) 2층
도서문의| 02) 574-6702
편 집 실| 02) 574-9702
팩 스| 02) 574-9704
홈페이지| www.purenard.co.kr

Printed in Korea

ISBN 978-89-6237-183-3 03230